思考プロセスがわかる！
自立支援型
ケアプラン事例集

中野 穣

中央法規

はじめに

ケアプランには一体何が求められているのでしょう。その前に、ケアプランの「ケア」にはどのような意味が含まれているのかについて少し考えてみます。対人援助の実践現場においては、支援の総体を指して、「ケア」ということばがよく使われています。ところが、ケアプランには「サービス」ということばも明記されています。同じように支援の総体を指しているケアとサービスの意味の違いが明確にあるわけではないようですが、実務者として感じるイメージは少し違う気がします。

たとえば、私たちが日々利用する一般的な消費サービスの評《ひょう》価《か》軸《じく》は満足度です。複合商業施設等では、サービスに対する「お客様満足度」というアンケート調査の結果が公開されていたりします。満足度とは「おいしかった」「楽しかった」「おもしろかった」といったように消費者の主観的評価に軸をおいています。しかし、それは「消費者が、おいしければいい、楽しければいい、おもしろければいい」と置き換えることもできます。当然のことですが、「おいしいものを食べる」ということに価値の中心をおき、楽しみをとことん追求すると、どうしても健康は後回しになります。お店は一人ひとりに「食べすぎ、飲みすぎに注意しましょう」とは言ってくれないので、健康については、結果として自己責任になります。満足度という、消費者の立場からの一方通行の評価軸のみでは、時に消費者自身の不利益につながる側面があるのです。

それでは、考え方を少し変えて、消費者の「満足度」は少し横のほうにおいて、消費者の「利益」を評価軸の中心におくとどうなるでしょう。前述の例でいえば、店が「塩分や脂肪の摂りすぎに注意しましょう」と積極的に顧客にアプローチすることになります。実際にヘルシー志向の店や、メニューにカロリー表示をしている店舗もあります。

対人援助の実践現場に話をもどすと、利用者の「利益」を支援の価値の中心におくということは、利用者と対話し、たとえ満足度が落ちても、健康に注意を促したり、自助、互助でできるところは可能な限りしてもらい、できないところを共助、公助で補うといったアプローチということになります。これが自立支援のありようです。つまり、利用者の要望に完全に従いながらケアを組み立てるのではなく、そこに利用者の利益を追求する専門職としての規範的、専門的なアプローチが加わるのです。もし、サービスとケアのもつ意味が少し違うとすれば、ケアの本質はそこにあるのではないでしょうか。

ケアプランは、アセスメントによって、利用者の目標が決まり、その目標を達成するための手立てを言語化したものです。利用者の利益を評価軸の中心におきながら、「利用者、家族、多職種等が、いつ、どこで、何を、どのように」すれば利用者がその能力に応じた自立を達成することができるのかを共通理解し、ケアを標準化するための根拠（エビデンス）なのです。

高い専門性が求められるはずのケアプランがなおざりにされているとすれば、もしかしたら、その理由は、介護保険サービスさえ位置づけておけば、利用者の日々がどうにか回ってしまうからかもしれません。いわゆるサービス主導型のケアプランというもので、立案思考のプロセスでいうと、ニーズを十分に整理することなく、サービスが先に頭に浮かび、そのサービスにニーズを当てはめていくパターンです。「ニーズ」→「目標」→「サービス内容」→「サービス種別」という思考プロセスであるべきものが、「サービス種別」→「ニーズ」→「目標」→「サービス内容」という流れに無意識的になっていることに気づかないでいるのです。日常生活の維持以上のさらなる自立（支援）につながりにくいこと、１ニーズに対し、１サービスという単体設定になっていること、個別サービス計画にリンクしにくいことなどが特徴です。

ケアマネジャーに高い専門性が求められるようになった昨今、ケアプランの本質をしっかりと理解し、エビデンスが明確化されたニーズ主導型のケアプランが立案できるようにならなければなりません。

この本の１つ目の特徴は「アセスメントの幅」を意識していることです。アセスメントの幅を意識するということは、まずは、利用者の生活の全体像を24時間のなかで具体的な生活場面に落とし込んで理解することです。そして、その「現在」が「過去」にどのような影響を受けているのか、また、「未来」にどうつながっていくのかを、利用者の生きることの全体像として理解することです。２つ目の特徴は、ニーズを導き出すプロセスを整理しながら、利用者の目標を設定し、目標達成のための具体的手立ての立案をしていることです。３つ目の特徴は、サービス担当者会議でのケアプラン解説ポイントを整理し解説していることです。４つ目の特徴は、アセスメントとケアプラン立案について、次のような具体的な事例に基づいて実践的に解説していることです。

事例１．長年勤務した工場をたびたび訪れる認知症の男性
事例２．ネグレクトの長男との同居生活と見守る地域住民
事例３．良好な嫁姑関係での在宅《ざいたく》看《み》取《と》り
事例４．初老で難病を発症した男性の葛藤《かっとう》と支える妻
事例５．複数の疾患《しっかん》を抱えながらの一人暮らしを選んだ女性
事例６．親子関係、近隣関係がわるい男性の自立への思いを支える
事例７．自分の生活を主体的に組み立てる独居男性
事例８．高齢夫婦と統合失調症の長男
事例９．認知症高齢者の一人暮らしを支える
事例10．認知症の母親を介護する独身の長男

このような身近によくあるものの、支援が難しいケースとしてあげられるテーマでもある10の事例を通してケアプランについて考えたことにより、利用者や家族の「思い」を中心におくことを常に意識しながら、ケアプランをどのように構成しデザインすれば、心にすっと入ってくるようなわかりやすいハートのあるものになるのか、利用者や家族の主体性を尊重しつつ、もっている力を最大限活用するためのケアの組み立てはどうあるべきか、異なる専門性と共通する専門性がある多職種でニーズや目標、ケアを共有（標準化）するにはどうすればよいのか、について理解が深まるはずです。

「ケアプランは誰《だれ》のもの？」という問いに、ケアマネジャーは「利用者のもの」と即座に答えます。しかし、「利用者のものといえるための工夫は？」と問うと、自分の作成したケアプランについて明確に説明できる人は少ないのではないでしょうか。

この本はケアプランの基本的な考え方について解説した後に、事例を用いて利用者、家族が主役のケアプランというのはどうあるべきかということを価値の中心におきながら、かかわるすべての人たちの共通のことばとなるようなケアプランを目指して検討しています。この本が少しでも実務にかかわるケアマネジャーの皆さんの気づきや参考になることを願っています。

2015年10月

中野　穣

はじめに

第1章 ケアプラン立案の基本的考え方

1 ケアプランはなぜ必要なのか …… 2
自立って何？／「お互いさまで生きる」を支える／ケアプランはなぜ必要なのか

2 アセスメントのしかた …… 4
アセスメントの「見立て」と「手立て」／「主観的QOL」と「客観的QOL」／アセスメントの7領域

3 ニーズの導き出し方 …… 17
ニーズって何？　どのように導き出すの？／どうしてもニーズに合意が得られない場合

4 ケアプラン立案の10のポイント …… 21
ケアプランは利用者のもの／尊厳を守る／ケアプラン立案の10のポイント

第2章 ケアプランの各項目の考え方・書き方

1 利用者及び家族の生活に対する意向 …… 30
利用者の「思い（意向）」が利用者自身の不利益に／意向はできるだけ具体的に／意向を伝えることのできない利用者は「客観的な見立て」を記載

2 総合的な援助の方針 …… 32
「望む暮らし」と「総合的な援助の方針」／支持的・共感的な態度を表明

3 生活全般の解決すべき課題（ニーズ） …… 34
ニーズをポジティブに表現する／ニーズを導き出したプロセスを理解する／利用者の気持ちに寄り添った表現／ニーズを具体的に見えるようにする／専門領域による「見立て」の違いに注意する／ニーズの優先順位を考える

4 目標 …… 38
目標は「利用者の目標」であること／目標は「達成可能」であること／目標は「具体的」であること／サービスは手段であり、目標ではない

5 サービス内容 …… 39
「サービス内容」は自立に向けての「手立て」の共有／「サービス内容」は利用者に「わかりやすく」／「現有能力」を活かす／「役割づくり」を活かす／「自分で決める」を大切に／「QOLの良循環」を意識して「サービス内容」を組み立てる

6 サービス種別 …… 43

7 ステップアップのために …… 44
ニーズを階層で理解する／利用者の尊厳を守るニーズ表現／「客観的QOL」の階層性を利用して「目標」を組み立てる

第3章 ケアプラン作成の実際

事例1 いつまで介護できるだろう …… 49
長年勤務した工場をたびたび訪れる認知症の男性

事例2 地域の力を借りる …… 67
ネグレクトの長男との同居生活と見守る地域住民

事例3 母に恩返しをしたい …… 88
良好な嫁姑関係での在宅看取り

事例4 いつも前向きに …… 104
初老で難病を発症した男性の葛藤と支える妻

事例5 家に帰りたい …… 125
複数の疾患を抱えながらの一人暮らしを選んだ女性

事例6 自分でできることは自分で …… 150
親子関係、近隣関係がわるい男性の自立への思いを支える

事例7 ケアプランを一緒に …… 167
自分の生活を主体的に組み立てる独居男性

事例8 3人でどうにか生きていきます …… 184
高齢夫婦と統合失調症の長男

事例9 できるだけ地域で …… 200
認知症高齢者の一人暮らしを支える

事例10 母を思う …… 217
認知症の母親を介護する独身の長男

おわりに

著者紹介

第1章

ケアプラン立案の基本的考え方

ケアマネジャーの役割は利用者の自立支援であり、
そのための根拠（エビデンス）となるツールがケアプランです。
どのような計画が利用者を自立へと導くことができるのか。
プランニングにおける基本の考え方を解説します。

1 ケアプランはなぜ必要なのか

自立って何？

私たちケアマネジャーに求められるものは何でしょうか。介護保険法の第１条には、「加齢に伴って生ずる心身の変化に起因する疾病《しっぺい》等により要介護状態となった人が、尊厳を保持し、その有する能力に応じ自立した日常生活を営むことができる」ことが目的として規定されています。この目的を見るかぎり、ケアマネジャーは利用者の尊厳の保持と能力に応じ自立した日常生活を営むことを支援するために、介護保険法上に位置づけられていると理解できます。

では、利用者の自立とは何でしょうか。私たちの生活から少しだけ紐《ひも》解《と》いてみたいと思います。「私は自立している」といえるためにはどのような状態にあればいいのか？　ぱっと思いつくのは、身の回りのことが一通り自分でできること（身辺的自立）、経済的に自分で生きていけること（経済的自立）、こんなイメージでしょうか。しかし、考えてみると、身の回りのことができるといっても、入浴や食事、排泄《はいせつ》は自立していても、男性であれば、料理や縫い物、アイロンかけ等ができない人はたくさんいるでしょう。子育てをしながら忙しい夫を支える主婦は、経済的には自立していません。それ以前に、今の日本では、お金を支払って生活に必要な物品を購入しないと自給自足では生きていけなくなりました。

そう考えると、一から十まで人の手を借りずに生きている人は、１人として存在しないことになります。つまり、**生きるということは「支え合う」ことを前提として考えなければならない**ことになります。たとえば、身辺的自立がほとんどできない乳児や要介護状態にある高齢者は、一方的に支えられるだけの存在でしょうか。私たちが身辺的、経済的に支える側にいると仮定して、私たちは子どもや高齢の両親から与えられるものは何もないのでしょうか。そうではないはずです。わが子を愛することや、父母を大切に思うこと、つまり子どもや親の存在そのものが、私たちが生きるための精神的支えになっているのです。

実は、利用者とケアマネジャーにもこの関係性が当てはまります。私たちケアマネジャーも、一方的に支える立場にあるのではなく、利用者に支えられてもいるのです。ここに自立とは何かの答えが含まれています。それは**「支え合いながらの自立」**、いわば**「共同的自立」**です。日常的なことばでいうなら、自立とは「お互いさまで生きる」ことなのです。

「お互いさまで生きる」を支える

たとえば、ご近所から家庭菜園でとれた野菜のおすそ分けをいただきました。「まあ、きれいなトマトときゅうり。ありがとう！」と言いつつ、何かお返ししないと……と思うのは当然のことです。でも、自家栽培の野菜のお返しに何万円もするものを返す人はおそらくいないでしょう。もしそんな高価なものを返されたら相手は驚いてしまいます。次から何もあげることができなくなってしまうかもしれません。このような一方的でアンバランスな関係では、人はその関係性に居心地のわるさを感じます。自家栽培の野菜のお返しに、近所の店で買ったパンをお返ししました。これぐらいが適当ではないでしょうか。このように対等な立場を保とうとするのが人の本能なのです。人は他人に少し喜んでもらえるだけで自分も嬉しくなります。そのお返しに、ささやかでいいから何か返ってくるとまた嬉しさが増します。こういった関係性のことを**互恵的《ごけいてき》な関係**といいます。アメリカの心理学者のマズロー（Maslow, A. H.）は、人の欲求を食欲や睡眠といった、生きていく基盤となる生理的欲求、健康でいたい、経済的に安心していたいといった安全欲求、社会的な役割や他者との情緒的な関係を求める所属・愛情の欲求、他人からの承認や自分自身を承認する承認欲求、自分自身がもつ能力を遺憾《いかん》なく発揮して理想とする自分に近づこうとする自己実現の欲求などと整理していますが、このような**人が人として生きるための欲求は、他者との互恵的な関係のうえで満たされていく**のです。

ケアプランはなぜ必要なのか

ケアマネジャーに求められる、その人の能力に合った自立支援とは、このようなさまざまな欲求を満たすための「お互いさまで生きる」を支えることと考えます。

人は多様な価値観をもち、日々の生活において、さまざまなニーズを抱えながら生きています。このようなニーズの達成を支援するとなると、とても１人では支えきれるものではありません。ケアマネジメントの特徴は、専門職が１対１で利用者を支えるのではなく、たくさんの人々で支えることにあります。ケアマネジャーの仕事は、利用者を中心に、家族、地域住民、さまざまな専門領域の多職種等の多くの人々で構成する支援チームをマネジメントすることですが、いくらケアマネジャーが優秀で、利用者のことを深く理解していたとしても、ほかの支え手が利用者のことを理解できていなければ、統一したケアを行うことはできません。

よくケアマネジメントは「利用者（の思い）を中心に」といわれます。では、その利用者の「思い」を理解するにはどうしたらよいのでしょうか。それは利用者の「語り」に耳を傾ける、語ることができない利用者については「観る」と家族などに「聴く」しかありません。つまり、利用者の「思い」を理解することは一朝一夕に行えるものではなく、利用者の「語り」や利用者を「観る」こと、家族などから「聴く」ことをたくさん積み重ねるなかでみえてくるものなのです。

利用者の「思い」を共有するには、カンファレンスにおいて利用者にかかわるすべての人々が一堂に会するのが確実といえます。しかし、そんなことは不可能です。そこで重要となるのが、アセスメント記録とケアプランです。アセスメント記録とは、利用者理解のための情報収集と分析、つまり利用者がどのような思いに立ってどのように生きているのかを「見立て」、その見立てから、さまざまなニーズを導き出すところまでの記録です。そしてケアプランは、導き出されたニーズを明確にすると同時に、その達成目標を決定し、その目標を達成するためのサービス内容を共有するための記録です。つまり、利用者の自立を支えるための「手立て」を明確にする記録なのです。このアセスメント記録とケアプランを、個々の担当者が読み解くことによって、利用者を共通理解することができます。**ケアプランは、「利用者ニーズ」「目標」「サービス内容」という、「利用者理解のための共通のことば」であり、「利用者の自立を支えるための共通のことば」**なのです。

2 アセスメントのしかた

アセスメントの「見立て」と「手立て」

アセスメントには、前後半に分かれた、大きく2つの流れがあるといわれます。前半の流れが、利用者の「見立て」です。いわゆる利用者理解のプロセスで、得られたさまざま

図1 ┃「ニーズ」は見立てと手立てをつなぐ橋

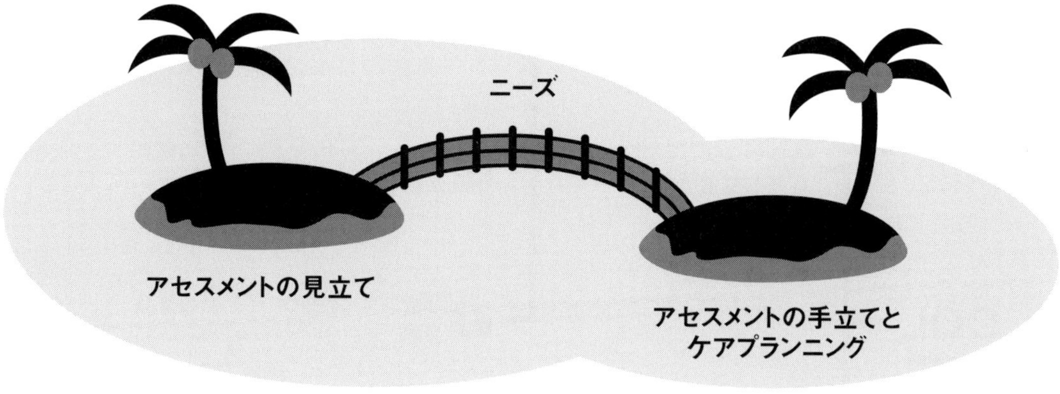

な情報を統合・分析し、ニーズを導き出します。後半の流れは利用者支援の「手立て」です。アセスメントの「手立て」は、ケアマネジメントモデルの次のプロセスである「ケアプランニング」と重なる部分があります。ニーズに対し、利用者の「望む暮らし」と「目標」を明確化し、具体的な支援を組み立てていきます。ニーズはこの２つのプロセスの橋渡しをします（**図１参照**）。

「主観的QOL」と「客観的QOL」

自立支援の対象として、「QOL の向上」といった表現を見かけることがありますが、QOL とは一体何なのでしょう。生活の質（Quality of life）と答えるのは簡単ですが、「目の前にいる A さんの QOL は今どんな状態？」と尋ねられたら、答えに困ってしまうのではないでしょうか。QOL とは、過去も含めて人生全体を表現することばです。ここでは、自立支援について考えるときのキーワードであり、アセスメントの対象でもある QOL について紐《ひも》解《と》いてみたいと思います。

QOL には、**「主観的 QOL」**と**「客観的 QOL」**があるといわれます（**図２参照**）。**「主観的 QOL」とは、今の自分や家族、または現在の生活そのものをどのように感じているか**ということです。ことばのとおり、「主観的現実世界の質」ですから、目で見ることはできません。主観的 QOL を理解するには、自分自身のことを「自分のことばで語ってもらう」という利用者の「❶語り」が必要になります（**図３参照**）。それに対し、**「客観的 QOL」とは、利用者が、家族やケアマネジャーといった、周囲の人から見てどのように見えるか**ということです。「客観的 QOL」は、「客観的現実世界の質」ですから、アセスメントで得られたさまざまな情報を統合・分析することで見えてきます。

図2 ┃ QOLの構造と生活機能

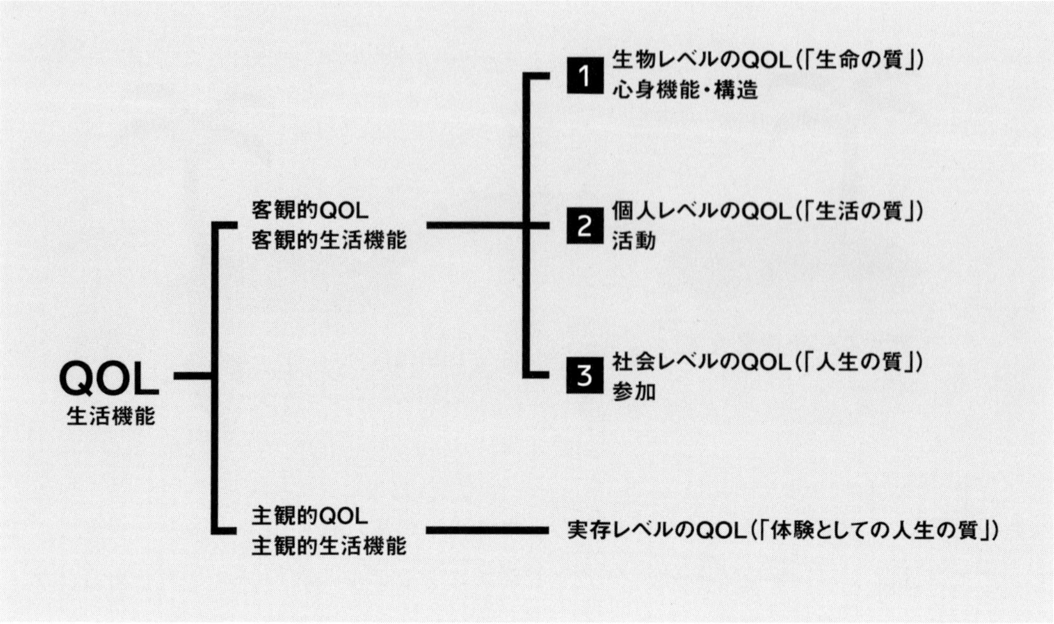

出典：上田敏『科学としてのリハビリテーション医学』医学書院、77頁、2001年

客観的QOLは4つのカテゴリーに分かれています（**図３参照**）。先ほどの「互恵的《ごけいてき》な関係」は、「❺参加（役割）・自己実現」です。私たちは社会においてさまざまな役割を担《にな》っています。たとえば、父親として、母親として、夫として、妻として、祖父として、祖母として、子どもとして、地域住民として、職場の同僚として、趣味仲間として、といった具合です。こういった互恵的な関係を満たすための土台が私たちの「❸心身の機能と構造（身体）」、つまり心身の機能と体そのものです。心身の機能と体という土台を活用することで、私たちは「❹活動（ADL（日常生活動作）・IADL（手段的日常生活動作））」を行い、活動を通して間接的、直接的に「❺参加（役割）・自己実現」を果たしています。加えて、忘れてはならないのが、「❷心と体の健康（病気）」です。私たちが対人援助職として最優先しなければならない倫理原則は、「命を守ること」です。健康であることは、QOLを高めるためには欠かせない要素です。このように健康で活動や役割を果たすことが、主観的QOLを高めることにつながります。

人は、さまざまな立場のなかで複数の役割をもっています。その役割を果たすことで、「喜んでもらえた。私も少しは役に立つんだ」「自分にもまだまだできることがあるんだ」といった感情が湧《わ》き上《あ》がるのです。つまり人としての「存在価値」の再確認です。**図３**では「主観的QOL」に当たります。そして、このようなQOLに影響を及ぼすのが、「❻個性」と「❼環境」です。個性とは、性別、人種、年齢、ライフスタイル、習慣、性格、生活史

図3 | QOLを再整理する（アセスメントの7つの領域）

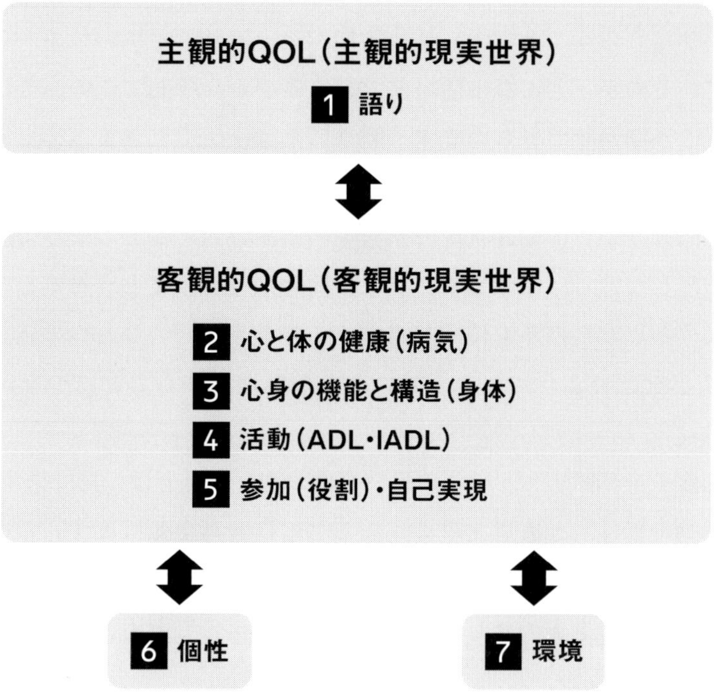

といったものです。環境とは、利用者を取り巻く人的環境、物理的環境、制度的環境といったものです。

このように**QOLは、個性や環境の影響を受けつつ、交互に作用しながら循環**しています。アセスメントは、**この７つの領域**すべてが対象となります。アセスメントの７領域は、「**アセスメントの幅**」です。この幅がないと利用者の多様な生活ニーズを網羅《もうら》することができません。ニーズがもれ落ちていると、モニタリングに時間を要したり、サービス担当者会議で再アセスメントが始まってしまい、これまた時間を費やさざるを得ないといったことになります。

アセスメントの７領域

①主観的QOL —— 語り

対人援助の基本は、利用者が主役であるということです。これを利用者主体、あるいは利用者本位といいます。利用者主体の支援は、まず最初に利用者の「語り」に耳を傾けることから始まります。その過程のなかで利用者が「どんな世界に生きていて、どんな望みや困りごとをもっているのか」が少しずつみえてきます。これが「主観的 QOL」です。

このプロセスを繰り返すことで、利用者との信頼関係（ラポール）がつくられていきます。

大切なのは、利用者がどんなことに一番困っているのか、どんな心配ごとがあるのかをしっかりと聞かせてもらうことです。具体的に、その困りごとはいつ頃《ごろ》から始まって、どれくらい続いているのか、どんな生活場面で起こるのか、そしてその困りごとについてどんな思いでいるのか聞かせてもらいます。困りごとは、生活にさまざまな支障をもたらしているかもしれません。たとえば、健康や ADL、IADL、家族や地域に対する役割への影響等について確認しながら、問題状況に家族等の周囲の人々がどのように影響しているのかについても整理しなければなりません。その問題に今日までどう対処してきたのか、なぜ支援を受けようと思ったのかも確認します。このような一つひとつの確認は、利用者自身がその困りごとをどのようにとらえているのかを理解することにつながっていくのです。

利用者が認知症や身体障害で「自分の思いを語れない」場合は、表情や仕草に目を向け、繰り返される行動や断片的とも思えるようなことばにも耳を傾けます。こういった非言語のコミュニケーションには、利用者の「快」「不快」が表現されています。また、代弁者である家族から生活史や過去のエピソード等の情報を得ることも、利用者を理解するうえで非常に重要です。

ケアプランには、「利用者及び家族の生活に対する意向」という記《き》載《さい》欄《らん》があります。またアセスメントシートにも、「主訴」といった記載欄があります。アセスメントもケアプランも、中心はここにあります。

私たちケアマネジャーは利用者と多くのことばを交わし、少しずつ利用者を理解していきます。その利用者の語りのなかから、利用者の「望む暮らし」や「具体的な要望」を拾い上げていきます。それは時に、「夫といつまでもこの家で暮らしたいのよ」であったり、「病気になる前のように家事ができたらなぁ」であったりします。これが「望む暮らし」です。ケアプランでは「利用者及び家族の生活に対する意向」に記載されます。その望む暮らしに到達するには、課題を具体的なニーズとして、明確にしていかなくてはなりません。たとえば、「病気が悪くならないようにきちんと服薬したい」「家の中を安心して歩けるようになりたい」「夫のために調理がしたい」であったりします。この**個別のニーズの積み重ねの先に「望む暮らし」がある**のです。これらはすべて利用者の「思い」です。この「思い」がケアプランの中心に位置することが、利用者の尊厳を保持することであり、主体性の尊重というケアマネジャーに求められる態度（倫理）なのです。

②客観的QOL —— 心と体の健康（病気）

「命を守る」が最優先!

私たちケアマネジャーには、さまざまな法的義務や倫理が求められています。たとえば、

「生命の保護」「公正・中立」「自己決定（主体性の尊重）」「利用者利益の優先」「QOLの向上」「被害を最小限に抑える」「守秘義務と情報開示」などです。一つひとつみてみると、どれもとても大切なことです。しかし、私たち対人援助の実践現場では、これらの**義務や倫理のぶつかり合いが毎日のように起こる**のです。たとえば、糖尿病なのに「もう先が短いんだから、甘いものもたくさん食べたいわ」と利用者が言ったとします。みなさんはどう答えますか？　「わかりました」とは言えません。「お医者さんに糖尿病について教えてもらいながら、どれくらいなら甘いものを食べてもいいか尋ねてみましょう」などと答えるのではないでしょうか。実は、これは「利用者の自己決定にダメ出し」をしていることになります。その理由は、「利用者の命を守る」ことを優先したからです。つまり、「生命の保護」と「自己決定」という倫理がぶつかり合った結果なのです。「自己決定」も「守秘義務」も大切です。**「命を守る」を最優先しつつ、「自己決定」や「守秘義務」についても考えていかなければならない**のです。

③客観的QOL —— 心身の機能と構造（身体）

精神機能

精神機能とは、注意機能、記憶機能、思考機能、計算機能といった、脳のもつ機能のことをいい、これらが障害を受けることを精神機能障害といいます。抑うつ気分やうつ病、双極性障害なども含まれます。高齢者領域でかかわりが多いのが、血管性認知症やアルツハイマー型認知症等です。障害の程度によっては、日々の活動や役割に大きな影響を与えます。また、治療や服薬の継続、リハビリテーションの理解などに支障がある場合には、健康そのものにも影響を与えます。

精神機能と主観的QOL

同じ認知症であっても、利用者により認知できる人や時間、場所はさまざまです。わかる場所はどの範囲か、誰《だれ》がわかって誰がわからないのかといったことは、認知症の進行状況や利用者の生活環境により違ってきます。

また重度の認知症であっても、すべてを忘れ去ったわけではなく、新しいことをまったく覚えることができないわけでもありません。そのときのエピソードそのものは忘れても、楽しかった、悲しかったという感情は残ります。記憶にとどまらなくても、繰り返し温かな心地よい経験を重ねることで、BPSD（認知症の行動・心理症状）が落ち着き、穏《おだ》やかな日常を取り戻すこともできます。深くかかわることで、名前は覚えてもらえなくても、顔を覚えてもらうことも可能です。

また、私たち専門職は、BPSDを行動障害として、「徘徊《はいかい》」「粗暴《そぼう》」「異食《いしょく》」といった表現で評価し共有します。しかし、別のとらえ方をすると、**BPSDは「どうしたらいいか**

わからない！」の表現（ニーズ）なのです。心の中に何らかの「思い」があり、その「思い」を行動で表現しているのですが、障害によってうまく表現できないでいるのです。**「思い」を理解するには、その人がどのような現実世界にいるのかを「聴く」「観る」を大切にしなければなりません。**認知症の中核症状やBPSDの有無だけに目を奪われないようにし、利用者の心にある「思い」を理解しようとする態度が求められます。

生活から把握する身体機能と構造（身体）

視覚、聴覚、嗅覚《きゅうかく》、味覚、触覚といった感覚については、人が生活していくうえで必要な基本的な感覚です。昔から五感といったりもします。このような感覚機能がどの程度なのかということについては、日常の活動を見て評価します。視覚は人の顔がどの程度見えているか、新聞の文字が読めるかといったことからわかってきます。

聴覚や言語機能は会話を続けていくことでどの程度の声なら聞こえるか、どの程度の発語が可能かわかります。咀嚼《そしゃく》・嚥下機能《えんげきのう》についても専門医の診断を必要としますが、体調や病状によって日々変化します。また食材や調理方法によっても違います。食事の様子を観察することでその日の体調や食材による咀嚼や飲み込みの状態の違いを把握し、食事形態についての検討が必要にもなってきます。

また、残歯の状況、入れ歯が合っているかどうか、舌苔《ぜったい》の付着等は、おいしく食事を食べるということ、誤嚥性肺炎《ごえんせいはいえん》等の疾患予防《しっかんよぼう》においてとても重要です。

手指の巧緻性《こうちせい》（器用さ）や肩の関節可動域はADLやIADLに大きく影響します。ボタンをとめる動作、筆記、更衣動作や家事動作、体操のバンザイ動作等を観察することで評価します。また、両手で握手して強く握ってもらうと力の強弱や左右差がある程度把握できます。リハビリテーション職に相談する目安にもなります。

体幹《たいかん》や下肢《かし》の筋力については、臥床《がしょう》した状態から立位、歩行までの複合動作を観察することである程度評価できます。また立位姿勢で体幹の重心が前にあるか（円背《えんぱい》等）、後ろにあるか、筋力の左右差で前後左右どちらに転倒する可能性が高いかがある程度評価できます。

最後に、身体の痛むところ、かゆいところをしっかりと把握しておきましょう。私たちが身体機能のアセスメントをするときによくする間違いは、障害のみ（「左片麻痺《ひだりかたまひ》」「下肢筋力低下」など）に視点を向けてしまうことです。「左片麻痺」＝「右半身は動く」、「下肢筋力低下」＝「杖《つえ》で歩けるぐらいの筋力は保持」、「難聴」＝「耳もとで話せば聞こえる」というように転換できます。このような現有機能の評価の視点も忘れないようにしましょう。

また、事故や手術による身体の切断や傷、病気や過用による変形（手指、足指、膝《ひざ》等）についても評価しなければなりません。手術等による身体の切断は人に見られたくないのが普通です。入浴のときなどは特別に配慮《はいりょ》しなければならない場合があります。

また強い変形は現在痛みがなくても将来痛みが出てくる可能性があるので注意しましょう。

④客観的QOL —— 活動（ADL・IADL）

活動とは基本動作（寝返り、座る、歩く、持ち上げる、押す、ひねる等）、入浴、食事、排泄《はいせつ》、更衣、整容といったADL、調理、洗濯、買い物、掃除《そうじ》、金銭管理、仕事、受診、趣味活動といったIADLなどの生活行為、つまり「生活上の目的をもった、一連の動作からなる具体的な行為」のことです。

ADL・IADL

人は、起き上がる、立ち上がる、歩く、持ち上げるといった活動の基本となる動作を複合的に組み合わせながら、入浴し、食事をし、家事や仕事をこなしています。どのような目的で、どのような活動を、どこで行っているのかは個別性そのものです。入浴にしても、食事にしても、人により目的も方法も少しずつ異なります。入浴が大好きな人は、入浴を「1人でリラックスできる時間・場所」と感じているかもしれません。しかし、あまり好きじゃない人にとっては、単に「体をきれいにする行為にすぎない」ということもあるでしょう。「料理が趣味」という人もいれば、「家族のための仕方なしの作業」という人もいるでしょう。ADL 1つとっても、利用者によってその行為のもつ意味が違うのです。

なかでもコミュニケーションは、多くの活動や役割の基盤となる、とても大切な「活動」です。コミュニケーション障害には、認知障害、失語症、構音障害、難聴などさまざまな要因があります。どのような障害がからみ合っているのか、しっかりと評価しなければなりません。

IADLは、調理、洗濯、買い物、掃除、金銭管理などといったADLの周辺にある活動です。

「活動」は環境の中で評価する

活動は環境に大きく影響されます。たとえば、介護者の有無、家屋の構造、経済状況などです。入浴という活動で考えると、居間の椅子《いす》や寝室のベッドから立ち上がり、パジャマや下着をタンスから取り出し、廊下《ろうか》を歩いて脱衣室のドアを開け、衣類を脱いで浴室のドアを開け、浴槽《よくそう》のふたを取り、シャワーチェアに座り、湯を汲《く》んでかけ湯をし……というように、一連の複合動作として理解することが大切ですが、その複合動作の内容は介護者や段差の有無などの「環境」によりまったく違ってきます。

ADLを自立、一部介助、全介助の3段階で評価しているアセスメントシートや情報提供書がほとんどですが、これは利用者の ADL の目安（状態像のイメージ）を簡潔に把握する点では有用でも、個々の利用者の状態に合ったケアプランを作成するための情報としてはほとんど用をなしません。立ち上がり１つをとっても、居間の座椅子から立ち上がる、ベッドから立ち上がる、シャワーチェアから立ち上がるのとでは、まったく環境が違うわけですから、生活の場面ごと（環境ごと）に評価する必要があります。

「支援を要する活動」・「できる活動」を「している活動」へ

活動は①「している活動」と②「できる活動」、③「支援を要する活動」、④「する活動（目標)」といった整理ができます（上田敏『ICF（国際生活機能分類）の理解と活用――人が「生きること」「生きることの困難（障害)」をどうとらえるか』きょうされん、27頁、2005年)。

①「している活動」は日常生活で実際にしている活動すべてを意味します。②「できる活動」とは２種類あります。１つは、「日常生活ではできないが、リハビリテーションや機能訓練などの場で、リハビリテーション専門職のはたらきかけによってできる活動」です。たとえば、通所リハビリテーション（デイケア）のリハビリテーションでは、理学療法士に見守られながら四点支持杖で歩行していても、家では手すり等につかまりながら歩行しているのであれば、見守り四点支持杖歩行は、できる歩行（活動)、つかまり歩きは、している歩行（活動）となります。もう１つは、「今はしていないが、やろうと思えばできる活動」です。たとえば、作業療法や認知症対応型共同生活介護（グループホーム）での調理で、長年包丁を持ったことがなかった認知症の女性に、ためしに包丁を握ってもらうと、久しぶりとは思えないほど上手にネギを刻《きざ》むことができたといった例はよく耳にしますが、このような場合、「包丁を使う」という活動は「今はしていないが、やろうと思えばできる活動」となります。③「支援を要する活動」は、基本動作、ADL、IADL といった身辺自立に支援を要する活動です。④「する活動（目標)」とは、将来の目標となる活動のことです。

この①から④の活動を整理すると、まず、①「している活動」は安定的に継続できるようにします。②「できる活動」については、リハビリテーションや機能訓練を通して、①「している活動」に高められるようにします。昔していた活動（②「できる活動」）を見つけ出して、①「している活動」として復活させることも大切です。③「支援を要する活動」については、安全・安心に配慮しながら、できるだけ②「できる活動」、そして①「している活動」へと高めていくようにします。こうした①「している活動」を増やしていくために、④「将来する活動」を目標として設定するということになります。これが、いわゆる「現有能力の活用」といわれるものです。

⑤客観的QOL —— 参加（役割）・自己実現

「活動」と「参加（役割）」

生活の基本は「活動」です。私たちは体に備わった心身機能をフルに活用し、入浴、食事、排泄、睡眠などの命を維持するための生理的欲求や安全欲求に基づく活動をベースに、子育て、仕事、趣味、教育文化活動、社会活動など、さまざまな社会活動をしています。このような活動は周囲の人々との関係性のなかでなされるもので、そこには、父親や母親、職場の同僚、趣味仲間、学友、ボランティア仲間などといった役割が存在します。たとえば、自分のために料理をつくることは「活動」ですが、家族のために料理をつくればそこに「妻として、母としての役割」が生じます。一緒にコーヒーを飲むだけでも「家族として、友人としての役割」が生まれます。つまり、調理をすることの意味が自分のためであれば「活動」ですが、家族のためであれば「参加（役割）」になります。この差異をしっかりと押さえておきましょう。

QOLの良循環

役割を果たしていることの意味を感じたとき、人はどのような感情を抱くのでしょうか。それは「まだ私も役に立てるんだ」「ここにいてもいいんだ」といった気持ち、つまり自尊心です。ここでいう自尊心とは、ほかの人と比較することで自分のほうが長《た》けているということを確認する、「プライド」という意味ではなく、自分のことを肯定的にとらえることができるという意味の、「セルフ・エスティーム」のことです。

人は一方的に与えられる立場になると自尊心が大きく揺《ゆ》らぎます。特に今までできていたことが支援なしにはできなくなったり、支援してくれる相手に疲れがみえたりすると、無力感や喪失感《そうしつかん》に悩まされます。そして「自分はいないほうがいい」「必要のない人間だ」などと自分自身を否定してしまうのです。

「『お互いさまで生きる』を支える」の項（**3頁参照**）で、お互いさまで生きる（互恵性）ことの意味についての話をしましたが、**互恵性を保つためには、お互いが、お互いのために果たす役割が必要**です。そして、その**役割が自尊心を高める**のです。QOLの循環でいうと、「客観的QOL」の「参加（役割）」と、「主観的QOL」の循環です。それだけではありません。たとえば一緒にコーヒーを飲む、仏壇《ぶつだん》の世話をする、庭の草取りをする、こういったほんの小さな役割が「活動」につながり、活動することにより「心身機能」を活用します。これがQOLの良循環です（**図４参照**）。

図4 | QOLの良循環

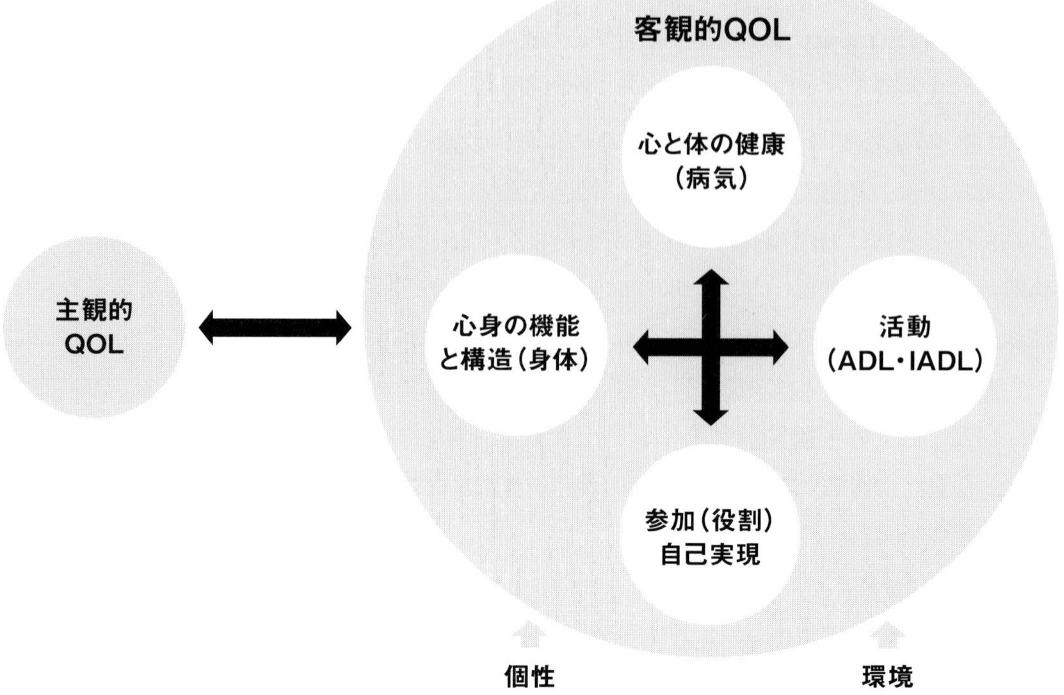

⑥個性

「個人的価値観」も個性

個性とは、たとえば、性別、人種、年齢、ライフスタイル、習慣、過去および現在の経験（過去や現在の人生の出来事）、性格などです。

利用者を支援するには、まずこのような個性を尊重する態度が求められます。人は成長過程で、周囲の人々や特別な体験、読んだ本などの影響を受けながら個人的な価値観を育《はぐく》んでいきます。このような価値観も個性の１つです。物事の判断や行動の規範などは個人的価値の影響を受けています。つまり、日々の判断や活動に大きな影響を与えるのが人の個性なのです。利用者を支援するには、まずこのような個性を理解することが求められます。

たとえば、性別、人種、年齢も個性です。これらはすべての人がもち合わせている個性といえますが、日本人だから、外国人だから、若いから、高齢だからといったことに優劣はありません。「元気で活発」「大人しい」といった気質や「社交的」「人見知り」といった性格も個性ですが、とらえ方によっては「元気で活発」＝「いつも騒々しい」、「大人しい」＝「思慮深い」といった評価もできます。

また、「感謝の気持ちを忘れない」といった生きるうえでの考え方、「誰にでもしっかりとあいさつをすることにしている」といったライフスタイルも個性です。

個性を知るうえで特に重要なのは、生活歴や教育歴、現在や過去の体験といった「生活史」です。自《じ》慢話《まんばなし》やつらい体験、どのように生きてきたか（人生が一番輝いている時期や反対に下降期など）を少しずつ聞かせていただきましょう。しかし、誰しもそうですが、**生活史でも特につらかったこと、悲しかったことなどは「この人になら話してもいいかな、この人に聞いてもらいたい」と思って初めてことばになります。支援に必要なこと以外は無理に聞き出そうとせずに、信頼関係づくりを心がけましょう。**

同じような体験でも「感じ方」はそれぞれ

「父親を早く亡くした経験が今の自分に育て上げた」という人もあれば、「父親が早く亡くならなければこんなに苦労しなかった」という人もあります。現在おかれている状況によって、**過去の同じような体験でもとらえ方は人さまざま**ということも理解しておきましょう。

「語れない利用者」の個性を知るには「観る」と「聴く」

では、認知症や重度の身体障害等で、自分自身の思いを十分に語れない利用者については、どのように個性を理解すればいいのでしょうか。それは、「観る」と「聴く」しかありません。1つは、日々の語りや表情を観察することにより、何が「快」で、何が「不快」なのかを知ることです。BPSDも1つの「語り」です。また、表情、ちょっとした仕草、叫び声なども、主観的QOLを表す「語り」です。利用者を観ることにより個性を少しでも知ることができます。

また、家族から利用者の生活史を聴かせてもらい、今を輝かせるためのヒントや、反対に絶対に嫌なこと（もの）を知っておくといったことは、まさに個性を理解し尊重するプロセスであり、語れぬ利用者の尊厳を守るうえで非常に重要といえます。

⑦環境

家族や地域住民との関係性を理解する

「環境をアセスメントする」というと、家の中の段差や階段、道、会社や病院などの物理的な環境をイメージしがちですが、**家族や友人、隣人、同僚などの人的な環境や医療保険や年金などの制度的な環境もアセスメントの対象**になります。

人的環境で特に重要なのは家族です。まず理解しなくてはならないことは、家族は直接介護を担うインフォーマルな社会資源という側面と、利用者と生活する支援を要する人という側面の両方をもち合わせているということです。単純に「介護して当たり前の社会資源」とみなさないようにしましょう。

家族を理解するうえで大切なのは、介護という問題も含めて家族関係のなかで理解するということです。利用者が一番頼りにしている人は誰か、家族が集《つど》う中心は誰か、誰が決定権をもっているのか、家族のなかでも誰と誰が仲がいいのか、反対に仲がわるいのかといった関係性の理解が重要です。また、たとえ利用者との関係性がわるい家族であっても、100％困った家族という見方はやめましょう。家族のもついいところは必ずあるものです。

また、家族以外の友人や近隣などの地域との関係性も把握しなければなりません。こういった地域住民をケアプランに位置づけるときには、利用者には支援してくれる近隣住民に対して、支援してくれることの感謝と内情を知られることへの不安や不快感という両方の感情があるということを理解しておきましょう。

利用者を取り巻く人々を理解するということは、周囲にどのような人がいるかというだけでなく、周囲の人々がもっている考え方や態度も含めて理解しなければなりません。

暮らしの跡は物理的環境に刻まれる

利用者が日々過ごしている自宅には、文字どおり「暮らしの痕跡《こんせき》」が刻まれています。何気なくテーブルの上に置かれているもの、壁に掛かっているもの、書棚に並んでいる本などは、利用者の現在の暮らしぶりだけでなく、趣味や嗜好《しこう》といった内面までも雄弁に語ります。壁に掛けられた表彰状やよく見える場所に置かれた写真からは、利用者の自尊心の源泉や愛情を注いでいる相手を知ることができます。面接のなかで折を見てそれらに話を向けると、生き生きとした表情で話をうかがえるかもしれません。利用者理解がより深まる瞬間です。

自宅で面接をする際には、さりげなく、でもしっかりと生活環境を確認しましょう。電話機やゴミ箱、新聞等がどこに置いてあるかで、利用者が無理なく動ける範囲が予測できます。柱や壁に目立つ手《て》垢《あか》がついていれば、そこが立ち上がりや歩行の際に手をついている場所だと考えられます。利用者の生活動線を「動画」として思い描き、身体機能やADLと照らし合わせて、物理的環境が利用者に無理や危険な動きをもたらしていないか、また逆に、少しリスクがあっても利用者の「がんばり」につながる側面がないかなどを評価しましょう。

環境アプローチの影響は必ずプラスとマイナスがある

環境に関して必ず理解しておかなくてはならないのは、**環境（の変化を伴う）アプローチは必ずプラスにはたらく面とマイナスにはたらく面がある**ということです。

たとえば別居していた娘が同居を始めることで、24時間の安全・安心を得ることができたとします。しかしその反面、娘が身の回りのことをすべてしてしまうことで、知らないうちに「している活動」を奪ってしまい、心身機能が低下する可能性があります。こんな事例もあります。転倒のリスクが増した利用者の居室にポータブルトイレを導入したとします。プラスにはたらく面は、転倒のリスクの軽減とトイレが近くなったことによる安心感です。マイナス面はトイレまでの移動という「実用歩行（活動）」がなくなり、さらなる筋力低下のおそれがあることです。このマイナス面は、別の安全な生活場面で取り戻す必要があります。また、他者に排泄物の処理をゆだねることは、主観的 QOL を大きく低下させることになります。尊厳にかかわる問題ともいえます。

こんな例もあります。短期入所生活介護（ショートステイ）を２週間利用して家に帰ったら、身の回りのことができなくなっていて、家族から苦情が来てしまいました。ショートステイ利用中は、人的にも、物理的にもバリアフリーです。在宅で一生懸命「している活動」をケアスタッフが支援してしまっていたのです。ケアマネジャーとケアスタッフ間の、サービス内容の共有が十分でなかった（ケアプランと個別サービス計画がうまくリンクしていなかった）と考えられます。加えて、段差がないので、家で一生懸命していた床からの立ち上がり等の基本動作が消失したのです。このように、環境アプローチは安全・安心をもたらすかわりに、「利用者のがんばり」を奪ってしまうこともあるということを念頭に入れ、サービス内容の組み立てをしなければなりません。

3 ニーズの導き出し方

ニーズって何？　どのように導き出すの？

「ニーズって何？」と尋ねられると、一言で答えるのが難しいことに気がつくことでしょう。定義はさまざまなものがありますが、「人の抱える問題と、その問題を解決するための課題（目標）を合わせてニーズという」といったところではないかと思います。

以下に、ニーズの導き出し方について整理してみます。

図５は、利用者が自分自身のニーズをことばで表すことができるケースです。図中の一

図5　自己決定（の内容を伝えることが）できる利用者のニーズの導き出し方を整理する

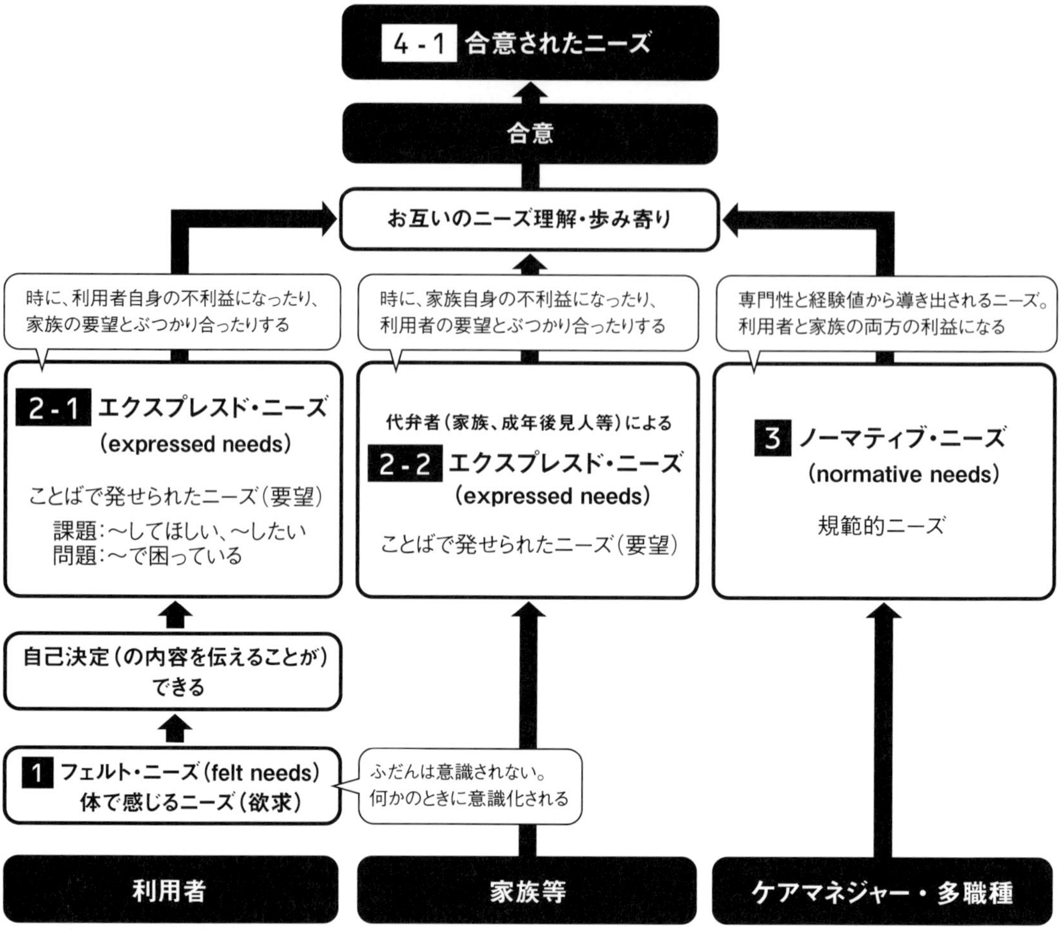

※この図では、代弁者とケアマネジャーのフェルト・ニーズについては省略しています。

番左側の流れは、利用者のニーズを導き出すプロセスを示しています。ニーズの始まりは、利用者の中にある「1体で感じるニーズ」で、「欲求（Want）」ということばでも表現できます。これは心の中に漠然とあるものでふだんは意識されず、もちろん他人にはわかりません。しかし、その欲求が意識され、具体化されればことばで表現され、他者に伝えることができます。それが「2-1エクスプレスド・ニーズ」です。利用者から「ことばで発せられたニーズ」で、「要望（意向）（Demand）」とも表現できます。真ん中の流れは家族のニーズで、プロセスとしては利用者と同様です。右側の流れはケアマネジャー（専門職）のニーズです。「3ノーマティブ・ニーズ」はケアマネジャーの専門知識と経験値でしか導き出すことが難しい規範的ニーズです。

ここで必ず理解しておかなければならないことは、**利用者や家族から「ことばで発せられたニーズ（要望）」は、時に自分自身の不利益になったり、お互いの不利益になったり**

図6 ┃ 自己決定（の内容を伝えることが）困難な利用者のニーズの導き出し方を整理する

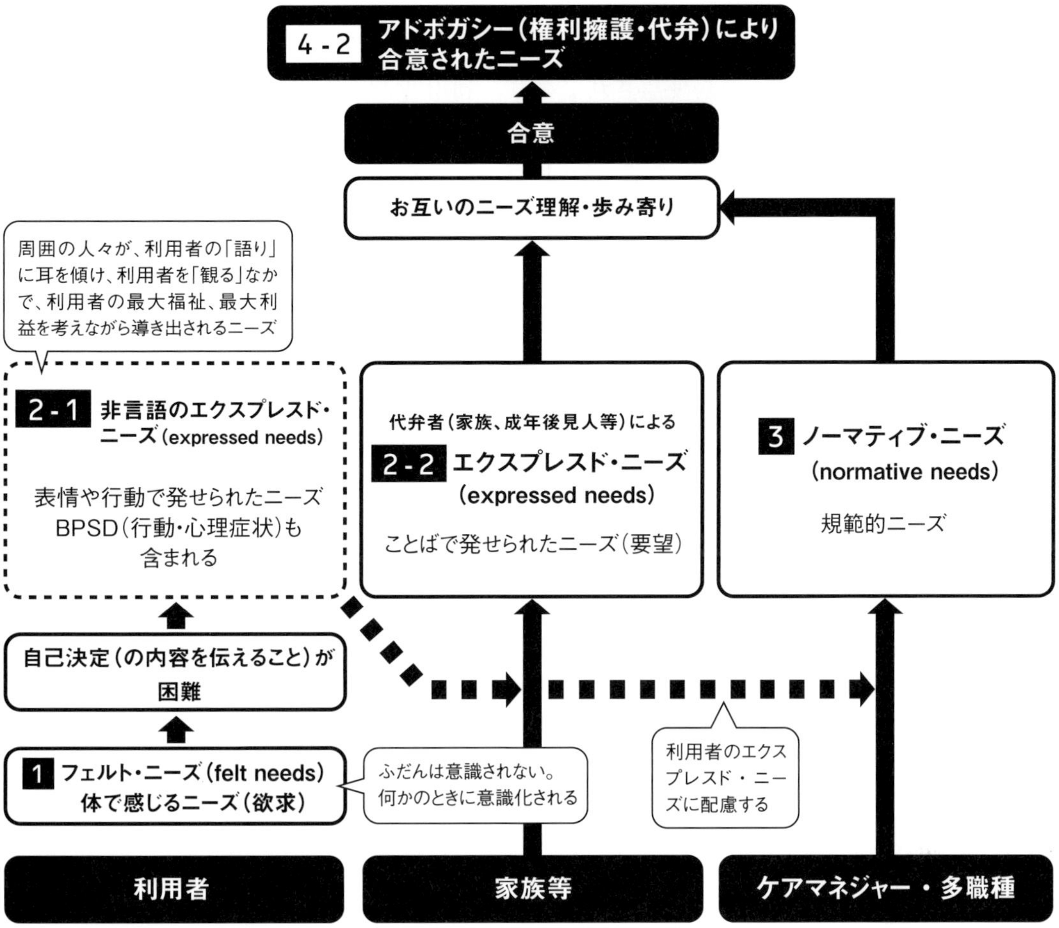

※この図では、代弁者とケアマネジャーのフェルト・ニーズについては省略しています。

することがあることです。たとえば、腎機能《じんきのう》の低下が著しいのに、「老い先短いんだから、好きなように飲み食いしたい」とか、妻が介護で疲れきっているのに、「嫁なのだから、世話して当たり前」というようなケースです。ケアマネジャーは、このような誰《だれ》かの不利益になるようなニーズを規範的ニーズで修正しなければなりません。その結果、誰の不利益になることもなく、また専門的な見立てからも正当性のある着地点が見出されます。それが、「4-1 合意されたニーズ」です。ケアプランに記載されるのは、この合意されたニーズということになります。

しかし、ケアマネジャーが支援している利用者のなかには、重度の心身機能障害によってニーズをことばで表すことが困難な人も含まれます。

図6の一番左側の利用者のニーズの流れを見てください。ニーズをことばで表すことができず、残されているのは、表情やジェスチャー、叫び声といった非言語のコミュニケー

ションだけです。ここで、心にとどめておきたいのは、BPSD（認知症の行動・心理症状）です。BPSDは、認知症の中核症状により引き起こされる行動障害で、徘徊《はいかい》、妄想《もうそう》、不穏・興奮、粗暴行為《そぼうこうい》、異食《いしょく》、収集癖、仮性作業等があります。専門職同士が状態像を共有するためにこのような専門用語が使用されており、利用者のリスクマネジメントという観点においては重要な意味をもっています。しかし、それだけの意味合いでBPSDを理解してはならないのです。

たとえば、**BPSDを非言語のコミュニケーションと理解するなら、心の中には「体で感じるニーズ」があるはずですが、認知症の人は、その「体で感じるニーズ」をうまく表現できないでいる**のです。たとえば、徘徊（家から出て外を歩き回る）＝「暗くなってきたわ……早く帰って子どもたちのためにご飯をつくらないと……」、妄想（あの人の着ているセーターは私が編んだもの、盗まれたと訴える）＝「私の着るものはちゃんとあったかしら……人前ではちゃんとした身なりでいたい」、粗暴行為（誰かれおかまいなしにたたく）＝「知らない人が近寄ってくる……怖い！　触るのはやめて！」と理解すればどうでしょう。ケアマネジャーは、BPSDの背景にある、「体で感じるニーズ」を少しでも理解しようとする態度があって初めて真の専門職といえるのです。

このように、「体で感じるニーズ」をことばで表すことが困難な状態にある利用者については、利用者の最大福祉、最大利益を考えながら、家族から「ことばで発せられたニーズ」とケアマネジャーの「規範的ニーズ」において利用者のニーズを代弁（アドボカシー）して、「合意されたニーズ」を導き出すことになります。こういったプロセスをしっかりと理解することで、ケアプラン上のニーズを根拠立てて説明することができるようになります。

「御用聞きケアマネ」という表現を目にすることがあります。この「御用聞きケアマネ」とは、利用者や家族のニーズのみで支援を計画するケアマネジャーのことです。つまり、規範的ニーズがないケアマネジャーということになります。一方で、利用者や家族のニーズに耳を傾けることをあまりしないで、自分の欲しい情報のみでニーズを導き出すケアマネジャーもいます。つまり、自分の専門性（規範的ニーズ）のみで支援を行うケアマネジャーです。利用者、家族が不在となってしまうこのようなケアマネジャーは、「私におまかせケアマネ」とでも名づけましょうか。

このような「御用聞きケアマネ」や「私におまかせケアマネ」は、ニーズを導き出すための３つの柱（利用者、家族等、ケアマネジャー・多職種）のうちのどれかが欠けてしまっているために、導き出されたニーズが利用者や家族に不利益をもたらすなどの危険性があります。基本的には、合意された**ニーズは、利用者、家族、ケアマネジャーの三者の合意で導き出される**ことを理解しておきましょう。

どうしてもニーズに合意が得られない場合

利用者や家族にはたらきかけはするものの、どうしても承知してもらえず合意が得られない場合は、ニーズとしてケアプランにあげることはできません。このようにニーズの合意が得られない場合は、サービス担当者会議等を通じてその経過を多職種で共有し、利用者や家族に理解してもらえるよう引き続きアプローチしていきます。経過については必ず記録しておきましょう。

4 ケアプラン立案の10のポイント

ケアプランは利用者のもの

ケアプランの具体的な考え方に入る前に、自立支援型ケアプランを作成するのには、どのような条件を満たす必要があるのかを考えてみます。

たとえば、皆さんが病気で入院し、何らかの障害を抱えたまま退院したとします。さまざまな悲しみと不安を抱えるなかでケアマネジャーが決まり、在宅生活が再スタートします。その立場に立ったとき、ケアプランはどうあるべきでしょう。ニーズが専門的に分析され、サービス内容が整理されていることは当然のこと、それ以外に求めるものは何かと考えると、「少しでも未来につながる」、あるいは「希望がもてる」内容かどうかではないでしょうか。

利用者や家族がケアプランを見て、「このケアマネジャーは私たちのことをよく理解してくれている」「確かにこんなことできたらいいよなぁ。ちょっとだけがんばってみるか」と思えるもの、つまり**利用者の思いや不安に寄り添った、信頼関係をさらに深められるような内容であること**です。

ケアプランは、ケアマネジャーの立場からのアセスメントや申し送りシートではありま

図7 | チームとしてのニーズ共有

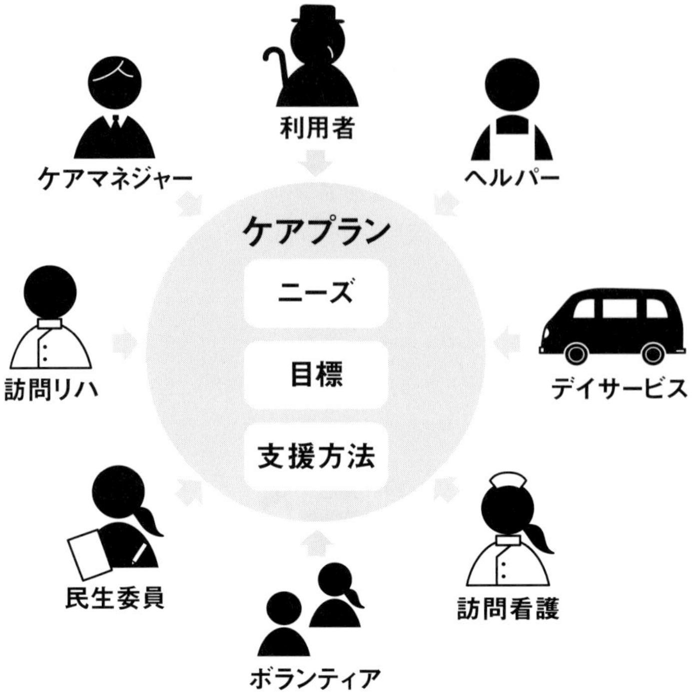

せん。あくまでも**利用者を中心に、これからの暮らしをどう組み立てていくかを利用者、家族、多職種がチームの一員として一緒に考え、計画し、共有するためのもの**です。そのためにそれぞれが何をしていくのか、どのように支援を受けるのかを共有するためのものなのです（**図７参照**）。

尊厳を守る

たとえば、「（あなたは）認知症」といった利用者自身が受け入れ難いことや、「（あなたは）片麻痺《かたまひ》」といった、言われなくても本人にはわかりきった健康状態、家族を失うなどの喪失体験《そうしつたいけん》（生活史）がケアプランに記載されていたとしたら、利用者はどのような気持ちになるでしょう。自分のことを一番よくわかっているのは利用者自身なのです。ケアプラン上で念押しされる必要はありません。

また、**難しい専門用語や専門職然とした権威的な言い回しの文章を見せられても「よくわからない」**というのが本音ではないでしょうか。専門用語は命にかかわる医療ニーズがあるような場合を除いては、なるべく使わないようにしましょう。

ケアプラン立案の10のポイント

自立支援型ケアプランを作成する際に「ニーズの抽出」「目標の設定」「サービス内容の組み立て」すべてに応用できるのが、以下の10のポイントです。

①自尊心を高める

人は他人とのかかわりのなかで、よい意味で依存し合って生きています。感謝し、感謝される、つまり「お互いさま」のなかで、誰《だれ》もが自尊心を芽生えさせ、それが生きる意味へとつながります。高齢になり、時に喪失体験を重ね、役割が果たせなくなると、自分が存在することの意味も見失いがちになります。私たちケアマネジャーは、**利用者が自分自身の強さを再び見出し、今に活《い》かすことで、「自尊心」を高めることを意識したケアの組み立てをする必要があります。**合いことばは「ありがとう」です。このことば以上に自尊心が高まるものはありません。かかわる人々が、**利用者に「ありがとう」と声をかけることができる場面づくり**を心がけることが大切です。

②自己決定を尊重する

人はこれから何をするのかを心に決めて実行に移します。重度の心身の障害があり、自分で行うことが難しくても、「決めることはできる」という人も多くいます。**「決める」という行為は主観的QOLを大きく高めます。**たとえば、他の人に買い物の内容まですべてまかせてしまうのと、本やチラシで欲しい商品を選んで買ってきてもらうのとでは満足度が違います。実際にお店に買い物に行けばさらに満足度は高まります（**図８参照**）。目の前にある選択肢が多ければ自己決定の幅も広がります。このような小さな自己決定でさえQOLを高めることが可能です。重度の心身の障害のある人でも、生活場面や内容によっ

図8　満足度の高まり

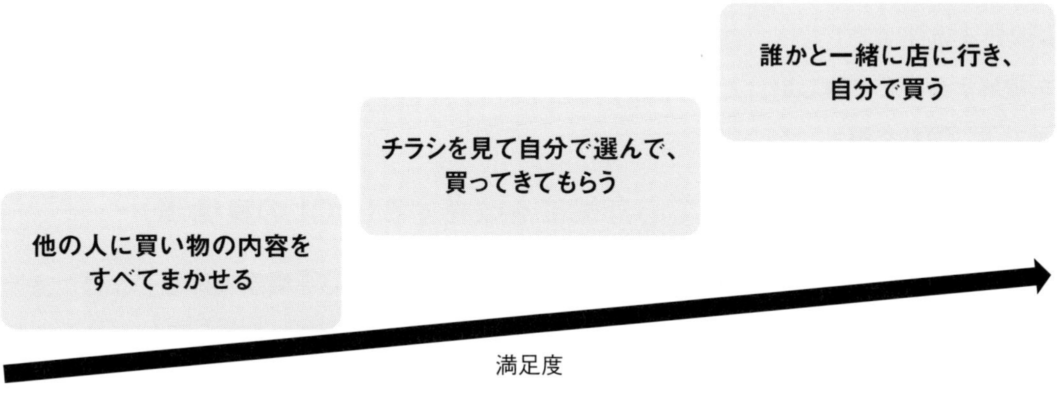

ては自己決定が可能であることを心にとどめましょう。支援のあらゆるところでこの「小さな自己決定」をちりばめたいものです。

③現有能力を活かす

「アセスメントの７領域」の項（**７頁参照**）で「活動」についてふれましたが、活動には「している活動」と「できる活動」があります。「している活動」とは、日常生活で実際に行っている活動のことをいいます。「できる活動」とは、１つは、「日常生活ではできないが、リハビリテーションや機能訓練ではできる活動」のことです。もう１つは、「今はしていないが、やろうと思えばできる活動」です。リハビリテーションでは理学療法士に介助してもらいながら歩いているが、日常生活では車《くるま》椅《い》子《す》という人であれば、「できる活動」は介助歩行、「している活動」は車椅子自操となります。このような「できる活動」を「している活動」に高めることが大切です。また、**「できる活動」に加えて、「(現在は）支援を要する活動」を生活のさまざまな場面で「している活動」まで高める視点が重要です。**

④役割づくり

誰ともかかわりなく生きることは健康とはいえません。人は他者とのかかわりのなかで、役割をもつことを「人として生きるための欲求」としています。「歩く」という活動で考えてみると、もしあなたが広場を１人で黙って１時間歩けと言われたら、これほど退屈なことはないでしょう。しかし、食事をするために、気のおけない友人と店まで一緒に歩くとしたら、歩くこと自体が楽しみとなります。何が違うのかというと、そこに他者がいるかどうか、つまり「友人としての役割」があるかどうかです。役割があるだけで、人は意欲的に活動ができ、無理なく心身機能の改善につながる取り組みができるようになります。

認知症の利用者にリハビリテーションの目的を説明し、「毎日平行棒内を10往復しましょう」と言っても継続することが難しい場合があります。しかし、「お友達と一緒に散歩に行きましょう」という提案であれば、楽しみながらの（実用）歩行訓練が可能となり、継続性が高まるでしょう。**高齢で意欲が湧《わ》かない、認知症でリハビリテーションそのものを理解することが難しい、といった利用者の機能の回復に、この「役割づくり」は効果絶大**です（**図９参照**）。

⑤活動と役割づくりを通じて心身機能を改善する（QOLの良循環）

③の「現有能力を活かす」ことと④の「役割づくり」は、心身機能の維持・改善と良循環します。たとえば、「している活動」が増えたことにより筋力が改善して転倒リスクが軽減したり、役割をもつことで「ありがとう」のキャッチボールが始まり、お互いの感謝

図9 「役割づくり」が最高のリハビリテーション

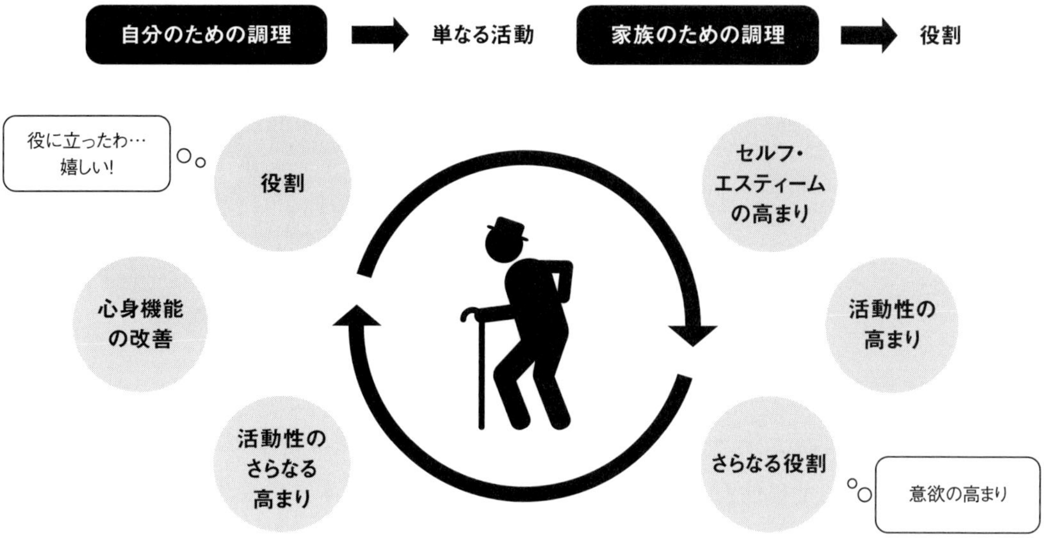

やねぎらいが自尊心を高め、少しずつBPSD（認知症の行動・心理症状）が改善されることがあります。

ケアマネジャーは急性期リハビリテーションの理学療法士や作業療法士のように、心身機能へ直接アプローチするのではなく、生活場面での「している活動」や「役割」を用いて機能の回復を図るという方法を多用します。維持期（生活期）にかかわることの多いケアマネジャーの守備範囲の中心は「活動」と「役割」をどんどん増やすことにあります。そして、**「活動」や「役割」が増えれば、「心身の機能」を使う場面も増えるというQOLの良循環を理解しておきましょう。**

⑥利用者のいる環境の中で活動を考える

サービスの導入や福祉用具が、利用者の活動性を低下させてしまうことがあります。たとえば、通所介護（デイサービス）や短期入所生活介護（ショートステイ）といったサービス環境は、人的にも物理的にもバリアフリーです。ところが、このバリアフリーには問題もあるのです。たとえば、自宅では入浴の際に一生懸命自分で体を洗っていても、デイサービスではすべて介助してもらえます。そのほうが安楽ですし、利用者の満足度（主観的QOL）は上がるかもしれません。しかし、中長期的にみると利用者の「活動」を奪っていることになります。

自宅では注意しながら段差を越えて生活しているけれど、ショートステイ利用中は人的にも、物理的にもバリアフリーです。その環境の違いが身体機能を使う「日々のがんばり」

図10 ｜ 環境の中で活動を考える

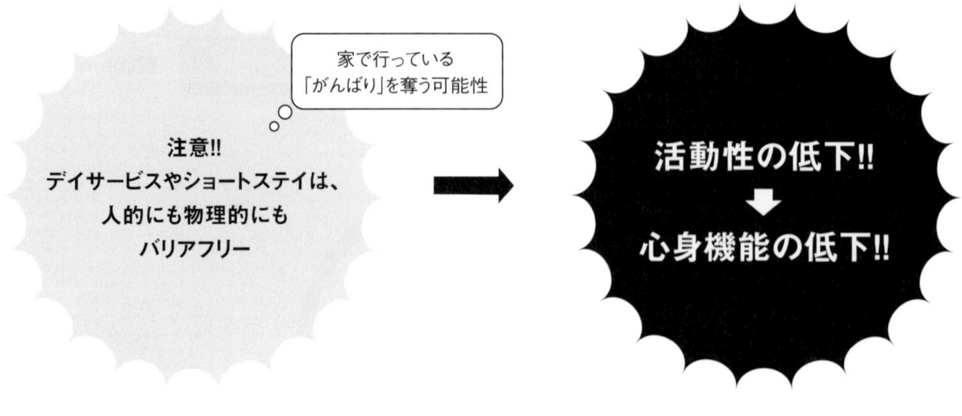

を失わせてしまう側面もあります。このように、**サービスには在宅での「している活動」を奪う側面があることに注意し、失う活動をどのように担保するのかを考えていく必要があります**（図10参照）。

⑦個別化（個性を活かす・ケアの個別化）を意識する

個性とは、性別、人種、年齢、ライフスタイル、習慣、性格、生活史など、その人を個別の存在としてとらえるための大切な要素です。たとえば、好き嫌い、自分だけの決めごと、得手不得手、自慢話《じまんばなし》、思い出などを教えてもらうことで利用者理解が深まります。利用者が「自分のためのプラン」と感じ、意欲的に生活を送れるようになるには、このような個性をケアプランに活かすことがカギとなります。特に生活史は重要です。アセスメントはまず利用者の「今」を聴くことを基本としますが、その「今」に生活史が大きく影響しています。これからの人生をよくしていくために活かせる過去の楽しい出来事、あるいは人生を揺《ゆ》るがすような問題をどのように乗り切ってきたかなどを聴かせてもらうことも欠かせません。

もう１つ重要なのは「ケアの個別化」です。アセスメントの際に利用者の状態像を自立、一部介助、全介助の３段階でとらえることがありますが、利用者の「している活動」や「援助を要する活動」は人それぞれです。入浴や排泄《はいせつ》などの一つひとつについて、ふだんは家のどこにいて、そこからどのように立ち上がり、歩いてトイレや浴室にたどり着き、衣類をどのように脱ぐのかといった**活動のプロセスのどこが自立していて、どこに支援が必要なのかを明確にすることにより、より個別化されたプランとなります。**

⑧健康面や環境面から発生するリスクを予測し注意を促す

社会の中で生きていくということは、多くのリスクにさらされることでもあります。たとえば、ガスや電気を使用する、車で外出するといった、ほんの身近な活動でさえ事故の可能性を100％排除することはできません。生きていくためには、常にリスクと向き合わなくてはならないのです。

安全・安心の視点のみで利用者を徹底管理すれば、リスクを最大限軽減することもできます。しかし、それでは利用者の望みを反映したケアプランにはならないでしょう。できる限り利用者の自己決定を尊重し、自由に活動してもらおうと思えば、必然的にリスクが増します。かといって専門職としてはリスクを放置するわけにはいきません。

私たちは、**「自立を支援する視点」をもちながら、一方で「安全・安心に配慮」する必要があります。**ことばを変えると、「自己決定の尊重」と「生命を守るための管理」のバランスをはかることが求められるのです。自立を支援するには、疾患《しっかん》や障害から起るかもしれないリスク（たとえば疾患や痛みの悪化）、おかれた環境から起こるかもしれないリスク（たとえば転倒、虐待《ぎゃくたい》）、周囲の人々に起こり得るリスク（たとえば介護疲れ、家族不和）をしっかりと予測し、利用者と支援する多職種などに注意を促していく必要があります。

⑨利用者・家族の理解力と主観的QOLに配慮した内容

ケアプランは利用者のものです。利用者や家族に、自分自身が何をしなくてはならないのか、どのような支援を受けられるのかがわかりやすく記載されていなければなりません。専門用語や専門職然とした表現を多く使うのではなく、利用者や家族の年齢や理解力などの状態像に合わせた表現が求められます。**「わかりやすく記載されていて、内容をわかりやすく説明できること」が専門性**なのです。

また、認知症の認識がない利用者、どうしても障害や喪失体験といった現実と向き合うことができない利用者や家族もいます。このような利用者にとって、ケアプランに「認知症」と記載されることは、利用者・家族の主観的QOLに悪影響を与えます。また利用者とケアマネジャーの信頼関係にも影響を与える可能性があります。高いリスクを伴う場合以外は、疾患名はチーム内の他職種にはアセスメントシートやサービス担当者会議で申し送られるので、ケアプランにあえて記載する必要はありません。

生活史にも同様の注意が必要です。人生はさまざまな苦難を伴います。自分の身に置き換えてみると、サービス担当者会議でケアプランに記載された生活歴が読み上げられ、目の前で多くの人に聞かれることが心地よいとはあまり思えません。ケアに必要な部分は別として、ほかはアセスメントシートで申し送れば十分です。

もちろん、すべての情報をオブラートに包むように表現すればよいというわけではありません。かかりつけ医の意見書などで疾患の状態が「不安定」と評価されているような場合や、誤嚥性肺炎《ごえんせいはいえん》などの感染症を起こしやすい状態など、医療リスクが高く、管理が常に必要なケースについては、しっかりと疾患名や処置の方法を記載しなければならない場合もあります。また、命を守ることが最優先されるようなケース、ターミナル期で緩和《かんわ》ケアが中心となるようなケースについては、ケアプランも当然専門性に基づいた内容になります。そのかわり、このようなケースに記載される専門用語については、利用者や家族にわかりやすく説明するように心がけましょう。

⑩情報開示を意識した文章表現

⑨と関連しますが、**ケアプランは各専門職だけでなく、利用者・家族が常に目を通す公式記録**です。利用者の尊厳が守られていることは当然のことですが、利用者や家族にわかりやすい、丁寧《ていねい》な文章表現が求められます。

第2章

ケアプランの各項目の考え方・書き方

ケアマネジメントは、利用者・多職種等がチームを組み、
利用者の望む暮らしを達成するための共同作業を特徴としています。
そのための根拠(エビデンス)がケアプランです。
このケアプランの基本的な考え方・書き方について解説します。

1 利用者及び家族の生活に対する意向

ケアプランの第１表（**63頁参照**）の一番最初に「利用者及び家族の生活に対する意向」が位置づけられています。これは、利用者中心というケアマネジメントの本質に基づくものと私は理解しています。

「利用者及び家族の生活に対する意向」の欄《らん》では、「意向を明確化」して「大事なことはそのまま書く」ことが求められています。利用者がどのような現実世界に生き、どのような思いでいるのかを理解したうえで、**困りごとであれ、望む暮らしであれ、利用者の「思い」を表していると思われる代表的な「語り」を記載**します。また、利用者と家族の意向は違います。別々に記載するようにしましょう。

利用者の「思い（意向）」が利用者自身の不利益に

「アセスメントの７領域」の項（**７頁参照**）でもふれましたが、自己決定が利用者自身や家族の不利益になる場合や、あきらかに達成が見込めないような意向については、利用者と会話を継続するなかで現状を理解していただくことで、少しずつ修正を促すことが重要です。ただし、修正することが利用者の心理面へ悪影響を及ぼしたり、利用者が強い意志をもって主張するのなら、最終的には自己決定を尊重し、「このような不利益になることがありますよ」としっかりと伝え、加えて利用者の意向について家族や多職種に理解を求めたうえで記載することもあります。こういった場合は、記載することで利用者と家族がトラブルになったり、ケアマネジャーが信頼を失うといったことがないように注意する必要があります。

「意向」は信頼関係や援助関係が深まるなかで変化することもあります。利用者や家族のことばで大切だと思うことは、経過記録などに書きとめておくとモニタリングのときに役立ちます。

意向はできるだけ具体的に

また、時に利用者は「夫婦で安心して暮らしたい」といった表現をすることがあります。利用者にとっての「望む暮らし」の到達点として、このような漠然とした表現になることも理解できます。「意向」として、そのまま記載することも１つの方法ですが、かかわる家族や多職種に理解してもらうには、できれば「望む暮らし」をより具体的にしていきたいところです。生活に不安材料があるから「安心して暮らしたい」わけですから、利用者に「何が不安か少しずつ教えていただけますか？」と尋ね、**不安の中身を生活場面ごとに具体的にしていけば意向を共有しやすくなります。**

意向を伝えることのできない利用者は「客観的な見立て」を記載

重度の心身の障害で、ことばで意向を伝えることが困難な利用者もたくさんおられます。しかし、ことばを失っても、まったくコミュニケーションがとれないわけではありません。生活のさまざまな場面での表情であったり、ジェスチャーなどといった非言語のコミュニケーションで、快、不快やイエス、ノーが何となく読み取れることもあります。こういった利用者については、たとえば「好きな演歌が流れているときには、しっかりと目を開けられよい表情がうかがえます」というように**生活場面の一部を切り取り表現する、つまり、ケアマネジャーとしての客観的な見立てで記載することも可能です。**

2 総合的な援助の方針

ケアプランの第１表（**63頁参照**）の中心となるものとして「総合的な援助の方針」が位置づけられています。

長期目標は生活場面ごとの具体的な目標であるのに対し、「総合的な援助の方針」の対象は、長期目標が達成されたその向こうにある、人が生きるための動機づけとなる最も高みにあるニーズで、「その人のライフステージでの自己実現」といったものです。「妻と一緒に最期《さいご》までこの家で暮らしたい」といったこれからの人生そのものを、大きなくくりで表現することもあれば、「孫の世話をずっと続けたい」といったように具体的な役割ニーズのこともあります。

病気の管理や機能障害、活動制限を少しでも改善するといった個別ニーズを達成した先にある自己実現ニーズといえます。

「望む暮らし」と「総合的な援助の方針」

「総合的な援助の方針」は、個々の支援を総合化することが求められます。支援を総合化するには、支援の対象も総合化する必要があるということになります。「望む暮らし」などと表現されているのを見かけます。つまり、**総合的な援助の方針を策定するには、自己実現ニーズである「望む暮らし」が明確になっていなければならない**ということになります。利用者とのかかわりを続けていくなかで、このような「望む暮らし」と表現されるニーズを共有し、言語化することにより明確にしたうえで、「望む暮らし」に対する「総合的な援助の方針」を記載することが求められているのです。

自立支援型ケアプランは、ニーズに対し、自助（セルフケア）や互助（インフォーマルサービス）、介護保険サービス等のフォーマルサービスが一体的に位置づけられなくてはなりません。つまり、ニーズに対し、利用者・家族も含め、「誰《だれ》が、何を、いつ、どこで、どのように」すれば目標が達成されるのかを明確にしなければなりません。この意味は、利用者・家族を支援される側、各専門職を支援する側と対極的に位置づけるのではなく、利用者・家族にもチームの一員として一体的、主体的にかかわってもらうことを意味するものです。そのためには援助の方針を共通理解してもらうことが重要となります。

支持的・共感的な態度を表明

また、**ケアプランは利用者の思いや不安に寄り添った、信頼関係を深められるような内容であること**が求められます。ケアプランのなかで、**ケアマネジャーが利用者や家族に対する支持的・共感的な支援の態度を唯一表すことができるのが、この「総合的な援助の方針」**です。ことばを換えると、ケアマネジャーとしての利用者や家族に対する「思い」や支援についての決意表明ともいえます。加えて、サービス担当者会議等の重要な機能の1つである、利用者の存在価値の再確認や、支援の具体策をチームで共有するという場面でも活用することができます（**図11参照**）。

図11 ┃「望む暮らし」と「総合的な援助の方針」の共有

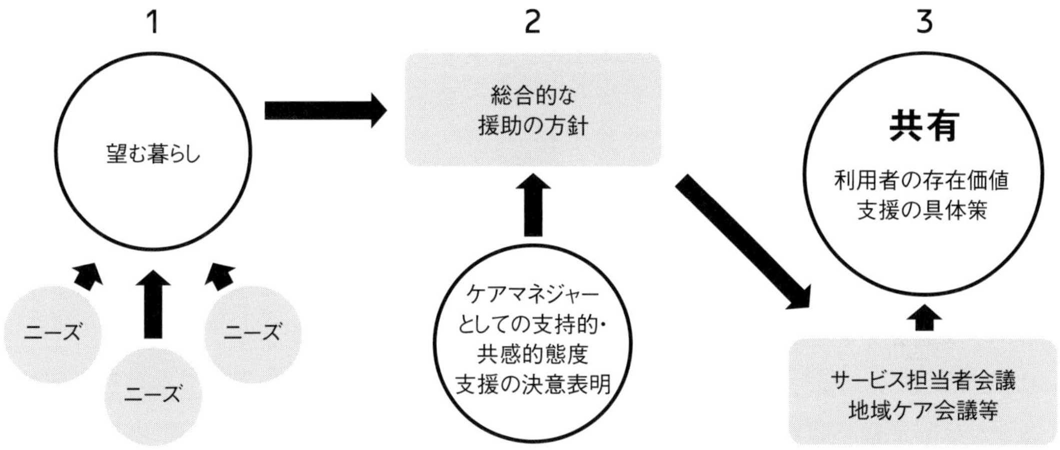

3 生活全般の解決すべき課題（ニーズ）

ニーズをポジティブに表現する

現在、ケアプランをつくる際には、なるべくニーズを「～したい」と意欲的に表現することが推奨《すいしょう》されています（**図12参照**）。

「生活全般の解決すべき課題（ニーズ）」に、「認知症で、服を着ることができない」「脳《のう》梗塞《こうそく》のために、左片麻痺《ひだりかたまひ》の状態で、１人で入浴できない」と記載することは、利用者の障害や活動制限を明確にすることで、多職種で共有しやすいという点と、リスクを管理するという点においてはストレートでわかりやすいといえます。

しかし、失われたQOL＝「病気や機能障害、活動制限」に視点が傾き、「もっている強さ（利用者の思い、現有機能、現有能力、家族の力等）」を意識の外に出してしまい、QOL全体を見渡すことができにくくなってしまうという問題点があります。

加えて、さらに大きな問題は、利用者や家族にケアプランに目を通してもらう場面で、「あなたは脳梗塞で認知症」といったように状態像や問題状況を本人に突きつけることになります。自分に置き換えてみたらわかることですが、少しでも目を背けたいと感じているかもしれない病状や障害、喪失体験《そうしつたいけん》を第三者から指摘されることが心理的によいはずが

図12 ｜ ニーズは意欲

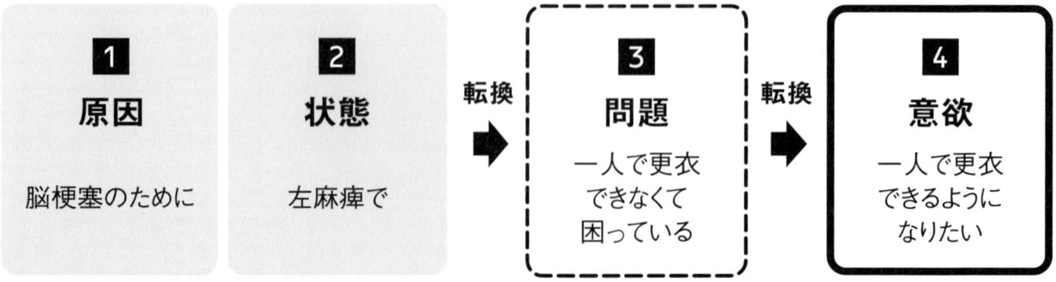

出典：佐藤信人『ケアプラン作成の基本的考え方』中央法規出版、29頁、2008年

図13 ｜ニーズ表現による気づきの違い

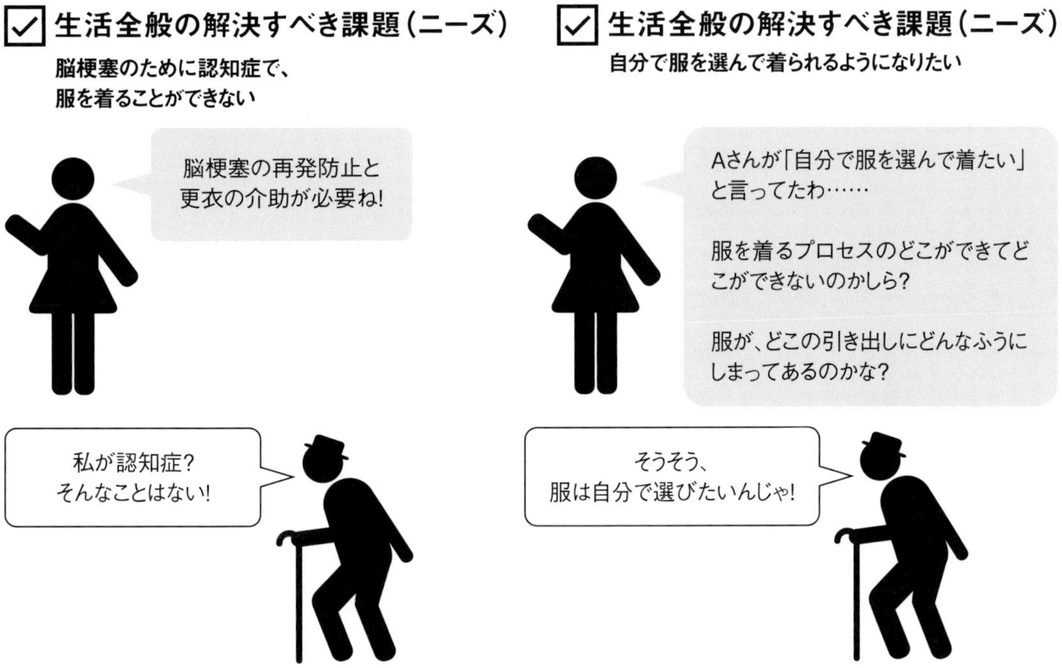

ありません。これは利用者の尊厳にかかわる問題ともいえます。このような点において、ニーズを「～したい」というように意欲に転換し、原因や状態、問題を記載しないということは大きな意味があります（**図13参照**）。

ニーズを導き出したプロセスを理解する

しかし、問題もあります。「①原因・②状態・③問題を、④意欲に転換する」ということは、ケアマネジャーがアセスメントで見立てた「規範的ニーズ（①原因・②状態・③問題）」を「④意欲（～したい）」という利用者のことばに転換することなのです。転換するとは、利用者の「語り」を代弁するということです。ケアプランに記載されるニーズは、**ケアマネジャーの「規範的ニーズ」をベースにしたもの以外にも、利用者の「ことば・表情や行動で発せられたニーズ」をそのまま記載したもの、家族の「ことばで発せられたニーズ（要望）」をベースに利用者のことばに転換したものもあります。**しかし、「～したい」とだけ書いてあるので、ケアプランを読んだだけでは利用者が言ったのか、家族やケアマネジャーが代弁（アドボカシー）したのかはっきりしません。また、客観性に欠け、ニーズが具体的にみえにくいという課題もあります。それを解決するには、ニーズを導き出したプロセスをケアマネジャーが理解し、利用者、家族、多職種に説明できることが重要になります。

利用者の気持ちに寄り添った表現

先ほど、利用者の心理的負担や尊厳に配慮《はいりょ》するという意味において、原因や問題を記載しないという考え方は意味があると書きました。

しかし、たとえば抑うつ状態でがんばりがきかないのに、「〜したい」とニーズに書かれたらどう思うでしょう。「今以上にがんばれということか……、しんどいことがわかってもらえない」といった気持ちになるのではないでしょうか。「〜したい」という表現で画一的に利用者の「語り」を統一するとなると、これも利用者の心情に配慮しているとはいえません。大切なことは、「利用者の気持ちに寄り添った表現を心がける」ことです。つまり、利用者の気持ちに寄り添っていれば、「〜したい」という表現でなくても、「〜で困っている」といった利用者の「語り」をそのまま記載してもよいのです。例えば、「家に帰りたいの」「さみしくて誰かそばにいてほしい」といった「語り」をそのまま記載することもあります。これは利用者本位、主体性の尊重の実践化の１つです。

ニーズを具体的に見えるようにする

また利用者は、さまざまな「語り」で私たちケアマネジャーにニーズを表現します。「歩けるようになりたい」「家事がちゃんとできるようになりたい」といったように、具体的にニーズが見える場合もありますが、時にそれは、「いつまでもこの家で暮らしたい」であったり、「不安で仕方がない。どうしていいかわからない」といった漠然とした語りで表現される場合もあります。こういった漠然とした語りは、困りごとが複雑に入り組んで、何から手をつけたらいいかわからない状況に陥《おちい》って、不安ばかりが大きくなっている状態といえます。このような場合は、「何に不安を感じるのか、具体的に１つずつ教えていただけますか」というように、その困りごとをハサミでチョキチョキと切り分けるイメージで、**生活場面ごとに具体的に見えるように整理**していきます（**図14参照**）。そして、そのうえでニーズとして整理していきます。漠然としたニーズでは、具体的な目標につながらないのです。

専門領域による「見立て」の違いに注意する

ニーズを導き出すときのもう１つの注意点は、専門領域によるニーズの見立ての偏《かたよ》りです。ケアマネジャーにはさまざまな基礎資格があります。すべての領域に渡る広い知識

図14 | ニーズを見えるようにする

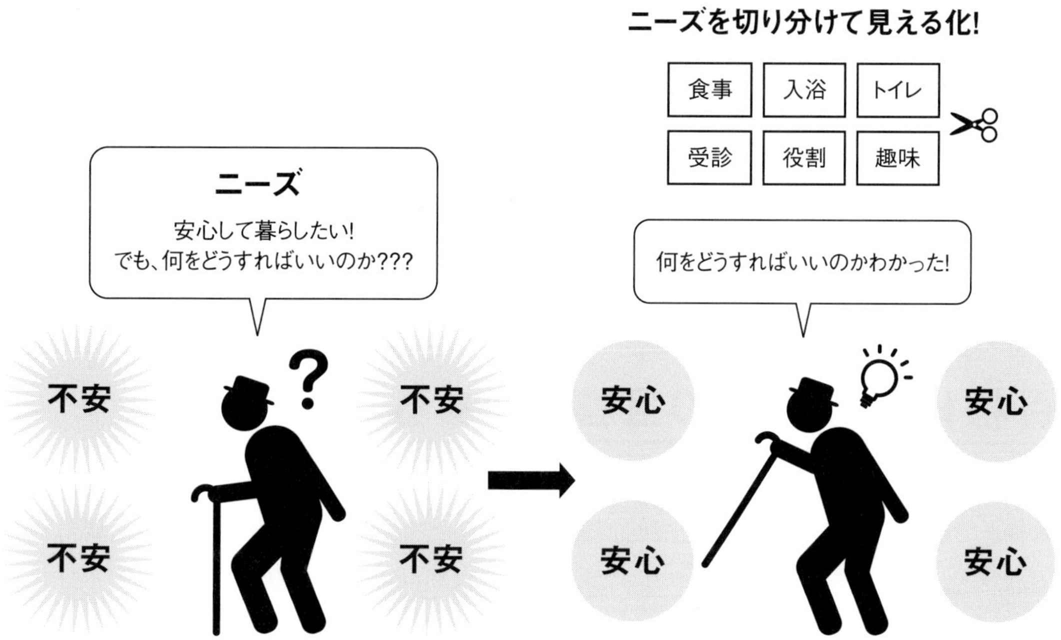

が求められるのは当然のことですが、どうしても専門領域以外のニーズには気づきにくいものです。電話や同行訪問による連携やサービス担当者会議等を活用し、**多職種の専門性を活《い》かしてニーズの確認をする必要**があります。

ニーズの優先順位を考える

このように導き出された個別のニーズは、ケアプランの第２表（**64頁参照**）に優先順位をつけて記載しなければなりません。しかしその優先順位は個別性そのもので、法則も答えもありません。たとえば利用者を中心におく（利用者の主体性の尊重）という考え方においては、利用者の「思い」が一番強いニーズを最優先する、という視点があります。家族の「思い」を尊重しなければならないケースもあります。また、病気治療中の利用者であれば命を守ること、つまり医療ニーズを最優先するという視点もあります。ほかにも、生きがいを求めている利用者なら、役割（参加）のニーズが、転倒リスクが非常に高い場合なら、下《か》肢《し》筋力《きんりょく》の改善と手すり等の環境整備のニーズが最優先されることもあるでしょう。**利用者の「思い」の尊重、病気の治療、障害やADL（日常生活動作）の改善、役割づくり、環境整備等のさまざまな個別ニーズを比較するなかで優先順位を決定**していきましょう。

4 目標

目標は「利用者の目標」であること

ケアプランの目標設定をするうえでの注意点の１つ目は、目標はあくまでも「利用者の目標」であることです。つまり、利用者の主体性を尊重することです。援助する側の目標で設定するという視点も考えられますが、それでは利用者や家族の「ことばなどで発せられたニーズ」を飛び越えて、「規範的ニーズ」で目標設定することになり、利用者の主体性が欠落してしまいます。利用者の目標とすることは、利用者や家族の「ことばなどで発せられたニーズ」、つまり利用者の「思い」を常に意識することで、専門職が見立てた「規範的ニーズ」に埋《う》もれさせないということです。

目標は「達成可能」であること

注意点の２つ目は、目標は「達成可能」であることです。時々利用者の目標（要望）が高すぎて、到底達成が見込めないような場合があります。このような場合は利用者に失望感を与えないように配慮《はいりょ》しつつ、たとえば「麻痺《まひ》を治す」→「安定してベッドから立ち上がることができる」といったように目標を刻《きざ》んでペースダウンして設定するようにはたらきかける必要があります。

目標は「具体的」であること

加えて、注意点の３つ目は、目標は「具体的」であることです。目標設定で最も気をつけなければならないのは、「心身機能の改善」や「活動（ADL（日常生活動作）・IADL（手段的日常生活動作））の改善」「役割づくり」「環境改善」等が、具体的、客観的であることです。たとえば、「長期目標：安心して生活できる」「短期目標：不安が解消できる」といった目標は、「主観的 QOL」の改善が目標となっています。加えて、目標のくくりが大きく、24時間の生活がすべて含まれると解釈できます。このような目標では、どのような状態になれば「安心して生活ができる」ことになるのかよくわかりません。加えて、生活場面の特定ができていないために、「サービス内容」を組み立てる時点で混乱してしまいます。また、評価の軸《じく》が明確ではないので、モニタリングができないという欠点も抱えています。「目標」を設定したときには、利用者がどのように変化したのかが、誰《だれ》の目から見ても評価できる「客観的QOL」で目標設定されていなければなりません。

サービスは手段であり、目標ではない

最後にもう1つ注意点として、「サービスは手段であり、目標ではない」ということを知っておきましょう。時に「リハビリテーションをする」「通所介護（デイサービス）に行く」といった目標を見かけます。リハビリテーションをしたり、デイサービスを利用するのは、利用者が何をどうしたいためなのか、さらに深くアセスメントして目標を明確にする必要があります。

5 サービス内容

ケアマネジャーに、「ケアプランのどういった点に悩みますか」と尋ねると、ニーズの導き出しや目標の設定という答えがよく返ってきます。しかし、自立支援型ケアプランを考えるとき、ケアマネジャーとしての力量が一番必要な部分は実は「サービス内容」です。

「サービス内容」は自立に向けての「手立て」の共有

サービス内容には、ケアマネジャーとして、利用者、家族、多職種等に、「ここだけは

しっかりと実践して欲しい」という部分を明確化します。自立に向けての「具体的な手立ての枠組み」を標準化するのです。この枠組みがしっかりしていないと、かかわる人によってアプローチがバラバラになされることになり、ケアが揺《ゆ》らいでしまいます。

サービス内容に、「食事介助」「バイタルチェック」「レクリエーション」といった記載がされているプランを見かけますが、これはサービスメニュー（お品書き）であり、サービスの内容を示すものではありません。**サービス内容には、利用者の自立に向けてのケアの根拠（エビデンス）が明確に示されている必要**があります。そしてその枠組みが個別サービス計画にリンクします。いいケアプランは、個別サービス計画が立案しやすいのも特徴です。

「サービス内容」は利用者に「わかりやすく」

サービス内容を組み立てる際のポイントの１つ目は、利用者にわかりやすいかどうかです。ケアプランに目を通すと、専門的、権威的な表現を多用しているものをよく見かけます。ケアプランを主体的に作成するのはケアマネジャーですから、プランに記載されるニーズはケアマネジャーの規範的ニーズも含まれるので、ついついそういった表現になることも理解できます。しかし、ケアプランはあくまでも利用者を主体として一緒に作成するものです。利用者が目を通したときに、自分自身や家族が何をして、多職種がどのように支えてくれるのかが記載されている必要があります。私たちケアマネジャーは、利用者、家族に対してケアプラン内容の説明と合意が義務づけられています。たとえ専門職としての規範的ニーズでも、可能な限り利用者、家族にも理解しやすい表現が求められます。ただし、医療ニーズが高いケースや、ターミナルのケースにおいては、「命」や「安楽」が最優先されます。こういった場合は、医学的管理の内容を専門的に記載し、利用者、家族にできるだけわかりやすく説明します。

「現有能力」を活かす

サービス内容を組み立てる際のポイントの２つ目は、現有能力を高められるようにすることです。認知症ケアの取り組みで、サービス利用時に、「Ａさん（女性）はどれくらい包丁を握っておられませんか」と尋ねると、「認知症になってから、もう３年は握らせていません」といった答えがご家族から返ってきたりします。しばらく様子を見ながら、Ａさんに包丁を握ってもらい、ジャガイモの皮むきをお願いしたら、慣れた手つきで簡単に皮をむいてしまったというようなエピソードはあちこちにあふれています。Ａさんにとって、「包丁を使う」という活動は、今はしていないけど「できる活動」であったと考えられます。日々包丁を使って調理を担《にな》ってもらえば、「包丁を使う」という活動を「できる活動」から、現役主婦であった昔と同じように「している活動」に高めることができます。このような「できる活動」や「している活動」が「現有能力」といわれるものです。**「できる活動」や「援助を要する活動」を「している活動」に高めるというアプローチを取り入れたい**ものです。

「役割づくり」を活かす

サービス内容を組み立てる際のポイントの３つ目は、「役割づくり」です。Ａさんの事例にある調理されたジャガイモはカレーに入れて家族みんなで食べます。そうすると、Ａさんは家族のためにジャガイモの皮をむいたことになります。つまり、この「じゃがいもの皮むき」という行為は単なる活動ではなく、たとえば「妻として」「母として」の役割を含んだものとなります。このように誰《だれ》かと一緒に何かをしたり、誰かのために何らかの活動をすることを参加（役割）といいます。

人は誰かのために、何かをすることに最大の価値を見出します。加えて、一方的に与える、与えられるという関係ではなく、互恵的《ごけいてき》な関係、つまり「お互いさま」を一番心地いいと感じます。それは認知症の利用者であっても同様です。**日々何かの役割を継続して担ってもらい、お互いのためにささやかでも恵みをもたらすような取り組みが求められます。**

「自分で決める」を大切に

サービス内容を組み立てる際のポイントの４つ目は、「『自己決定』を活《い》かす」という視点です。自己決定の支援などと言うと、何か重すぎて支援に活かすことが難しいように感じますが、そうではありません。人は毎日何をどうするのかを決めて行動しています。要するに生活は「自分で決める→実行する」の連続で成り立っているのです。心身機能障害があることによって実行に移せなくても、自分で決めることはできる生活場面が残されていることも多くあります。

たとえば、認知症の利用者Ｂさんは、とてもおしゃれな方で、髪をとめるカチューシャをたくさん持っています。通所介護（デイサービス）のお迎えのときに、ケアスタッフは必ずＢさんの目の前にカチューシャを並べて、「今日はどれにしますか？」と語りかけます。Ｂさんは、「今日はこれにするわ」と、その日の気分で選ぶことができます。昔からの生活習慣を支える取り組みです。目の前に選択肢が多くあればあるほど満足度は高まります。さまざまな生活場面で、目の前に少しでも多くの選択肢を並べて選んでいただくこと、つまり、小さな自己決定の積み重ねが大切です。身体の障害で、自分で実行することができない利用者でも、自分で決めることを支援することはできます。**小さな自己決定の積み重ねは主観的QOLを大きく高めることができます。**

「QOLの良循環」を意識して「サービス内容」を組み立てる

アセスメントの7領域のところでお話ししましたが、「主観的QOL」とは、今の自分や生活をどのようにとらえているかということです。それに対し、「客観的QOL」とは、家族やケアマネジャー、多職種からその利用者がどのように見えているかということです。

自立支援型ケアプランの要《かなめ》は、QOLの良循環を意識した「サービス内容」の組み立てにあります。人は役割を終えた場面でお互いに、「ありがとう」「お疲れさまでした」「助かりました」といったことばを交わします。このようなやり取りは、たとえことばにならなくても、「ああ、まだ自分も人の役に立てるんだ」「自分にもまだまだ力が残されているんだ」といった感情を抱かせることになります。そして自尊心は生きる意欲につながり、その意欲は日々の活動性を高めていきます。活動性が高まれば心身の機能を使うことになり、心身の機能の維持や、認知機能障害や廃用症候群といった心身の機能の障害を改善することにつながります。現有能力や自己決定を活かすといったアプローチも同様の考え方です。**認知症や高齢による意欲の低下等により、リハビリテーションの継続が難しい利用者の心身の機能を高めるためには、このような主観的QOLと客観的QOLの良循環の活用が大きな効果を発揮する**ことになります。

現有能力を活かす、役割づくり、自己決定の尊重といった考え方は、もち合わせている力を活用することです。つまり自助（セルフケア）です。また、自助の支援としての互助（インフォーマルサービス）、つまり家族や地域住民等の力を借りることもあります。利用者自身、家族、地域住民等がチームの一員として、多職種と同じ立ち位置にて主体的に目標達成のための実践に加わります。つまり、**「誰が、何を、いつ、どこで、どのように」を明確にする**のです。**自助や互助も大切な社会資源であり、サービス内容に位置づけられなければならない**ことを知っておきましょう。

6 サービス種別

「サービスを受ける」ということばに、どのような印象を抱くでしょう。サービスとは一般的に、自分にとって交換価値や使用価値のある物や行為を金銭で購入するというイメージではないでしょうか。素敵な服を選ぶ、夜景のきれいなレストランで食事を楽しむといった活動で、「評価の軸《じく》は満足度」にあります。

しかし、福祉実践においては少し違うと感じます。もちろんケアもサービスには違いありませんから、満足度という評価軸は必要ですが、それだけではないのです。私たちケアマネジャーは**「利用者の最大福祉、最大利益を評価軸の中心」におかなければなりません**。第１章「３　ニーズの導き出し方」の節（**17頁参照**）でも述べましたが、自己決定が利用者自身の不利益になったり、家族の不利益になるのであれば尊重するわけにはいきません。たとえば、加齢により台所に立って家事をすることが困難になってきた女性が、「大変だから全部してちょうだい」と言いました。満足度を評価軸にするなら、家事全般をすべて請《う》け負《お》えばいいということになりますが、利用者利益を評価軸にするなら、たとえ満足度は落ちても、「できるところは自分でしましょう」ということになります。つまり、利用者利益を評価軸とした場合には、ケアプランの「サービス内容」に自助と互助をどんどん位置づけなければなりません。そうなると、当然「サービス種別」に利用者や家族がたくさん位置づけられることになります。もし、サービス種別に利用者自身や家族が全く位置づけられていないとしたら、利用者の満足度のみを追求した御用聞きケアプランである可能性もあります。ニーズと目標の設定が終わったら、次はサービス内容の組み立てです。この段階で、**利用者の現有機能・現有能力を活《い》かしてもらうためにできるところを探して位置づけていかなければなりません**。その視点があって初めて「自立支援型ケアプラン」といえるのです。

7 ステップアップのために

ニーズを階層で理解する

認知症によって、日常生活を営むにあたってのリスク管理が必要な場合があります。たとえば、意欲低下があり、今までしていた家事ができなくなった女性Ａさんの事例をQOLの循環を使って簡単に整理したのが**図15**です。

認知症のＡさんは、「何でもしたいと思うけど体が動かないの」と言っています。Ａさんは自分のおかれている現状を十分に理解できる力はありません。そのＡさんの具体的（客観的）な状態像を「QOLの循環」を用いてアセスメントしてみました。そして、「客観的QOL」の階層ごとに規範的ニーズ（ケアマネジャーのニーズ）を導き出し、代弁（アドボカシー）で表現してみました（このＡさんの事例の場合は、認知症でＡさん自身が十分な病識も現状認識もできない状態なので、代弁（アドボカシー）にてニーズを導き出しています）。

ここで問題となるのは、ケアマネジャーとして、どのニーズ表現を採用するかということです。利用者の主体性を尊重するのであれば「何でもしたいと思うけど体が動かないの」を「解決すべき課題（ニーズ）」に記載することになります。それでもいいのですが、「主観的QOL」をそのまま記載すると、問題状況の焦点がぼやけてしまうので、客観的で具体的な目標設定をしてニーズのわかりにくさをカバーするというテクニックが必要になります。

ニーズ自体を具体的でわかりやすく設定しようと思えば、「客観的QOL」でニーズを表現する必要があります。**図15**を見ると、「客観的QOL」はQOLがカテゴリーで階層になっています。各階層にはそれぞれの問題状況とニーズがあり、その問題状況とニーズが積み重なり、からみ合うことで、今のＡさんの状況があるといえます。

それでは、ケアマネジャーとして、「客観的QOL」のどの表現を採用すればいいでしょうか。実際はケアマネジャーがケアプランとして提案し、利用者や家族と話し合って決めていくことになります。

図15 QOLの循環によるニーズ整理

ニーズはQOLの循環で生まれる

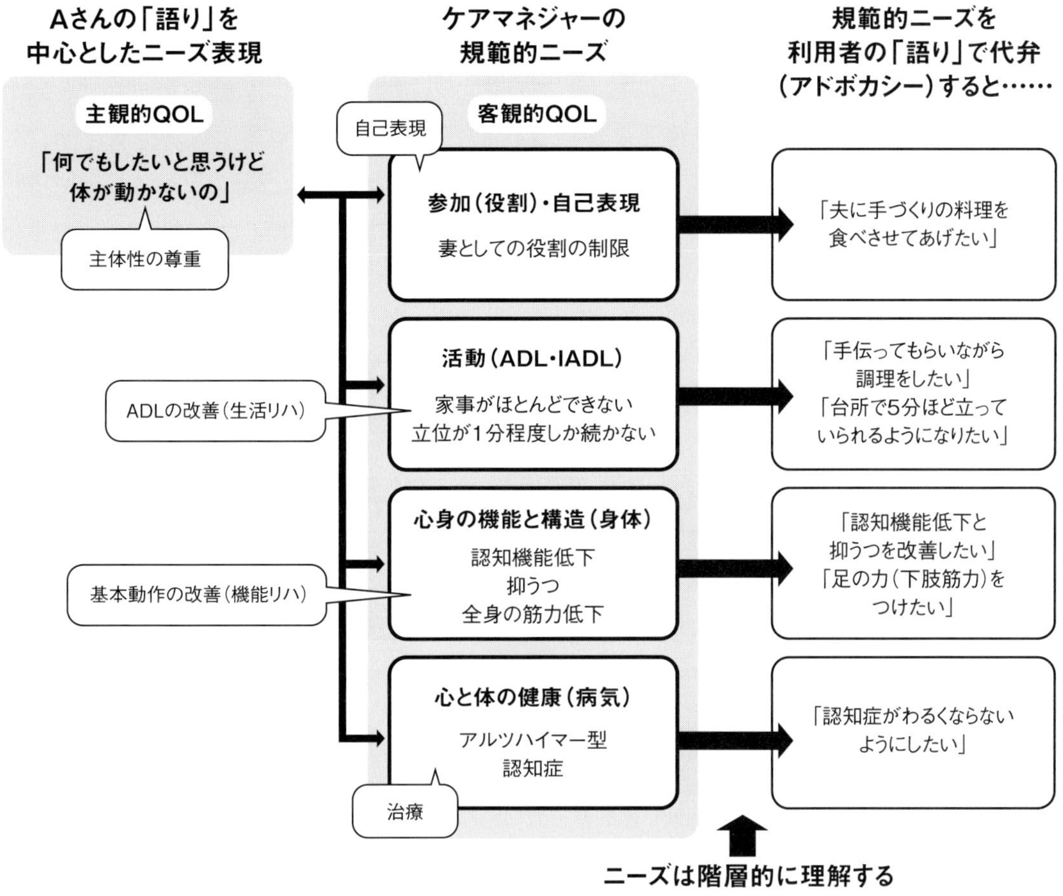

しかし、注意しなければならないのは、「心と体の健康（病気）」と「心身の機能と構造（身体）」レベルの視点では、「認知症がわるくならないようにしたい」「認知機能低下と抑うつを改善したい」という表現になっており、認知症もしくは認知機能低下への対応を明確にしたニーズとなっています。視点はQOLの悪循環の根幹《こんかん》にある「病気」もしくは「心身の機能の障害」ですが、**視点がこのような疾患《しっかん》や障害にあると、その上位にあるニーズを見失う可能性があります**。そうなると、介護や機能訓練、リハビリテーションを行うことのゴールが、利用者の生活の何をどのように改善するのかという視点とつながらないといったことが起こってきます。

また、「認知症」「認知機能低下」といった表現は、それを利用者や家族が読むことで自尊心（セルフ・エスティーム）を傷つけるといった、心理面での悪影響があり、「よくなりたい」という意欲を削《そ》ぐ可能性もあります。

利用者の尊厳を守るニーズ表現

このように、病気や機能障害への対応をニーズとしてとらえた場合には、2つの問題を含むことになります。この問題を解決するには、**より上位のニーズで表現する**という手立てがあります。**図15**では「夫に手づくりの料理を食べさせてあげたい」「手伝ってもらいながら調理をしたい」といった表現です。こういった視点でニーズを組み立てることにより、自立に向けた利用者の状態像がイメージしやすく、利用者の尊厳も保持できます。

認知症そのものをストレートにニーズとして表現する必要はありません。「夫に手づくりの料理を食べさせてあげたい」「手伝ってもらいながら調理をしたい」というニーズがQOLの循環によって認知症の改善につながるのです。

この考え方は、失禁など、ニーズとして取り上げることによって利用者の尊厳に悪影響を及ぼすような、すべてのケースに応用することができます。

「客観的QOL」の階層性を利用して「目標」を組み立てる

この「客観的QOL」の階層性を活用すると、ニーズだけでなく、目標の設定をするときにも応用できます。

解決すべき課題（ニーズ）	長期目標	短期目標
夫に手づくりの料理を食べさせてあげたい。	手伝ってもらいながら調理をする。	足の力をつける。

解決すべき課題（ニーズ）	長期目標	短期目標
手伝ってもらいながら調理をしたい。	台所で5分間立っていられる。	足の力をつける。

解決すべき課題（ニーズ）	長期目標	短期目標
何でもしたいと思うけど体が動かないの。	手伝ってもらいながら調理をする。	台所で5分間立っていられる。

これはニーズの階層性を応用したニーズと目標の設定の一例です。**QOLを階層的にアセスメントする力がつけば、その人の「思い」や状態像に最も沿った表現でケアプランを組み立てることにも応用できる**ことを理解しておきましょう。

第 3 章

ケアプラン作成の実際

「身近によくある」事例をもとに
アセスメントからニーズを導き出し、
ケアプランを作成するまでのプロセスを紐解いていきます。

第３章ではケアプランの10の事例を取り上げました。各事例の構成としては以下の順になっています。

❶「１.アセスメント」では、事例のイメージを端的に表現した「表題」をつけています。これはどのような事例なのかというイメージを、読者の皆さんと共有するためです。

❷「２.アセスメントの７領域でニーズを整理する（ケアマネジャーの見立て）」では、先に解説したアセスメントの７領域を応用し、アセスメント情報をコンパクトにまとめています。

❸「３.ニーズに優先順位をつけ、『目標』を立てる」では、アセスメント情報から、「ケアマネジャーとしての規範的ニーズ」を導き出し、QOL の階層の考えで再整理して優先順位をつけています。あくまでも「ケアマネジャーの見立て」ですから、利用者や家族の要望（ことばなどで発せられたニーズ）と一致するとは限りません。また、ここでは、ニーズに対して「目標」を立てています。この「目標」は、各事例の最後に収載しているケアプランの第２表との対応がわかるようにしています。

❹「４.ニーズの優先順位についての解説」では、事例に則して、優先順位のつけ方について解説しています。

❺「５.サービス担当者会議でのケアプラン解説ポイント」では、サービス担当者会議にてケアプランの説明をするときの解説ポイントを示しています。ただし、利用者・家族参加の「情報共有型サービス担当者会議」と利用者・家族不在（もしくはどちらか一方不在）の「問題解決型サービス担当者会議」では解説の内容も方法も違ってきます。たとえば、情報共有型サービス担当者会議では、利用者と家族も会議に参加しますから、利用者や家族が情報を知ることで不利益を被《こうむ》るような情報は会議の場面では開示しません。例としては、関係性のあまりよくない利用者と家族双方の、相手に対する思いであったり、認知症の自覚症状がない利用者に認知症であるという情報を突きつけるといったような場合です。このような情報は利用者、家族が知り得ることで、関係性が悪化したり、精神的に大きなダメージを受ける可能性があります。こういったケースについては、「問題解決型サービス担当者会議」で対応することになります。ここではあくまでも基本的な解説内容としていることを理解ください。また、ここでも、各事例の最後に収載しているケアプランの第１表・第２表との対応がわかるようにしています。

事例1

いつまで介護できるだろう
長年勤務した工場をたびたび訪れる認知症の男性

1.アセスメント

利用者：Aさん　性別：男性　年齢：88歳

家族：長女Bさん・長女の夫Cさん

【ジェノグラム】

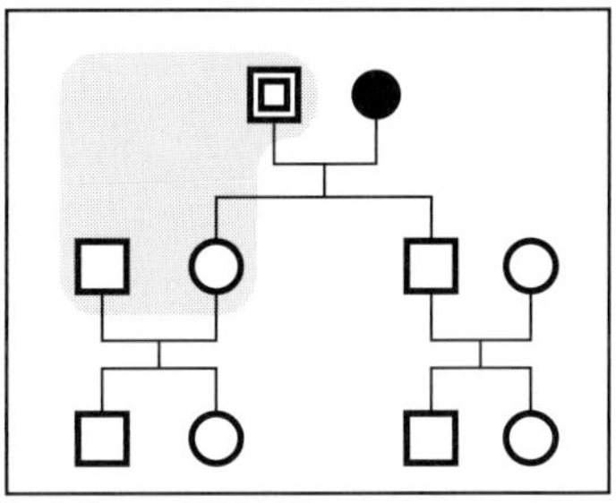

要介護度：要介護3

障害高齢者の日常生活自立度判定基準：J2

認知症高齢者の日常生活自立度判定基準：Ⅲb

相談に至った経緯

長女Bさんが言うには、思い起こせば10年ほど前から認知症を疑うような出来事があった。8年ほど前よりもの忘れがひどくなった。その後、夜中にトイレに起きて、トイレの小窓から、近所にある定年まで40年間勤めた24時間操業の自動車部品の工場の明かりが見えると、工場まで歩いて行く（出勤する）というようなことがあった。精神科を受診し、アルツハイマー型認知症と診断された。その他にも、食事を食べたことを忘れる、田の水を気にして何度も確認しに出かけるといったことが常態化し、介護保険の申請に至った。

生活史

25歳より24時間操業の自動車部品の工場に40年間勤め上げ、65歳で定年を迎えた。その後も3年ほど嘱託《しょくたく》として勤務。退職後は田畑にいそしむ毎日であった。家族のために働いたというと聞こえがいいが、仕事一筋の人で、家族を犠牲《ぎせい》にしてでも仕事を優先させた。家の事や町内会の付き合いもあまり積極的ではなく、妻にほとんどまかせきりであった。2人の子どもを育て上げ、家も新築した。結果的には家族をしっかりと守ってくれた。寡《か》黙《もく》な性格で、人中で過ごすよりも、静かに本や新聞を読むのが好き。その反面、真っ直ぐなところがあり、思ったことをそのまま言って地域の会合でトラブルになることもあった。家でも自分の意見を曲げることはなかった。

78歳の頃《ころ》、何度か訪問販売の高額な布団《ふとん》や足浴器《そくよくき》を購入。また、株に手を出しそうになったりしたこともあった。この当時は、契約したことも記憶にあり、支払いも自分でしたが家庭内でのいざこざに発展した。

80歳の頃から、退職した職場に何度も足を運ぶようになった。この頃より目が離せないことが多くなってきた。工場の人たちの話によると、出かけてくる日には何度も来るとのこと。Bさんは仕事をしており、そのような日中の様子を初めて知ったときは驚いた。工場の人たちは理解を示し、いつ来てもいいと言ってくれたが、迷惑をかけていると思うと気が気ではなかった。夜中に目が覚めると、そのまま会社に出かけることもあるようになった。最初の頃は工場に父を迎えに行くのが嫌で仕方なかった。なかなか入ることができなかった。恥《は》ずかしい、情けない、腹立たしい……複雑な気持ちだった。それを乗り越えるまでがしんどかった。娘だから、恥《はじ》をしのんでできていると感じるとの思いが聞かれた。

Aさんは、７時頃に起床する。Bさんは、Aさんが起きてこないときには声をかけて食事の準備をして仕事に出かける。午後５時までは１人でいて、畑や田に行っている様子。昼食も準備しておけば食べているが、何時頃に食べているのかはわからない。Bさんは仕事が気晴らしだった。同世代の同僚も多く、介護の悩みなどを共有できた。休日で一日中見守りしているとストレスがたまり、しんどくなってきた。食事を食べたことを忘れているときや、何度も田や畑に行くといって出かけようとするときに、「さっき食べたでしょ」「さっき行って帰ってきたところでしょ」と言うと、表情が厳しくなり、怒ることもあるので黙っているようにしている。出かけるたびに黙ってついて行くようにしているが、さすがにしんどくなってきた。怒りたくなるときには、少し時間をおいて冷静になるように努めている。仕事中に見守りができないことも不安に感じる。夜中にも、時々工場に出かけて電話がかかってくる。自分の都合で夜中に出歩かないように精神安定薬を飲ませるようになり、申し訳ない、薄情な娘だと思うと語った。

こんなことが続くようになり、通所介護（デイサービス）を利用するようになった。Aさんは、デイサービスを仕事に行っていると理解している様子。「まだ迎えは来ない」と言っても、朝７時半頃から待っていることもある（勤めていた頃の習慣と似通っている）。デイサービスを利用するようになり、Bさんはストレスも少なくなり楽になった。毎日、手を振りながら出かける姿を見ると哀《あわ》れに思うところもあるが、週５日デイサービスに通い、週末は家で過ごすのが本人の生活リズムに合っているような気がするとBさんは言っている。利用中の様子を尋ねると、ケアスタッフと一緒に掃除《そうじ》をしたり、時には大工仕事をしたりしている様子。時々家に帰ると言ってデイサービスから出てしまうこともあるようだが、大きなトラブルには至っていない。Bさんは、できるだけAさんが今の生活を続けられるとよいと思っている。

利用者・家族の意向

Aさん：「自分にできる仕事はしていきたい。人の役に立つことができれば嬉しいですな」

Bさん：「病状はゆっくり進行しているが、できる限り今のリズムを崩《くず》さず生活をしていきたいと思っています。上手にサービスを使って適度な距離を保ち、お互いになるべくストレスを抱えないように一緒に暮らしていきたいです。できる限り自宅で介護を続けていきたいと思ってますが、病気の状態によっては施設入居も検討していかなければならないと思っています」

◆健康（病歴）

アルツハイマー型認知症、高血圧症。

◆精神機能

記憶の保持はほとんどできない。人、時間、場所の見当識《けんとうしき》もほとんどない。家から、畑や田、以前の職場には1人で行くことができるが、最近では迎えに行かないと帰ってこない。デイサービスは職場と理解している様子。人物については、家族や付き合いの長い職場の人は認知できるが、デイサービスのケアスタッフ等は記憶に残っていない様子。**注意力についても低下が認められるので、転倒などの事故に注意が必要。**社会性は残っており、その場その場でのコミュニケーションにおいて、声かけと見守りをすることにより、依頼された役割を一つひとつ果たすことができたり、楽しむことができる。

◆BPSD（認知症の行動・心理症状）

昼夜逆転、徘徊《はいかい》がある。夜中に尿意等で目が覚め、トイレの小窓から若い頃に勤めていた工場が見えると、そのまま家を出て工場に行ってしまう。日中も同様に出向くことがある。外に出なくても、自室でごそごそと動き回っている音が聞こえる（夜中なので、本人が自室にいる限り、Bさんは父親が何をしているかは確認しない）。家を新築したことを忘れてしまったようで、「家に帰る」といって出て行こうとする。雨が降ってもかまわず出て行くため、家族が付き添い、以前住んでいた自宅を見に行く。誰《だれ》もいないことを確認させ、納得するまで付き合う。

家でもサービス利用時でも、徘徊を止めようとすると、興奮し怒ることがある。**徘徊はＡさん自身の現実世界での明確な目的があり、「出勤する」「家に帰る」「田の水を見に行く」といった目的がことばではっきりと示される。**徘徊時には、家族が距離をおきながらついていき、頃合を見計らって声をかけ、連れて帰る。田畑や仕事のこと等、ふとした瞬間に思い出したことを、今あった事実のように周囲に伝える。

◆身体機能と体

血圧は最高血圧130mmHg、最低血圧90mmHg。血圧が少し高めであるが、医師より、高齢であり、食事量も適量のため問題ないとのこと。塩分等も現状では制限はない。

視力、聴力は年相応。少し大きめの声で聞こえる。残歯上下あり（入れ歯）。咀嚼《そしゃく》、嚥《えん》下《げ》は良好。構音機能は保持。上下肢《じょうかし》、体幹《たいかん》の筋力は年齢以上に良好。本人に確認するが、痛みのある部位はない様子。身体の切断はない。

◆活動（ADL（日常生活動作）・IADL（手段的日常生活動作））

コミュニケーション

発語に問題はなく、よく聞き取れる。たとえば食事の要望や、どこで過ごしたいか、体調等の日常的な生活場面においての意思疎通《いしそつう》はゆっくりと、一つひとつ区切れば可能。**場面場面での自己決定も可能であるが**、記憶にはほとんど残らない。ほかのサービス利用者も高齢や認知症のため、認知症高齢者の日常生活自立度に関係なく会話が成立しにくい場合が多くある。テレビや新聞には興味を示さなくなっている。レクリエーションのルールについて見よう見まねで何とか実行可能。

基本動作

ベッドでの寝返り、起き上がり、端座位《たんざい》は可能。床からの立ち上がりはテーブルに手をついて可能。歩行は安定しており、現在のところ転倒リスクは低い。

洗面・口腔内保清

入れ歯の洗浄・漬《つ》け置《お》きは全介助。うがい、洗顔についてはタオル等セッティングし、声かけにて洗面所で可能であるが不十分。

整容

整髪、髭剃《ひげそ》りについては、声かけにて行えるが不十分にて一部介助。爪《つめ》きり、耳垢《じこう》の除去については全介助。

更衣

衣類を着る順番がわからず、衣類を１つずつ手渡し、衣類の前後等も指示するなど、着脱衣は見守りにて声かけが必要。

入浴

入浴はもともと好きだったとのこと。しかし、最近、家で入浴しても湯船につかるだけで上がってきてしまう。**入浴そのものを理解できていない様子**もあるが、声かけすれば楽しむことはできる。**促しによって体を洗うことができるが不十分。洗髪、背中、膝《ひざ》から下の洗体は全介助。湯船のまたぎについては見守り。**

食事

食事は、箸《はし》にて自力で問題なく可能。食事形態は普通食。むせ込み、食べこぼしもなし。食べたことは忘れてしまい、食事の要求が繰り返されることがある。

排泄

尿意、便意はしっかりしているが**トイレの場所がわからなくなっている。**サービス利用時には、便器が理解できないこともある。**尿意や便意を周囲に自《みずか》ら訴えることはなく、**家では、家族が気づかないと庭に排尿してしまうこともある。また排便も時々間に合わないことがあり、**そわそわした様子を見て、早めに声かけし誘導している。**夜間は長女夫婦が同じ１階に寝ているので、部屋の戸が開く音が聞こえたらＢさんが起きて対応している。

受診・服薬

主治医の○○診療所への通院はＢさんが対応。**夕食後に精神安定薬を２錠《じょう》服用。家族が、口に含み飲み込むところまで確認**している。

金銭管理

Ｂさんがすべて実施。金銭を所有したいという要望もない。

外部との連絡（緊急時等）

自分で電話をかけることはできない。長女夫婦同居のため、在宅時には問題ない。**田畑への外出時は緊急時対応に課題**がある。

社会的諸手続き

自分で実施することはできず、家族がすべて実施。

移動

乗り物による移動は家族の車や送迎車が必要。

買い物

すべて家族が実施。気晴らしに買い物に連れ出すと、**食料品については商品を見て自分で楽しそうに選ぶことができる。**その他の商品も手にとって楽しそうに見ている。

調理・洗濯・掃除

過去においても習慣はなく、亡くなった妻やBさんが行っていた。

趣味・嗜好

仕事一筋の人。工場勤務のかたわら、**田畑等の農作業や、庭の草取り、大工仕事等の外仕事は好きだった。**

◆役割・関係性(家族・近隣等)

家族関係がわるいということはないが、仕事一筋で、寡黙であったため、家族とのコミュニケーションもさほど多くなかった。近所付き合いもそう得意ではなく、ほとんど妻に任せきりであった。意見を曲げないような頑固な側面もあり、近隣の人と少しトラブルになったこともあった。家族によると、一家のムードメーカーといったタイプではなかったが、家族のためにがんばってくれたことに間違いはなく感謝しているとのこと。

◆住環境

築後20年の日本家屋。玄関前の犬走り、玄関の上がり框《かまち》に20センチ程度の段差がある。家屋内にもトイレや浴室の入り口に数センチの段差がある。今のところは身体機能が保持されているため支障なし。周囲には集落があるのみで、店舗等は全くなく、買い物や受診等は家族が対応。

◆性格

寡黙で、他者との交流に積極的ではない。仕事一本の人で、**今でも仕事を依頼すると一生懸命携わる姿が見られる。**

アセスメントの解説

Bさんが Aさんの在宅介護を始めてから8年が経過した。寡黙で家族とのコミュニケーションも得意とはいえないAさんであったが、家族のために実直に働いてきたことをBさんは感謝している。たびたび家を出て行ってしまったり、夜中に起き出してしまうAさんを受け入れながら介護を続けてきたが、反面、先の見えないトンネルに入り込んでいるような気分であることは想像に難くない。

Bさんは A さんに対して誠実であろうとがんばっているが、反面、非常に無理をしている。周囲からは十分尽くしているように見えるのに、Bさん自身は、どこまでがんばれば父親に対して誠意を尽くしているといえるのかが見えず、迷っているような様子もうかがえる。がんばりを承認しつつ、Bさんが納得できる範囲で休息のためのサービス提案をしていきたい。

2.アセスメントの7領域でニーズを整理する（ケアマネジャーの見立て）

1	**利用者・家族の語り**	Aさん：仕事（役割）の継続。 Bさん：サービスを上手に活用しながら、できるだけ在宅での介護の継続。
2	**心と体の健康（病気）**	・アルツハイマー型認知症の現状維持。 ・高血圧症の現状維持。
3	**心身の機能と構造（身体）**	・認知機能の維持・改善。 ・筋力の維持（特に下肢筋力）。 ・浮腫《ふしゅ》、息切れのチェック。
4	**活動（ADL・IADL）**	・徘徊の軽減。 ・コミュニケーションの時間を増やす。 ・基本動作の維持。 ・洗面・口腔内《こうくうない》の保清。整容（整髪、爪きり、産毛《うぶげ》剃り、耳垢の除去等）。 ・衣類の洗濯と準備。自力での更衣の維持。 ・入浴を理解し、洗体や湯船につかることができる。声かけにより入浴動作を一つひとつこなすことができる。 ・食事を楽しむことができる。 ・尿意や便意を察知してもらい、誘導してもらいながら、一動作ずつ声かけにて排泄《はいせつ》する。

		・精神安定薬については、家族支援で服薬しているが、時に効果に差異があり、状況把握が必要。
5	**参加（役割）・自己実現**	・家では、稲刈りの手伝いや、草取りなどの仕事を通して父としての役割を継続する。また、デイサービス利用時にもフロアーの掃除等の仕事を手伝うことで役割をもつ。
6	**個性（性格、ライフスタイル、習慣、生活史、特殊な体験等）**	・体を動かす仕事が好き。 ・最近では買い物も楽しむことができる。 ・人とのおしゃべりは得意ではない。
7	**環境（人的・物理的・制度的）**	・Aさんの役割（仕事）づくりのための人的環境（Aさんの自尊心と活動性を高め、心身機能を維持するため）。 ・Bさんの精神的な支えと休息のための相談相手（ケアマネジャー）とサービス導入。

3. ニーズに優先順位をつけ、「目標」を立てる

第2表（64〜65頁参照）

1 ニーズ1：「仕事を楽しみたい」「足の力を保ちたい」

日々、仕事を楽しむことで、足の力も保つことができる ❶	施設の仕事の手伝いをする　※役割を継続することで自尊心を高め、活動性を増す 1-a
	自宅で得意な外仕事をする　※役割を継続することで自尊心を高め、活動性を増す 1-b

2 ニーズ2：「少しずつほかの人との交流を楽しみたい」

作業を通じてほかの人との交流を楽しむ ❷	作業を通じてほかの人との交流を楽しむ　※新たな役割と関係性を生み出す 2-a

3 ニーズ3：「夜に仕事が気になり、職場に行きたいと思うことがある」

夜中に起きることなく眠ることができる ❸	夜中に起きることなく眠ることができる　※睡眠の質を高める 3-a

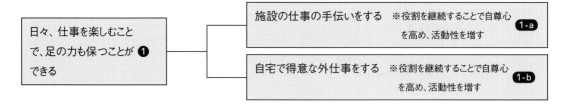

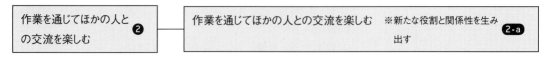

4 ニーズ4：「安心してトイレに行きたい」

声をかけてもらいトイレに行く ❹ ― 声をかけてもらいトイレに行く　※尊厳の保持と汚染予防（健康と環境の維持） 4-a

5 ニーズ5：「お風呂が好き。気持ちよく入浴がしたい」

お風呂を楽しむ ❺ ― 声をかけてもらいながら入浴できる　※身体の保清と現有能力を活かした入浴 5-a

6 ニーズ6：「健康に気をつけながらおいしくご飯が食べたい」

おいしくごはんが食べられる ❻
- 口の中をきれいに保てる 6-a
- 食事をしていないと思うときにはお茶などを飲む　※食事に対する思いに配慮してもらう 6-b
- 塩分の摂りすぎに注意する 6-c

7 ニーズ7：「気晴らしに買い物を楽しみたい」

時々買い物を楽しむ ❼ ― 時々買い物を楽しむ　※活動性を高めることで主観的QOLを高める 7-a

4.ニーズの優先順位についての解説

Aさんの最大の課題は、認知症の進行を可能な限り緩《ゆる》やかなものにするとともに、BPSDを解消し、家族の負担を軽減することと考えました。疾患《しっかん》については、ほかに高血圧症がありますが、十分コントロール可能な状況です。

この事例では、最優先すべきと考えた認知症の進行を緩やかなものにするニーズと、Aさんの「思い」のど真ん中にある、「仕事をして人の役に立ちたい」「ほかの人との交流を楽しむ」という「役割ニーズ」を合わせたかたちで最優先ニーズとしています（**ニーズ1・2**）。

次に優先したのは、夜間の安眠や排泄、入浴、食事といった、健康維持のためのADL維持のニーズです（**ニーズ3～6**）。安眠ニーズの背景には、BPSDの解消による家族の負担軽減というニーズが含まれているため、三番目に位置づけています（**ニーズ3**）。高血圧症の管理というニーズについては、コントロールの範囲内のために、ニーズとして独立させずに、食事ニーズに含めて位置づけています（**ニーズ6**）。そして最後に、買い物という楽しみに通じるニーズを配置しています（**ニーズ7**）。

5. サービス担当者会議での ケアプラン解説ポイント

第1表（63頁参照）

①利用者及び家族の生活に対する意向 … A

Aさんは中等度の認知症です。意向を十分に聞き取ることは難しいのですが、お付き合いさせていただくなかで、聞かせていただけたことばを整理して記載しています。「仕事をずっと続けたい」「役に立ちたい」といった意向は、時間をかけてゆっくりと会話するなかで聞き取れた語りをそのまま記載しています。

Bさんの意向については、父親の介護に対する思いについて記載しています。

②総合的な援助の方針 … B

Aさんが、今でも一生懸命仕事に打ち込むことができる強さに着目し、仕事を通して活動性を高めていくことを目標にすると同時に、Bさんの介護に対する姿勢をしっかりと承認しながら、困りごとについては一緒に考えましょうというメッセージを発信することにより、Bさんの不安感を少しでも和《やわ》らげられるよう配慮《はいりょ》しています。

第2表（64～65頁参照）

③生活全般の解決すべき課題（ニーズ） … C

Aさんは、アルツハイマー型認知症ですが、その他の健康状態については、血圧が少し高い程度で大きな問題はありません。可能な限り在宅生活を継続するための一番の課題は、認知症の進行を緩やかにすることと考えました。加えて、加齢による筋力低下も気になり始めています。しかし、Aさんは認知症により、自身の現状を理解することはできません。当然リハビリテーションの目的を理解し継続することは不可能です。そこで目をつけたのが、生活史からAさんの最大の強みとして見出された、「仕事一筋の人」という個性でした。元来物静かで、新聞や本を読むことを好み、他者とのコミュニケーションがそう得意ではなかったようですが、仕事に打ち込むことで自分の存在価値を見出していたようなところがあったのではと考えました。現在でも、家やサービス利用時に、何らかの仕事をお願いすると、「よっしゃ！　ええで！」のことばとともに、一生懸命に仕事をしてくださります。A さんの自尊心や活動性を高め、認知症の進行を遅らせるには、仕事を通して何らかの役割をもち続けてもらうこと以外にはないと考え、最優先ニーズを「仕事（役割）をもつこと」としました。A さんはニーズを明確にことばで表すことが難しいので、すべての「生活全般の解決すべき課題（ニーズ）」および「長期目標」「短期目標」はケアマネジャーもしくは B さんの代弁（アドボカシー）により設定されたものです。

「仕事を楽しみたい」「足の力を保ちたい」

長期目標「日々、仕事を楽しむことで、足の力も保つことができる」

短期目標「施設の仕事の手伝いをする」「自宅で得意な外仕事をする」

A さんが仕事を続けることの最終目的は、認知症と下肢筋力低下の進行を遅らせることにあります。仕事を通して、自尊心と活動性を高めることで、心身機能が活性化されるという、QOL の良循環を活用する典型例です。A さんの尊厳と B さんの心理面への配慮のために、ニーズにも目標にも「認知症」ということばを一切使用していません。認知症の改善ニーズを役割（社会参加）ニーズに置き換えて表現しています。長期目標では、仕事の継続と同時に、足の力を保つことをニーズとして強調しています。短期目標では、サービス利用時と在宅時に分けて仕事を行うことを目標としています。「サービス内容」については、サービス利用時のアプローチを標準化するとともに、在宅時については A さんと B さんの取り組み（自助、互助）を記載しています。

「少しずつほかの人との交流を楽しみたい」

長期目標・短期目標「作業を通じてほかの人との交流を楽しむ」

仕事以外にもさまざまな活動に参加していただき、ほかの利用者との交流を目的にしています。しかし、A さんは意欲低下もみられ、また元来他者とのコミュニケーションは苦手という個性もあります。無理強いにならないように配慮することも求めています。このニーズも認知症をターゲットとしています。

「夜に仕事が気になり、職場に行きたいと思うことがある」

長期目標・短期目標　「夜中に起きることなく眠ることができる」

このニーズ表現は、A さんの「語り」で表現しています。ケアマネジャーという専門職としての規範的ニーズで表現すると、BPSD の「徘徊」ということになります。A さんの尊厳と B さんに配慮するという意味でこのような表現にしています。目標については、現実的に可能な目標として、夜間の安眠を目標としています。

「サービス内容」については、夜間安眠できるためには、日中の活動の質と量を高める必要があるため、上位の２つのニーズの「サービス内容」にあるような取り組みをすると記載しています。加えて、医療的アプローチとして精神安定薬が導入されていますが、効果が安定していないようなので、効果測定をＢさん、ケアマネジャー、主治医で共有することとしています。

「安心してトイレに行きたい」

長期目標・短期目標「声をかけてもらいトイレに行く」

Ａさんは認知機能障害にて、トイレの場所や便器そのものの理解も難しくなってきています。排泄に至るプロセスの一つひとつに声かけが必要なときもあります。尿意や便意が迫ってくると、表情にその不安がありありと表現されます。現在のＡさんが再び自力でトイレに行くことは不可能と評価し、声をかけてもらいトイレに行くことを目標としました。「サービス内容」については、観察によりいち早く尿意や便意に気づくこと、排泄のプロセスについては、Ａさんが理解できるように、動作ごとに区切って声かけ誘導をすることで、現有能力の活用を目指しています。加えて、在宅時の夜間のトイレについては、庭への排尿があったりと、Ｂさんの悩みの種になっています。Ｂさんは、Ａさんの様子が気になってどうしても眠りが浅く、睡眠不足にもなりがちなので、随時《ずいじ》モニタリングしながら、場合によっては休息のための短期入所生活介護（ショートステイ）の利用につなげていくことを目的としています。

「お風呂が好き。気持ちよく入浴がしたい」

長期目標「お風呂を楽しむ」

短期目標「声をかけてもらいながら入浴できる」

Ａさんはもともと入浴が好きでしたが、認知症が進行するにつれて、入浴そのものが理解しにくい状況が出てきました。また、じっとしていることが難しく、浴槽《よくそう》につかっていてもすぐに立ち上がろうとしてしまいます。しかし、上手に会話をはさむと、ゆっくりと楽しんでもらうことができます。

また、入浴動作の一連のプロセスにおいて、一動作ずつ区切って声かけをすると、不十分ながら更衣から洗体も可能なため、Ａさんに残された数少ない現有能力を活《い》かすアプローチとして強調しています。加えて、浴室内歩行と浴槽のまたぎ動作については注意を促しています。長期目標では「お風呂を楽しむ」としていますが、具体像として何をもって「お風呂を楽しめている」とモニタリングできるのかという評《ひょう》価《か》軸《じく》がわかりにくいので、短期目標で「声をかけてもらいながら入浴できる」とし、より具体的、客観的に評価できるようにしています。

「健康に気をつけながらおいしくご飯が食べたい」

長期目標「おいしくご飯が食べられる」

Aさんは現在のところ、咀嚼や嚥下の機能も保持されており、また食事そのものの理解もできます。毎回残さずに食事ができ、「おいしい」のことばも聞かれます。この状態を維持することを目標にしました。

短期目標「口の中をきれいに保てる」

短期目標では、おいしく食事ができることのステップとして、1つは口腔保清を目標にしました。目標に設定することで、Bさんにも理解していただき、在宅での習慣化も目標にしています。ショートステイ利用中に口腔ケアマネジメントの評価を受けることもサービス内容に入れられています。

短期目標「食事をしていないと思うときにはお茶などを飲む」

「食事をしていない」は、Aさんにとっての現実世界での出来事です。Bさんは、この訴えを否定することでAさんを怒らせてしまうこともありました。この目標はAさんの現実世界を理解し、周囲にどう対応してもらうのかを含めて目標としています。「サービス内容」では、訴えがあったときの対応として、Aさんの気持ちを紛《まぎ》らわすために、声かけやお茶の提供といった対応を求めています。

短期目標「塩分の摂りすぎに注意する」

現状では高血圧もさほど気になることはなく、主治医も、高齢であり食事量もさほど多くないため、特に管理は必要ないと言っていますが、今後のことを考えて、塩分の摂りすぎ、心不全の早期発見のための浮腫《ふしゅ》のチェックについて注意を促しています。また活動的なAさんなので、活動後は水分を摂れるよう配慮することを周囲に求めています。

「気晴らしに買い物を楽しみたい」

長期目標・短期目標「時々買い物を楽しむ」

Aさんは、元来は仕事一筋の人で、買い物を楽しむような嗜好《しこう》はなかったとのことです。

しかしＢさんによると、認知症になってから、気晴らしにと買い物に連れ出すと、楽しそうに商品を手に取る姿が見られるようになりました。新たなＡさんの強みと理解し、ニーズとして位置づけています。「サービス内容」では、従来のＢさんの取り組みとともに、サービス利用中にも同様の取り組みをしてもらうよう依頼しています。

POINT!

介護者を支える

この事例は、父親をできる限り在宅で介護していきたいというＢさんを支えるためのプランともいえます。Ｂさんはケアマネジャーにたびたび相談したり、愚《ぐ》痴《ち》をこぼしながら一生懸命介護を続けています。Ｂさんの「がんばり」を承認するメッセージを織り込みながら、Ａさんの尊厳を傷つけないような表現を心がけています。

第1表 居宅サービス計画書(1)

作成年月日　平成　○年　○月　○日

初回 ・ 紹介 ・ 継続　｜　認定済 ・ 申請中

利用者名　A　殿　　生年月日　○年　○月　○日（88歳）　　住　所　○○県○○市○○町

居宅サービス計画作成者氏名　J

居宅介護支援事業者・事業所名及び所在地　○○居宅介護支援事業所　○○県○○市○○町

居宅サービス計画作成(変更)日　平成　○年　○月　○日　　初回居宅サービス計画作成日　平成　○年　○月　○日

認定日　平成　○年　○月　○日　　認定の有効期間　平成　○年　○月　○日 ～ 平成　○年　○月　○日

要介護状態区分	要介護1 ・ 要介護2 ・ 要介護3 ・ 要介護4 ・ 要介護5
利用者及び家族の生活に対する意向 A	Aさん：「自分にできる仕事はしていきたい。人の役に立つことができれば嬉しいですな」 Bさん：「病状はゆっくり進行しているが、できる限り今のリズムを崩さず生活をしていきたいと思っています。上手にサービスを使って適度な距離を保ち、お互いになるべくストレスを抱えないように一緒に暮らしていきたいです。できる限り自宅で介護を続けていきたいと思っていますが、病気の状態によっては施設入居も検討していかなければならないと思っています」
介護認定審査会の意見及びサービスの種類の指定	
総合的な援助の方針 B	Aさんは、仕事一筋の方でした。今でも仕事をお願いすると快く受けてくださり、熱心に打ち込む姿が見られます。仕事をすることで充実感や楽しみを感じておられるようです。 Aさんのこのような側面を活かし、活動性を高めることで現状を維持していきたいと思います。Bさんも日々の介護に本当に一生懸命取り組まれております。Bさんの思いを尊重させていただきながら、日々の困りごとや悩みごとについて、そのつど一緒に考えさせていただきます。 緊急連絡先：Bさん　090−○○○○−○○○○　Cさん　090−○○○○−○○○○
生活援助中心型の算定理由	1．一人暮らし　2．家族等が障害、疾病等　3．その他（　　）

C

第2表 居宅サービス計画書(2)

作成年月日　平成　〇年　〇月　〇日

利用者名　A　殿　　※2の事業所名は紙面の都合上記載していません。

生活全般の解決すべき課題（ニーズ）	目標				援助内容					
	長期目標	（期間）	短期目標	（期間）	サービス内容	※1	サービス種別	※2	頻度	期間
仕事を楽しみたい。	日々、仕事を楽しむことで、足の力も保つことができる。 ❶	平成〇年〇月〇日～ 平成〇年〇月〇日	施設の仕事の手伝いをする。 1-a	平成〇年〇月〇日～ 平成〇年〇月〇日	フロアーのモップがけ、ベッドの掃除、催し物の準備等のお手伝いをしていただきます。	〇 〇	通所介護 短期入所生活介護		週5回 利用時	平成〇年〇月〇日～ 平成〇年〇月〇日
足の力を保ちたい。			自宅で得意な外仕事をする。 1-b	平成〇年〇月〇日～ 平成〇年〇月〇日	自宅の庭の草取りや農作業をこれからも続けていきましょう。		Aさん Bさん		随時 随時	平成〇年〇月〇日～ 平成〇年〇月〇日
少しずつほかの人との交流を楽しみたい。	作業を通じてほかの人との交流を楽しむ。 ❷	平成〇年〇月〇日～ 平成〇年〇月〇日	作業を通じてほかの人との交流を楽しむ。 2-a	平成〇年〇月〇日～ 平成〇年〇月〇日	将棋や手作業、園芸や木工等をほかの利用者と一緒にしながら交流していただきます。無理強いしないよう注意します。	〇 〇	通所介護 短期入所生活介護		週5回 利用時	平成〇年〇月〇日～ 平成〇年〇月〇日
夜に仕事が気になり、職場に行きたいと思うことがある。	夜中に起きることなく眠ることができる。 ❸	平成〇年〇月〇日～ 平成〇年〇月〇日	夜中に起きることなく眠ることができる。 3-a	平成〇年〇月〇日～ 平成〇年〇月〇日	夜間よく眠れるように、日中は、しっかりと活動していただきます（上記サービス内容参照）。	〇 〇	通所介護 短期入所生活介護		週5回 利用時	平成〇年〇月〇日～ 平成〇年〇月〇日
				平成〇年〇月〇日～ 平成〇年〇月〇日	睡眠の状況を把握し、主治医と精神安定薬について相談していきましょう。夕食後の精神安定薬の服薬確認をお願いします。	〇	ケアマネジャー 〇〇診療所 （主治医） Bさん		随時 随時 毎日	平成〇年〇月〇日～ 平成〇年〇月〇日
安心してトイレに行きたい。	声をかけてもらいトイレに行く。 ❹	平成〇年〇月〇日～ 平成〇年〇月〇日	声をかけてもらいトイレに行く。 4-a	平成〇年〇月〇日～ 平成〇年〇月〇日	そわそわした様子が見受けられたときには声をかけさせていただき、トイレに誘導します。排泄の声かけについては動作ごとに区切って声かけをし、自分で行っていただきます。	〇 〇	通所介護 短期入所生活介護		週5回 利用時	平成〇年〇月〇日～ 平成〇年〇月〇日
				平成〇年〇月〇日～ 平成〇年〇月〇日	在宅時の夜間の排泄の状況については随時様子を聞かせてください。状況に合わせて検討していきましょう。	 〇	Bさん ケアマネジャー		随時 随時	平成〇年〇月〇日～ 平成〇年〇月〇日

※1「保険給付対象かどうかの区分」について、保険給付対象のサービスについては〇印を付す。
※2「当該サービス提供を行う事業所」について記入する。

第２表

作成年月日　平成　○年　○月　○日

利用者名　**A**　殿　　※２の事業所名は紙面の都合上記載していません。

C

生活全般の解決すべき課題（ニーズ）	目標				援助内容					
	長期目標	（期間）	短期目標	（期間）	サービス内容	※１	サービス種別	※２	頻度	期間
お風呂が好き。気持ちよく入浴がしたい。	お風呂を楽しむ。 5	平成○年○月○日～ 平成○年○月○日	声をかけてもらいながら入浴できる。 5-a	平成○年○月○日～ 平成○年○月○日	もともと入浴が好きな方です。会話をしながら入浴を楽しんでいただきます。脱衣から入浴の流れにおいて、一動作ずつ声かけをしてなるべく自分で行っていただきます。浴室内の歩行と浴槽のまたぎ時には転倒に注意します。入浴前には血圧測定をします。血圧が高めなので長湯に注意します。	○ ○	通所介護 短期入所生活介護		週５回 利用時	平成○年○月○日～ 平成○年○月○日
健康に気をつけながらおいしくご飯が食べたい。	おいしくごはんが食べられる。 6	平成○年○月○日～ 平成○年○月○日	口の中をきれいに保てる。 6-a	平成○年○月○日～ 平成○年○月○日	食後は入れ歯洗浄とうがいの声かけをします。 在宅でもできる範囲でお願いいたします。 就寝時には入れ歯をはずし漬け置きします。 口の中を定期的にチェックし、助言させていただきます（口腔ケアマネジメント）。	○ ○ ○	通所介護 短期入所生活介護 Bさん 短期入所生活介護（口腔ケア担当看護師）		週５回 利用時 随時 利用時	平成○年○月○日～ 平成○年○月○日
			食事をしていないと思うときにはお茶などを飲む。 6-b	平成○年○月○日～ 平成○年○月○日	食事をしていないと訴えられるときには、様子を見ながら気持ちがまぎれるように、お茶の提供や会話をします。	○ ○	通所介護 短期入所生活介護 Bさん		週５回 利用時 随時	平成○年○月○日～ 平成○年○月○日
			塩分の摂りすぎに注意する。 6-c	平成○年○月○日～ 平成○年○月○日	血圧が少し高めなので塩分の摂りすぎに注意しましょう。 全身のむくみにも注意します。 運動後は水分を摂るよう声かけをします。	 ○ ○	Bさん 通所介護 短期入所生活介護		随時 週５回 利用時	平成○年○月○日～ 平成○年○月○日
気晴らしに買い物を楽しみたい。	時々買い物を楽しむ。 7	平成○年○月○日～ 平成○年○月○日	時々買い物を楽しむ。 7-a	平成○年○月○日～ 平成○年○月○日	Bさんと時々買い物を楽しまれています。これからも無理のない範囲でお願いいたします。		Bさん		随時	平成○年○月○日～ 平成○年○月○日
					サービス利用時にも、外出の機会を設け、楽しんでいただきます。自分で商品を選ぶ場面を大切にします。	○ ○	通所介護 短期入所生活介護		週５回 利用時	平成○年○月○日～ 平成○年○月○日

※１「保険給付対象かどうかの区分」について、保険給付対象のサービスについては○印を付す。
※２「当該サービス提供を行う事業所」について記入する。

第3表 週間サービス計画表

作成年月日　平成　○年　○月　○日

要介護度　要介護３

平成　○年○月分より

利用者名　A　殿

作成者　J

		月	火	水	木	金	土	日	主な日常生活上の活動
深夜	4:00								
早朝	6:00								起床、更衣
午前	8:00								朝食、歯みがき
午前	10:00								庭の草取り、農作業
午後	12:00	9:00～16:00 通所介護	9:00～16:00 通所介護	9:00～16:00 通所介護	9:00～16:00 通所介護	9:00～16:00 通所介護			昼食
午後	14:00								庭の草取り、農作業、テレビ観賞、買い物等
午後	16:00								
夜間	18:00								夕食 テレビ観賞等
夜間	20:00								就寝準備、歯みがき 就寝
深夜	22:00								
深夜	24:00								
深夜	2:00								
深夜	4:00								

週単位以外のサービス	短期入所生活介護

事例2

地域の力を借りる

ネグレクトの長男との同居生活と見守る地域住民

1.アセスメント

利用者：Aさん　性別：女性　年齢：89歳

家族：長男Bさん・長女Cさん・次女Dさん

【ジェノグラム】

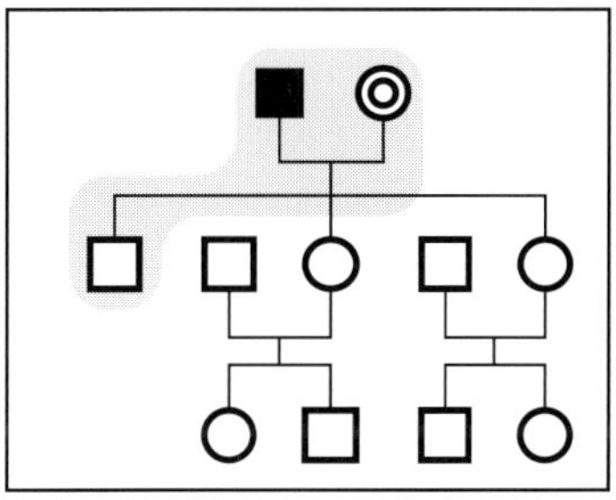

要介護度：要介護1

障害高齢者の日常生活自立度判定基準：J2

認知症高齢者の日常生活自立度判定基準：I

相談に至った経緯

長女Cさんより地域包括支援センターに相談あり。数年前から少しずつ足の力が弱くなってきていたが、最近、特に動きにくくなった。一番の困りごとは入浴で、Cさんと次女Dさんが毎週通って介助をしているが大変とのこと。サービスを利用して入浴させたいと考えている。また、申請に至ったもう1つの理由は、長男Bさんと二人暮らしであるが、家庭内別居の状態が続いていて、全く介護にかかわろうとしない。それどころか会話の1つもない。私たち（Cさん・Dさん）ももう若くなく、今後のことを考えると母親のことが心配とのこと。

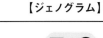

生活史

E市に生まれ、28歳のときに現在の地に嫁《とつ》ぐ。結婚前は実家の八百屋を手伝っていた。結婚後は55歳まで食肉加工工場にて勤め上げる。その後は田畑にいそしむ毎日であった。夫は10年前に他界。

社交的な性格で、近隣の同世代の友人がたくさんおり、いつも誰《だれ》かが遊びに来るような環境にあった。「友の会」を立ち上げて、食事会や小旅行を楽しんできた。今でも会には参加している。趣味は手編みで、子どもや孫の衣類や座布団《ざぶとん》をよく編んでいた。手編みの人形が居間に飾られたりしているが、現在はしていない。加齢に伴い、下肢筋力《かしきんりょく》の低下による基本動作の不安定、入浴が困難等の活動制限が出てきた。また、軽度の記憶障害がみられるようになってきた。

現在、独身のＢさんと二人暮らしである。Ｂさんは、自動車整備工場に勤務していたが定年退職。退職後は、木材加工工場でパートタイマーで働いている。長男とは家庭内別居状態。Ａさんは１階の居間を居住スペースにしており、Ｂさんは２階を居住スペースにしている。Ａさんによると、過去に居間で転倒して大声を上げても来てくれなかったとのこと。会話もなく、買い物や身の回りの世話も全くしている様子はうかがえない。このような関係性になったきっかけをＡさんに尋ねても、心当たりはないという。Ｃさん、Ｄさんも父親（Ａさんの夫）が生きている頃《ころ》は、男性だから会話が多いとはいえないものの普通の関係性であった。Ｃさんによると「兄は元来優しい性格で、私たちも嫌な思いをさせられたようなこともない。外に出ると非常に愛想もよく、近所の子供たちもかわいがるような人。唯一、今の状態に何らかの影響があることとして思い当たるとしたら、以前勤務していた職場でパワーハラスメントを受け、一時的に仕事を休んだことがあり、家族が集まって食事をした時に母が兄に向かって、『もっとしっかりしてもらわないと』といった内容のことを言った。そのときに兄が激高して母に小皿を投げつけたことがあった。しかし、今のような状況になったのはそれからずいぶん経ってからであり、それが原因とは断定できない」とのこと。Ａさんは現状を受け入れ、Ｂさんについては何も言わない。Ｃさん、Ｄさんも、Ｂさんには、母親を無視する理由は聞きづらいとのこと。Ｃさん、Ｄさんは交代で実家に通い、Ａさんの入浴の世話や食事づくりをしている。そのときにはＢさんの弁当も準備している。Ｂさんからは何も連絡はないが、「兄は喜んでいると思う」とのこと。ＡさんとＢさんの関係は、家族間でタブーのようになっていて、話し合うようなこともしていないし、今のままでもいいと思っているとのこと。

近隣に一回り年齢が下の仲のいい友人Ｆさんがいて、料理を持ち込んで夕食を一緒に食べてくれたり、服薬の管理、ポータブルトイレの世話、老人会の付き添いや時には受診まで、娘達が訪問する合間の世話をすべてしてくれている。Ｃさんが言うには旧知の友人で母とは仲がよく、Ｃさんも昔から知っており信頼しているとのこと。

利用者・家族の意向

Ａさん：「娘達や近所の人の助けを借りて生活させてもらってありがたいと思っています。先祖供養をしながら、老人会や友の会はこれからも続けて参加したいと思っております」

Cさん：「私と妹とで訪問をして、家のことや身の回りのことをできる限りしています。また、Fさんが母のことを気にかけてくれてありがたいと思っています。これからもこの生活がしばらく続くと思います。皆さんの支援やサービスの利用により、母の今の状態を保ちながら過ごしやすい環境についても整えることができればと思います」

◆健康（病歴）

脳梗塞後遺症《のうこうそくこういしょう》、高血圧症、心不全。

◆精神機能

短期記憶障害があり、自分自身で管理している物品の保管場所がわからなくなるといった状況がみられる。**食事準備やその他家事等について、自分自身で考えながら実行することが難しくなりつつある。**自発性の低下もみられるが抑うつというほどの症状はない。生活場面ごとの判断、要望の表出、体調不良の訴え等は可能。

◆BPSD（認知症の行動・心理症状）

短期記憶障害のために、同じ話が繰り返されることは時々あるが、その他の症状はなし。

◆身体機能と体

血圧は最高血圧130mmHg、最低血圧80mmHg。高血圧については服薬にてコントロール。主治医より、高齢でもあり、食事量も適量のためさほど問題はないが、**塩分は控《ひか》えめにとの指示あり。**視力は年相応。難聴で少し大きめの声で聞こえる。残歯上下あり（部分入れ歯）。咀嚼《そしゃく》、嚥下《えんげ》は良好。構音機能は保持。**下肢筋力の低下が著しい。本人に確認したところ、膝《ひざ》に痛みがある。**身体の切断はない。

◆活動（ADL（日常生活動作）・IADL（手段的日常生活動作））

コミュニケーション

発語に問題なく、よく聞き取れる。たとえば**食事の要望や、どこで過ごしたいか、体調等の日常的な生活場面においての意思疎通《いしそつう》はほぼ可能。場面場面での自己決定も可能。指示があれば簡単な家事もこなすことができる。**短期記憶障害のため、同じ話が繰り返されることも時折あるが、現在はさほど気にならない。理解できないままに協調的に会話していると思える場面もある。笑顔でにこにこされており、周囲の人々の印象は非常によい。

基本動作

ベッドでの寝返り、起き上がり、床での端座位《たんざい》は膝をかばって伸ばして座れる。寝返りはベッド柵《さく》につかまりながら可能。ベッドからの起き上がりは、ベッド柵につかまって可能であるが時間を要す。柱などにつかまりながら立位可能。歩行は居宅内では家具や手すりにつかまって歩いている。外出時はシルバーカーで見守られながら歩行。**今後転倒リスクが高まる可能性が高い。**

洗面・口腔内保清

入れ歯の洗浄・漬《つ》け置《お》き、うがい、洗顔については行えているが少し不十分。

整容

整髪ついては、声かけにて行える。爪《つめ》きり、耳垢《じこう》の除去については全介助。

更衣

衣類については、セッティングしておけばゆっくりと可能。

入浴

下肢筋力の低下により転倒リスクが高く、入浴はＣさん、Ｄさんの見守り、一部介助で実施。洗身は、シャワーチェアに座って、体の前面は足先まで自力で可能。臀部《でんぶ》、陰部も立ち上がり、手すりにつかまり可能。背中と頭は一部介助。浴室内の歩行および浴槽《よくそう》のまたぎは手引き介助。

食事

食事は、箸《はし》にて自力で問題なく可能。食事形態は普通食。むせ込み、食べこぼしもなし。Ｆさんと一緒の夕食を楽しみにしている。パンが好き。

排泄

尿意、便意はしっかりしている。失禁もない。尿意や便意を感じたら、手すりにつかまりながら廊下《ろうか》を通ってトイレまで行く。夜間はポータブルトイレを使用。排泄物《はいせつぶつ》の処理はできない。

受診・服薬

主治医の○○診療所への通院はＣさんが対応。血液《けつえき》凝《ぎょう》固《こ》阻《そ》止《し》薬《やく》と心不全薬、血圧降下薬を服用。自己管理は困難で、過去に残数が合わないことがあり、ＣさんやＦさんが朝、昼、夕と分けてセッティングし、それを服用している。

金銭管理

Ｃさんがすべて実施。小額の小《こ》遣《づか》いは所有。

外部との連絡（緊急時等）

自分で電話をかけることはできないが、現在のところ、見守りにておおむね安全が確保できている。

社会的諸手続き

家族がすべて実施。

移動

少し距離がある所はシルバーカー、**近隣の家になら一本杖《いっぽんづえ》で訪問することができるが、転倒のリスクは高い。**

買い物

Ｃさんが、Ａさんの要望を確認しながら購入している。

調理・洗濯・掃除

洗濯は、Ｆさんに手伝ってもらいながら毎日している。

調理、掃《そう》除《じ》はＣさん、Ｄさんがしている。また、Ｆさんが料理の差し入れをしてくれる。

趣味・嗜好

手編みが好きで、子どもや孫の衣類や座布団、手編みの人形などたくさんの作品がいまでも飾られているが、現在はしていない。

◆役割・関係性（家族・近隣等）

長男とは家庭内別居状態。なぜこのような関係性になったのかとＡさんに尋ねるが、心当たりはないとのこと。唯一思い当たるとしたら、Ｂさんが以前勤務していた職場でパワーハラスメントを受け、一時的に仕事を休んだことがあり、家族が集まって食事をしたときに、ＡさんがＢさんに向かって「もっとしっかりしてもらわないと」といった内容のことを言ったことに対して、Ｂさんが激高してＡさんに小皿を投げつけたことがあった。

しかし、今のような状況になったのはAさんの夫が亡くなり、二人暮らしになってからであり、それが原因とは断定できないとのこと。Cさん、Dさんとはいたって普通の親子関係。Cさん、Dさん共に、Bさんとは現在ではすれ違いが多く会話もほとんどないため、Aさんの介護についても相談したことがない。Bさんと特に仲が悪いというわけではなく、Cさん、DさんがAさんの介護で家を訪問し、夕食をつくるついでにBさんの分もつくり置きしたりしている。AさんとBさんの関係は、誰もがその核心にふれようとせず、家族内でタブーのようになっている。

近所に、**年齢的には一回り下の友人のFさんがいて、Cさん、Dさんが来ているとき以外の日時にAさんを訪問し、食事の準備や服薬管理、ポータブルトイレの掃除までしてくれる。**対価を求めるようなこともなく、Fさんもそれを役割として認識しているようで、Aさんと２人で食べる夕食を楽しみにしている。Bさん、Cさん、DさんもFさんは昔からの知人であり信頼しているとのこと。**Aさんが昔立ち上げた「友の会」にはFさんに誘われ今でも参加し、食事を楽しんだりしている。**

亡くなった夫のために、仏壇《ぶつだん》へのお供えとお参りを毎日欠かさず行っている。Fさんが花の水を替えてくれる。

◆住環境

夫が建てた持ち家。玄関の上がり框《かまち》に約30cmの段差があり、手をついてはって上がり、居間まで行っている。トイレ入り口およびトイレ内に手すり設置済み。更衣室、浴室には手すりはないが、今後、入浴はサービスを利用して入りたいとの希望があるため手すりの設置は保留。ベッドは購入したものを今でも使用。

◆性格

社交的で、近隣の同世代の友人がたくさんおり、いつも誰かが遊びに来るような性格。仕事を長年続けながら、子育てにもいそしみ、晩年は夫の介護に明け暮れ、看取《みと》ったことからもわかるように、働き者で何事にも一生懸命かかわる性格。

アセスメントの解説

Aさんは社交的で、「友の会」を立ち上げ、昔から近所の友人との集まりを楽しんでいた。現在でもその関係性は続いている。夫も穏《おだ》やかな性格で夫婦仲も悪くなかった。３人の子どもを育てながら定年まで仕事を続けてきた。Cさん、Dさんは嫁いだが、Bさんは縁に恵まれず、独身のままで現在に至っている。夫はAさんが介護をした末10年前に死別。その後も田畑や家事、友人との付き合いにいそしんでいたが、最近では加齢により心身の機能が低下しはじめ、歩行が困難になってきた。身の回りの介護が必要になってきたことを契機に、長男のネグレクトが顕在《けんざい》化《か》してきたが、A さんを含めＣさん、D さんも原因はよくわからないという。こういった A さんとBさんの希薄な関係性の徴候《ちょうこう》は以前からあったと思われるが、夫がいたことや、A さんが何でも自分ででき、家を切り盛りしていたなかで、表面化しなかったと考えられる。A さんの介護問題が浮上してきた現在、B さんに話を聞き、関係性を修復しながら介護に協力してもらうことも考えたが、C さん、D さんはそのことについては家族内ではタブーになっており、そういったアプローチをしてBさんが怒り、家に入れてもらえないような状態になったら、それこそ A さんの介護ができなくなる。現状で A さんの生活にも支障がないため、そっとしておいてほしいと言われる。

A さんのすぐ近所に年齢が一回り若い、F さんがおり、食事や服薬管理、仏壇の世話の手伝い等もしてくれている。C さん、D さんも信頼しており、A さんもFさんが家に来てくれることを心強く、また楽しみに思っている。ケアマネジャーとしても、B さんは現在仕事をしており、顔を合わすことが困難なうえに、現状では A さんとB さんの関係性に介入することは得策ではないと判断し、B さんとの関係性についてはは様子をみながらC さん、D さん、F さんと連携して在宅介護を支えることとする。

2.アセスメントの7領域でニーズを整理する（ケアマネジャーの見立て）

1	**利用者・家族の語り**	Aさん：先祖供養、老人会や友の会への参加。 Cさん：Aさんが今の状態を保てる過ごしやすい環境（サービス）を調整。
2	**心と体の健康（病気）**	・脳梗塞の再発防止。高血圧症の現状維持。心不全症状の把握と悪化予防。
3	**心身の機能と構造（身体）**	・記憶障害の維持・改善。 ・筋力の維持（特に下肢筋力）。 ・膝の変形による痛みの軽減（疼痛《とうつう》の軽減）。 ・浮腫《ふしゅ》のチェック。 ・体重のチェック。 ・意識混濁《いしきこんだく》のチェック。

4	**活動（ADL・IADL）**	・友人や家族とのコミュニケーションの現状維持。 ・基本動作の維持、転倒予防および動作時の息切れのチェック。 ・整容（整髪、爪きり、産毛《うぶげ》剃《そ》り、耳垢の除去等）。 ・衣類の準備。自力での更衣の維持。 ・入浴動作の維持、転倒予防。 ・食事を楽しむことができる。 ・夜間のポータブルトイレ使用時の排泄物処理。 ・薬のセッティングと服薬確認。 ・安否確認。 ・買い物（主に食材）、調理、洗濯、掃除の支援。調理と洗濯については協働でできるよう支援。 ・趣味の手編みの支援。
5	**参加（役割）・自己実現**	・Cさん、Dさんに対する母親としての役割。Fさんに対する友人としての役割。友の会のメンバーに対する友人としての役割。 ・新たな友人づくりの可能性。 ・夫の供養（妻としての役割）。
6	**個性（性格、ライフスタイル、習慣、生活史、特殊な体験等）**	・社交的な性格。 ・手編みが好きだった。 ・長男との不和。
7	**環境（人的・物理的・制度的）**	・Bさんとの関係性についてはゆっくりとアセスメントしていく。Aさんの介護環境を優先し、無理に介入はしない。 ・Cさん、Dさん、Fさんの介護負担軽減。ただし、Fさんについては、Aさんとの関係がFさん自身の生きがいにもなっているため、関係性を大切にする。 ・友の会への継続参加。 ・家の前の小道の手すりは設置済み。玄関の上がり框の段差については、現在のところはって上がれているために、あえて手すりを設置して立位で上がれるようにはせずに、今している活動を尊重する（立位で上がれば転倒リスクを誘発する可能性もある）。

3.ニーズに優先順位をつけ、「目標」を立てる

第2表（84〜86頁参照）

1　ニーズ1：「友達との交流を楽しみたい」

友達との交流を楽しむ ❶

- 「友の会」や「老人会」に参加する　※友人としての役割を通して活動性を高める　1-a
- 新しい友人との交流を楽しむ　※友人としての役割を通して活動性を高める　1-b

2　ニーズ2：「先祖の供養を続けたい」

先祖の供養を続けることができる ❷

- 先祖の供養を続けることができる　※亡き夫への妻としての役割を通して自尊心を高める。歩行の機会との位置づけ　2-a

3　ニーズ3：「調理や洗濯をしたい」

調理や洗濯をする ❸

- 手伝ってもらいながら調理をする　※している活動の維持（現有能力を活かす）　3-a
- 手伝ってもらいながら洗濯をする　※している活動の維持（現有能力を活かす）　3-b

4　ニーズ4：「家の中や近所を安心して歩きたい」

家の中や近所を安心して歩くことができる ❹

- 足腰の力を保つ　※下肢筋力の機能維持　4-a
- 就寝時のベッドからの起き上がりが楽にできる　※基本動作の改善　4-b
- 気をつけながら玄関を上がる　※基本動作の安定　4-c

5　ニーズ5：「きちんと食事がしたい」

栄養のバランスを考えた食事をする ❺

- きちんと食事をすることができる　※健康管理としての食事　5-a

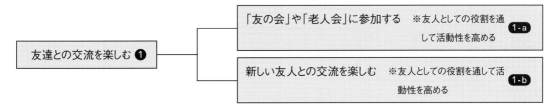

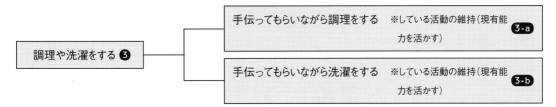

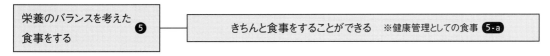

6 ニーズ6：「病気がわるくならないようにしたい」

- 病気がわるくならない ❻
  - 食事内容に気をつける ※病気への対応 6-a
  - 症状を見守ってもらう ※リスク管理 6-b
  - 薬を間違わないように飲む ※リスク管理 6-c
  - 定期受診する ※病気への対応 6-d

7 ニーズ7：「安心してトイレに行きたい」

- 安心してトイレに行くことができる ❼
  - 安心してトイレに行くことができる ※している活動の安定（現有能力の維持） 7-a

8 ニーズ8：「気持ちよく入浴したい」

- 気持ちよく入浴ができる ❽
  - 安心して入浴ができる ※している活動の安定（現有能力の維持） 8-a

9 ニーズ9：「趣味の手編みをぼつぼつしてみたい」

- 子ども達に編みぐるみをプレゼントする ❾
  - 編み物をぼつぼつ再開する ※昔していた（できる活動）を現在している活動へ 9-a 趣味を再開することで母としての役割の復活（互恵的関係性の再構築）

4.ニーズの優先順位についての解説

Aさんは軽度の認知症がありますが、主体的に生きる力は十分にあります。娘達にも大切にされ、近隣には親しい友人がたくさん存在します。ADL・IADLについては少し支援があれば十分に自立できています。疾患《しっかん》については脳梗塞の既往と高血圧症と心不全がありますが、現状では様子を見ていく程度で管理が可能です。こういった整理から、ニーズの優先順位については、Aさんの現在のライフステージでの自己実現ともいえる、大切にしている友達との交流等を最優先ニーズとしています（**ニーズ1・2**）。その後には重要と思われる順にADLニーズと続いています（**ニーズ3～5、7・8**）。ADLニーズの途中に病気の観察や治療についてのニーズをはさんでいます（**ニーズ6**）。最後に、昔していたが、今はしなくなっている編み物を復活したいと考えました。編みぐるみを子どもたちにプレゼントするという役割を付与することで、編み物をするという動機づけを高めています（**ニーズ9**）。

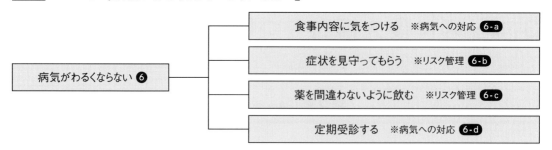

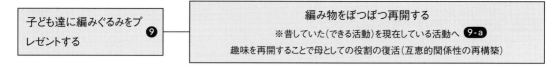

5. サービス担当者会議での
ケアプラン解説ポイント

第1表（83頁参照）

①利用者及び家族の生活に対する意向 … A

Aさんは加齢に伴い、少しずつ心身の機能低下が進行しているものの、長年暮らしてきた家で娘達や仲のいい近所の友人に囲まれて変わらない日々を過ごしておられます。先祖の供養をしながら、この穏やかな日々が続くことが望む暮らしです。Cさん、Dさんもできるかぎり Aさんを支えて今の生活が続けられることを望んでいます。

②総合的な援助の方針 … B

Aさんが住み慣れた居宅で長年がんばってきたことを承認しながら、今回初めてのサービス利用となるため、サービスに早く慣れていただけることを目標にすることを明確にしています。

第2表（84～86頁参照）

③生活全般の解決すべき課題（ニーズ）… C

Aさんは、軽度の記憶障害と下肢筋力の低下がありますが、その他の認知機能は保たれ、ケアマネジャーや家族のはたらきかけの意味を理解することも、その場での自己決定も可能です。ニーズや目標については、Aさんに加え、Cさん、Dさんにもアプローチしながら合意にて決定しています。

ニーズの優先順位としては、高齢になり心身の機能が低下しつつあることでADLの維持が困難になりつつあることに焦点を当てながら、Aさんの「思い」を最大限尊重し、友人との交流や先祖供養を最優先ニーズとしています。三番目以降のニーズについては、主に下肢筋力低下に起因するADLの維持・改善を目標に設定しています。

疾患に関するニーズは、現在では状態的には安定しているために、優先順位は低いものの、リスク管理についてかかわるすべての人々に注意喚起しています。

「友達との交流を楽しみたい」

長期目標「友達との交流を楽しむ」

短期目標「『友の会』や『老人会』に参加する」「新しい友人との交流を楽しむ」

Ａさんの望む暮らしは先祖供養をしながら、老人会や友の会に参加して楽しむことです。Ａさんの思いを最優先しています。友人との交流は、Ａさんの活動性を高めるには最高の動機づけです。食事処や公民館に行く、そこで友人と一緒に食事をし、おしゃべりを楽しむことは心身の機能をフルに活用することになり、現在のＡさんにとって最高のリハビリテーションということができます。特に認知症の進行予防をターゲットにしたアプローチという位置づけにもなります。

「『友の会』や『老人会』に参加する」については、「自助」「互助」の取り組みとして、あえて取り上げています。高齢で今まで築き上げたものを徐々に失いつつあるＡさんの残された大切な「している役割」として、多職種で共有しておく意味と、Ａさんを含めた地域のこの取り組みを素晴らしいこととして認めていますよというメッセージを発することでＡさんの自尊心を高める意味があります。

「新しい友人との交流を楽しむ」については、通所介護（デイサービス）の利用目的の１つがここにあるということを明確化し、デイサービススタッフに周知しています。このニーズはＡさんの「ことばで発せられたニーズ」をベースにしています。

「先祖の供養を続けたい」

長期目標・短期目標「先祖の供養を続けることができる」

このニーズもＡさんの望む暮らしとして位置づけられています。仏壇へのお供えとお参りはＡさんの大切な日課であり、亡き夫に対する妻として「している役割」でもあります。先の最優先ニーズの、友人としての役割同様、Ａさんが生きていることの意味づけ（存在価値）にとっては非常に大切な習慣です。また、心身の機能を活用する大切な活動でもあります。このニーズもサービス内容を見ればわかるように「自助」と「互助」の取り組みとして記載しています。Ａさん、Ｆさんにこれからも継続していきましょうねというメッセージと、多職種にこの習慣を見守ってほしいという意味で記載しています。Ａさんの「ことばで発せられたニーズ」をベースにしています。

「調理や洗濯をしたい」

長期目標「調理や洗濯をする」

短期目標「手伝ってもらいながら調理をする」「手伝ってもらいながら洗濯をする」

「調理や洗濯をする」という長期目標は、再び自分ですべてができるようになることを意味しているものではありません。具体像は短期目標にあるように、「手伝ってもらいながら調理や洗濯をする」ことがゴールです。つまり、長期目標には、実行レベルでは「他者の力を借りながら調理や洗濯をする」という意味がすべて含まれているのです。

Ａさんは、最近では調理や掃除をＣさん、Ｄさんに任せつつあることがわかりました。洗濯はＦさんに手伝ってもらいながらどうにか毎日しています。しかし、まだまだ自分でできるプロセスがあるため、Ａさんの現有能力を最大限に活《い》かしながら支援してもらうことを求めています。つまり、「している活動」を「支援を要する活動」に落とさないためのアプローチです。ケアマネジャーの「規範的ニーズ」にて提案し、Ａさん、Ｃさん、Ｄさんの合意を得て設定しています。

これ以降のニーズはすべてケアマネジャーの「規範的ニーズ」をベースに設定しています。

「家の中や近所を安心して歩きたい」

長期目標「家の中や近所を安心して歩くことができる」

短期目標「足腰の力を保つ」

Ａさんは、徐々に下肢筋力が低下してきており、歩行が不安定になりつつあります。前述したように、友人との外出や仏壇のお参りにも、参加ニーズのほかに下肢筋力の維持と歩行の安定という目的が含まれていますが、現状では日常生活場面を応用したアプローチだけでは不十分と考えました。加えて今のＡさんの意欲や理解力ならリハビリテーションの実施が十分可能と考え、歩行という基本動作の安定のための下肢筋力の維持をニーズとして明確化しました。短期目標では「足腰の力を保つ」という、身体機能アプローチを目標とし、長期目標では「家の中や近所を安心して歩くことができる」という生活環境の中での基本動作の安定を目標としてステップアップ方式で設定しています。

サービス内容では、デイサービスの利用目的として、レクリエーション等に参加する目的の１つに歩行の改善があることを明確にするとともに、主治医の診療所に所属する理学療法士に膝の変形と疼痛、下肢筋力の評価に加えて、実際の生活環境の中で、歩行や入浴、排泄といったADLを評価したうえで訓練プログラムを作成してもらい、ケアマネジャーがデイサービスの機能訓練指導員に申し送ることにしました。ここで注意したいのは、下肢の機能評価を中心におくのではなく、あくまでもＡさんのADL全般を見渡し、実際の生活環境と場面において、何ができて何ができないのか、何が障害になっているのかを評価してもらうことに視点の中心があることを理解していただきたいと思います。加えて、転倒と膝の痛みの悪化というリスクを明確にして注意を促しています。

短期目標「就寝時のベッドからの起き上がりが楽にできる」

このプランは初回プランなので、環境整備は未実施でした。基本動作を評価したところ、ベッドからの起き上がりに苦労していることがわかり、福祉用具貸与を利用して手すりを設置することにしました。

短期目標「気をつけながら玄関を上がる」

玄関の上がり框に２段の段差があり、Ａさんははって上がっていました。手すりを設置して立位で上がってもらうことも考えましたが、転倒リスクを考え、現状のほうが安全と判断し様子を見ることにしました。下肢筋力が改善し、歩行が安定してくるならば、その時点で手すり設置の検討をすることにしました。

「きちんと食事がしたい」

長期目標「栄養のバランスを考えた食事をする」

短期目標「きちんと食事をすることができる」

Ａさんには高血圧症と心不全という疾患があります。デイサービスにおいての栄養バランスのとれた食事提供について、Ａさんと家族に説明しています。また、Ａさんの口《こう》腔《くう》ケアが不十分なところがあるために、食後のチェックと歯科衛生士による定期的な口腔内評価をメニューにしています。加えて家族が冷蔵庫の中の管理をしている事実を多職種で共有するために記載しています。

「病気がわるくならないようにしたい」

長期目標「病気がわるくならない」

短期目標「食事内容に気をつける」

Ａさんは脳梗塞後遺症、高血圧症、心不全があります。長期目標では、これらの疾患の悪化を防ぐことを目標におきました。そして、短期目標により具体的な目標の設定をしています。

「食事内容に気をつける」については、デイサービスでの栄養ケアマネジメントを位置づけることを明確にしています。また高血圧に対応した塩分の摂りすぎや脳梗塞の再発予防に対応した水分摂取について注意を促しています。

短期目標「症状を見守ってもらう」

「症状を見守ってもらう」については、これらの疾患で現れやすい症状についての注意喚起を行っています。

短期目標「薬を間違わないように飲む」

「薬を間違わないように飲む」については、Aさんは軽度の記憶障害もあり、過去に薬の残数が合わないことがあったとのことで、Cさん、Fさんが常に確認してくれていた事実があります。訪問介護（ホームヘルプサービス）が入ることで、今後はFさんとともに確認することにしました。

短期目標「定期受診する」

「定期受診する」については、Cさんが現在受診対応してくれているので、その情報を多職種で共有するために目標として明記しています。

「安心してトイレに行きたい」

長期目標・短期目標「安心してトイレに行くことができる」

Aさんが安心してトイレに行けるには、下肢筋力の改善と歩行の安定が必要なので、実は四番目のニーズの「家の中や近所を安心して歩きたい」に含まれると考えられます。しかし、ここでは独立して再度ニーズとしてあげています。その理由は、Aさんは転倒リスクから夜間のみポータブルトイレを使用するという環境があるからです。Aさんは現状では自分で排泄物の処理ができないので、誰かに支援してもらう必要があります。このサポートニーズがあるために別のニーズとして独立して記載しています。もともとFさんが支援してくれていたため、Fさんに引き続きお願いしながら、Fさんができないときには随時《ずいじ》、訪問介護員（ホームヘルパー）、Cさん、Dさんが対応する形でサービス設定しています。

「気持ちよく入浴したい」

長期目標「気持ちよく入浴ができる」

短期目標「安心して入浴ができる」

入浴については転倒リスクと家族負担の軽減目的で、在宅での入浴からデイサービスでの入浴へ移行しています。長期目標としては「気持ちよく入浴ができる」ことを目標にしていますが、Aさんは転倒不安から、入浴を楽しむところまでには至っていないと評価しました。現状では「安心して入浴ができる」としたほうがＡさんの気持ちに沿っているという意味でこのような表現にしています。

このニーズも実は上記の「安心してトイレに行きたい」というニーズと同様、下肢筋力が改善すれば安心して入浴ができるようになるのですが、更衣や洗身という入浴プロセスにおいても「している活動」を最大限に活かすという個別の入浴ニーズがあるので独立して記載しています。

「趣味の手編みをぼつぼつしてみたい」

長期目標「子ども達に編みぐるみをプレゼントする」

短期目標「編み物をぼつぼつ再開する」

居間に置いてある数々の作品から、編み物が趣味であったことがわかりました。しかしここ２年ほどは遠ざかっているとのことでした。軽度の記憶障害はあるものの、意欲低下もなく、さまざまな生活のしづらさが解決すれば心理的にも落ち着きを取り戻し、趣味の再開ができそうでした。短期目標では編み物の再開を目標とし、長期目標では編みぐるみを娘さんにプレゼントすることにしました。あわよくばＢさんにもプレゼントできればとも考えています。

POINT!

家族の関係性を見極める

Ａさんの家族は一見どこにでもある普通の家族のように思えました。仕事も普通にこなし、地域の評判にも問題のないＢさんですが、Ａさんとは家庭内別居の状態にあり、Ｃさん、Ｄさんもその理由がよくわからないと口をそろえて言われました。

家族とはかくあるべきという理想はあっても、現実は理想的な家族ばかりではありません。いろんな家族の関係性があり、家族個々においてはさらに複雑な関係性を内包しています。支援に絶対に必要であれば、関係性を紐《ひも》解《と》くアプローチが必要となるでしょう。しかしこの事例については、ＡさんとＢさんの関係性についてはふれないでほしいという強いメッセージが家族から伝わってきました。当面の援助関係を維持するために、この時点ではＢさんへのアプローチはひとまず留保しました。この先、Ａさんの支援を続けていくなかで、Ｂさんとの関係性に少しずつ入り込むことができれば、家族を再び一つにすることができるような支援につながる可能性もあります。その可能性を排除することなく今後も支援を継続していくことになります。

第１表 居宅サービス計画書(1)

作成年月日　平成　○年　○月　○日

初回・紹介・継続　　認定済・申請中

利用者名　A　殿　　生年月日　○年　○月　○日（89歳）　　住　所　○○県○○市○○町

居宅サービス計画作成者氏名　J

居宅介護支援事業者・事業所名及び所在地　○○居宅介護支援事業所　○○県○○市○○町

居宅サービス計画作成(変更)日　平成　○年　○月　○日　　初回居宅サービス計画作成日　平成　○年　○月　○日

認定日　平成　○年　○月　○日　　認定の有効期間　平成　○年　○月　○日　～　平成　○年　○月　○日

要介護状態区分	要介護１　・　要介護２　・　要介護３　・　要介護４　・　要介護５
利用者及び家族の生活に対する意向 Ⓐ	Aさん：「娘達や近所の人の助けを借りて生活させてもらってありがたいと思っています。先祖供養をしながら、老人会や友の会はこれからも続けて参加したいと思っております」 Cさん：「私と妹とで訪問をして、家のことや身の回りのことをできる限りしています。また、Fさんが母のことを気にかけてくれてありがたいと思っています。これからもこの生活がしばらく続くと思います。皆さんの支援やサービスの利用により、母の今の状態を保ちながら過ごしやすい環境についても整えることができればと思います」
介護認定審査会の意見及びサービスの種類の指定	
総合的な援助の方針 Ⓑ	Aさんはこれまで 60 年以上もこの地で生きてこられました。その間地元の友人と友の会を立ち上げ、今も親しい友人がたくさんおられ、一緒に食事を楽しんだりされています。 また長女Cさん、次女Dさんにも囲まれて過ごされています。これからもこのような関係を大切にし、住み慣れたこの地で過ごせるようお手伝いさせていただきたいと思います。 今回初めてのサービス利用になりますので、サービスや担当者に早く慣れていただき、安心して利用していただけるようにしていきたいと思います。 緊急連絡先：Cさん　090－○○○○－○○○○　Dさん　090－○○○○－○○○○ 主治医○○診療所　079－○○○－○○○○
生活援助中心型の算定理由	1．一人暮らし　2．家族等が障害、疾病等　3．その他（　　　　）

C

第2表 居宅サービス計画書(2)

作成年月日　平成　○年　○月　○日

利用者名　A　殿　　※2の事業所名は紙面の都合上記載していません。

生活全般の解決すべき課題（ニーズ）	目標				援助内容					
	長期目標	（期間）	短期目標	（期間）	サービス内容	※1	サービス種別	※2	頻度	期間
友達との交流を楽しみたい。	友達との交流を楽しむ。 ❶	平成○年○月○日～ 平成○年○月○日	「友の会」や「老人会」に参加する。 1-a	平成○年○月○日～ 平成○年○月○日	ご近所の方に送り迎えしていただき交流を深められています。これからもこの習慣を続けていただきたいと思います。		Aさん Fさんほか友の会 老人会		随時 随時 随時	平成○年○月○日～ 平成○年○月○日
			新しい友人との交流を楽しむ。 1-b	平成○年○月○日～ 平成○年○月○日	新しく友人をつくり、食事や外出を楽しんでいただきます。 気の合う方が見つかるように配慮します。	○	通所介護		3回/週	平成○年○月○日～ 平成○年○月○日
先祖の供養を続けたい。	先祖の供養を続けることができる。 ❷	平成○年○月○日～ 平成○年○月○日	先祖の供養を続けることができる。 2-a	平成○年○月○日～ 平成○年○月○日	お仏壇に必ずお供えをし、欠かさず供養をしておられます。 近所のFさんが花の水替えをされています。これからも続けていただきたいと思います。		Aさん Fさん		毎日 随時	平成○年○月○日～ 平成○年○月○日
調理や洗濯をしたい。	調理や洗濯をする。 ❸	平成○年○月○日～ 平成○年○月○日	手伝ってもらいながら調理をする。 3-a	平成○年○月○日～ 平成○年○月○日	冷蔵庫にある食材を見て、Aさんと一緒にメニューを考えて調理をさせていただきます。 できる調理を確認しながらAさんにしていただきます。	○	Aさん 訪問介護 Cさん、Dさん		随時 5回/週 随時	平成○年○月○日～ 平成○年○月○日
			手伝ってもらいながら洗濯をする。 3-b	平成○年○月○日～ 平成○年○月○日	洗濯器の操作がわからないときには、Fさんに聞きながらご自分で洗濯しておられます。 洗濯物干しや洗濯物たたみもこれからも続けていきましょう。		Aさん Fさん		随時 随時	平成○年○月○日～ 平成○年○月○日
家の中や近所を安心して歩きたい。	家の中や近所を安心して歩くことができる。 ❹	平成○年○月○日～ 平成○年○月○日	足腰の力を保つ。 4-a	平成○年○月○日～ 平成○年○月○日	歩行する機会（レクリエーション、外出、体操等）を設けます。 下肢の機能と生活動作を評価し訓練プログラムを作成し、通所介護で実施してもらいます。機能訓練の前には血圧を測ります。 ケアマネジャーが内容の申し送りをします。	○ ○	通所介護 ○○診療所（理学療法士） ケアマネジャー		3回/週 至急 至急	平成○年○月○日～ 平成○年○月○日

※1「保険給付対象かどうかの区分」について、保険給付対象のサービスについては○印を付す。
※2「当該サービス提供を行う事業所」について記入する。

C

第２表

作成年月日　平成　○年　○月　○日

利用者名　**A**　殿　　※２の事業所名は紙面の都合上記載していません。

生活全般の解決すべき課題（ニーズ）	目標				援助内容					
	長期目標	（期間）	短期目標	（期間）	サービス内容	※1	サービス種別	※2	頻度	期間
家の中や近所を安心して歩きたい。	家の中や近所を安心して歩くことができる。 ❹	平成○年○月○日～ 平成○年○月○日	足腰の力を保つ。 4-a	平成○年○月○日～ 平成○年○月○日	転倒や膝の痛み、動悸・息切れに注意しながら歩くことを意識しましょう。		Aさん		随時	
			就寝時のベッドからの起き上がりが楽にできる。 4-b	平成○年○月○日～ 平成○年○月○日	自分で起き上がれるようにベッド横に手すりを設置します。 定期的に動作評価し、手すりの変更も検討します。	○	福祉用具貸与		至急 1回/3月	平成○年○月○日～ 平成○年○月○日
			気をつけながら玄関を上がる。 4-c	平成○年○月○日～ 平成○年○月○日	今のまましばらくははってゆっくりと玄関を上がりましょう。 歩行が安定すれば、手すりの設置を考えていきます。	 ○	Aさん ケアマネジャー		適宜 適宜	平成○年○月○日～ 平成○年○月○日
きちんと食事がしたい。	栄養のバランスを考えた食事をする。 ❺	平成○年○月○日～ 平成○年○月○日	きちんと食事をすることができる。 5-a	平成○年○月○日～ 平成○年○月○日	朝食はパン食を楽しみにされています。しっかりと食べるようにしましょう。栄養バランスを考えた食事提供をさせていただきます。口腔ケアにて、食後の歯みがきの仕方と口の中のチェックをします。定期的に歯科衛生士による口の中の評価をします。時々Fさんと一緒に食事を楽しんでおられます。 定期的に訪問され、冷蔵庫の整理や食材等の購入をされています。	 ○	Aさん 通所介護 Fさん Cさん、Dさん		毎朝 3回/週 随時 随時	平成○年○月○日～ 平成○年○月○日
病気がわるくならないようにしたい。	病気がわるくならない。 ❻	平成○年○月○日～ 平成○年○月○日	食事内容に気をつける。 6-a	平成○年○月○日～ 平成○年○月○日	高血圧症と心不全、脳梗塞再発予防に対応した食事についてアドバイスします（栄養ケアマネジメント）。塩分の摂りすぎ、水分不足に注意しましょう。	○	通所介護 Aさん、Cさん、Dさん		3回/週 随時	平成○年○月○日～ 平成○年○月○日
			症状を見守ってもらう。 6-b	平成○年○月○日～ 平成○年○月○日	動悸・息切れ、足のむくみ、血圧、体重、意識混濁等に注意します。変化があればご家族に報告します。	○ ○ ○	通所介護 訪問介護 ケアマネジャー		3回/週 5回/週 随時	平成○年○月○日～ 平成○年○月○日

※１「保険給付対象かどうかの区分」について、保険給付対象のサービスについては○印を付す。
※２「当該サービス提供を行う事業所」について記入する。

第２表　　　　　　　　　　　　　　　　　　　　　　　　　　　作成年月日　平成　○年　○月　○日

利用者名　**A**　殿　　　※２の事業所名は紙面の都合上記載していません。

C

生活全般の解決すべき課題（ニーズ）	目標				援助内容					
	長期目標	（期間）	短期目標	（期間）	サービス内容	※1	サービス種別	※2	頻度	期間
病気が悪くならないようにしたい。	病気が悪くならない。 ❻	平成○年○月○日〜 平成○年○月○日	薬を間違わないように飲む。 6-c	平成○年○月○日〜 平成○年○月○日	薬を朝、昼、夕と分けてセットし、服薬の確認をします。Fさんも訪問時に確認をお願いします。	○	訪問介護 Fさん		5回/週 毎日	平成○年○月○日〜 平成○年○月○日
			定期受診する。 6-d	平成○年○月○日〜 平成○年○月○日	Cさんと定期受診しましょう。 課題があれば相談に乗らせていただきます。	 ○	Cさん ケアマネジャー		随時 随時	平成○年○月○日〜 平成○年○月○日
安心してトイレに行きたい。	安心してトイレに行くことができる。 ❼	平成○年○月○日〜 平成○年○月○日	安心してトイレに行くことができる。 7-a	平成○年○月○日〜 平成○年○月○日	日中は1人でトイレに行かれています。夜間のみポータブルトイレを使いましょう。 ポータブルトイレの掃除をさせていただきます。	 ○	Aさん Fさん 訪問介護 Cさん、Dさん		随時 毎日 随時 随時	平成○年○月○日〜 平成○年○月○日
気持ちよく入浴したい。	気持ちよく入浴ができる。 ❽	平成○年○月○日〜 平成○年○月○日	安心して入浴ができる。 8-a	平成○年○月○日〜 平成○年○月○日	声かけ、見守りにて入浴していただきます。頭髪、背中足先以外は自分で洗いましょう。 転倒、血圧上昇、動悸・息切れ、意識混濁等に注意します。 更衣は見守りで自分でしていただきます。入浴前に血圧、体重と浮腫のチェックをします。	○	通所介護		3回/週	平成○年○月○日〜 平成○年○月○日
趣味の手編みをぼつぼつしてみたい。	子ども達に編みぐるみをプレゼントする。 ❾	平成○年○月○日〜 平成○年○月○日	編み物をぼつぼつ再開する。 9-a	平成○年○月○日〜 平成○年○月○日	趣味の編み物を再開してみましょう。 様子を見ながらお手伝いします。 家でも時間を見てしてみましょう。	○	通所介護		3回/週	平成○年○月○日〜 平成○年○月○日

※1「保険給付対象かどうかの区分」について、保険給付対象のサービスについては○印を付す。
※2「当該サービス提供を行う事業所」について記入する。

第3表 **週間サービス計画表**

作成年月日　平成　○年　○月　○日

要介護度　　要介護1

平成　○年○月分より

利用者名　**A**　殿

作成者　**J**

		月	火	水	木	金	土	日	主な日常生活上の活動
深夜	4:00								
早朝	6:00								起床、更衣
午前	8:00	Fさん訪問　随時	Fさん訪問　随時	Fさん訪問　随時	Fさん訪問　随時	Fさん訪問　随時	Fさん訪問　随時	Fさん訪問　随時	朝食、歯みがき
	10:00								Fさんと茶話会
午後	12:00	9:00〜16:00 通所介護			9:00〜16:00 通所介護		9:00〜16:00 通所介護		昼食
									Fさんと茶話会
	14:00							Cさん、Dさん 訪問	テレビ観賞等
	16:00								
		16:30〜17:30 訪問介護		16:30〜17:30 訪問介護	16:30〜17:30 訪問介護	16:30〜17:30 訪問介護	16:30〜17:30 訪問介護		テレビ観賞等
夜間	18:00	Fさん訪問　随時	Fさん訪問　随時	Fさん訪問　随時	Fさん訪問　随時	Fさん訪問　随時	Fさん訪問　随時	Fさん訪問　随時	夕食
									テレビ観賞等
	20:00								就寝準備、歯みがき
									就寝
深夜	22:00								
	24:00								
	2:00								
	4:00								

週単位以外のサービス	福祉用具貸与

事例3

母に恩返しをしたい
良好な嫁姑関係での在宅看取り

1.アセスメント

利用者：Aさん　性別：女性　年齢：94歳

家族：夫Bさん・長男Cさん・長男の妻Dさん・
孫Eさん・孫Fさん

【ジェノグラム】

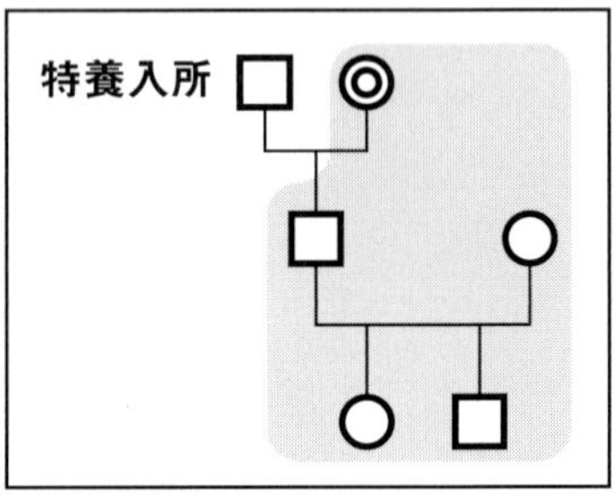

要介護度：要介護5

障害高齢者の日常生活自立度判定基準：C2

認知症高齢者の日常生活自立度判定基準：M

相談に至った経緯

4年前に、長男より地域包括支援センターに相談あり。夫Bさんの介護をしていたAさんに、軽いもの忘れが出はじめる。Bさんは通所介護（デイサービス）に通っており、Aさんは、以前から夫がデイサービスに行ってしまう日中は1人で寂《さび》しいと訴えていた。そこで、夫と一緒にデイサービスに通うことで認知症の進行を遅らせることができればと介護保険サービスの利用を申請。要介護1との判定により、デイサービスの利用が開始となった。

生活史

AさんとBさんは、同じ町内に生まれた。親同士が仲がよく、幼い頃《ころ》から親戚同様の付き合いのなかで育った。Aさんは高等科を卒業後、隣町の工場に勤務した。Bさんの両親は明治生まれで、学べる環境になかったようで文字を読むことができなかったため、Bさんが当時所属していた訓練所から送られてきた手紙を読むことができなかった。そこでAさんに手紙を読んでもらっていたことがきっかけになり、同級生でもあった2人は結婚することになった。結婚後すぐに夫は戦地に赴《おもむ》いたが無事に帰国。夫婦は、米や野菜、なしの栽培などで生計を立てた。また、Aさんは農業のかたわら学生宿舎の食事づくりにも携《たずさ》わっていた。夫婦仲がとてもよく、孫からも「2人は本当に仲がよい」と言われるほどであった。その2人を中心に、仲のよい三世代家族ができあがった。唯一の趣味は夫と参加した町内会の旅行。

4年前、Bさんが90歳のときにヘルペスになり、療養中に廃用症候群により立ち上がりや歩行が困難になった。その当時、Aさんにももの忘れの徴候《ちょうこう》がみられたため、地域包括支援センターに相談し、要介護認定を経て夫婦でデイサービスを利用するようになった。その後、Bさんは脳梗塞《のうこうそく》により徐々に心身機能が低下していき、短期入所生活介護（ショートステイ）などを利用しながらの在宅生活となる。Aさんも認知症が進行し、Cさん夫婦はAさん、Bさんの2人の介護を行う状態となる。

夫婦が93歳のとき、Bさんが要介護4の状態となる。Cさんは両親の介護に限界を感じ、Bさんは特別養護老人ホーム（以下、特養）に入所することとなる。当時Aさんは要介護3であった。仲のよかった夫婦を引き離すことに苦悩したCさんの気持ちを理解し、Aさんが通うデイサービスと併設の特養がBさんを受け入れ、Aさんがデイサービスに通うたびにBさんと面会ができるようになった。

それから1年が経過し、主治医からAさんの看取《みと》りが近いとの診断があり、Cさん夫婦はAさんを在宅で看取る決心をする。

利用者・家族の意向

Aさん：「いつも穏《おだ》やかな人柄のA様です。最近はご自分から話をされることはありませんが、こちらからの問いかけにうなずいていただけます。少しどこかが痛いような表情をされることもあります」（ケアマネジャーの代弁（アドボカシー））

Cさん：「母はいつも穏やかで、これまでよくしてもらったと感謝している。これから少しずつ状態がわるくなってくると思うが、できる限り穏やかに家族とともに暮らせるようにしたい。私たちもできる限りのことをしながら自然な形で最期《さいご》を迎えられればと思います」

◆健康（病歴）

子宮筋腫《しきゅうきんしゅ》、高血圧症、アルツハイマー型認知症、完全房室ブロック、イレウス、盲腸《もうちょう》がん、貧血、急性膵炎《きゅうせいすいえん》、脱水。

子宮筋腫は50歳のとき。高血圧症は70代の頃から。４年前にアルツハイマー型認知症との診断。２年前にデイサービス利用中に顔色不良となり、間代性痙攣《かんだいせいけいれん》があり救急搬送。**完全房室ブロックとの診断にてペースメーカー植え込み術施行。**入院中に腹痛が出現し、イレウスとの診断により結腸切除。盲腸がんも見つかる。今年に入り嘔吐《おうと》、下痢《げり》があり受診にて**急性膵炎と診断され、急性膵炎による脱水**にて入院。

◆精神機能

最近では発語もなく、精神機能を評価することはできない。１年前まではある程度のコミュニケーションがとれており、自分の名前を言うことはできた。また、簡単な問いかけに「はい、いいえ」の要望を出すこともできた。表情を観察すると、穏やかに過ごせているが、時折苦悶《くもん》が表情に表れ、どこかに痛みがあると考えられるときがあるが、継続的な痛みではない様子。

◆BPSD（認知症の行動・心理症状）

心身の機能障害が重度のためBPSDはなし。

◆身体機能と体

血圧は最高血圧110mmHg、最低血圧60mmHg。**高血圧については服薬にてコントロール。**声をかけると振り向いてくれ、視点も合うことから聴力、視力は問題なし。**嚥下《えんげ》についてはむせ込みあり。**上下肢《じょうかし》の筋力は全廃。肩関節、肘関節《ちゅうかんせつ》、股関節《こかんせつ》、膝関節《しつかんせつ》等の拘《こう》縮《しゅく》が認められる。**心不全傾向にあるため浮腫《ふしゅ》に注意。**また**脱水になることもある**ため、皮膚《ひふ》や口腔内《こうくうない》、微熱、尿や汗の量、指先の冷感等に注意。残歯なし。

◆活動（ADL（日常生活動作）・IADL（手段的日常生活動作））

コミュニケーション

発語はなく、言語のコミュニケーションはできない。**表情において、快、不快はある程度確認できる。**食事においても、食べたくないときには口を閉ざす。

基本動作

基本動作はすべて介助を要し、自分では寝返りをうつこともできない。

洗面・口腔内保清

入れ歯の洗浄・漬《つ》け置《お》きは全介助。うがいはできないため口腔内を清拭《せいしき》する。口腔内は舌苔《ぜったい》等の付着予防のため定期的にチェック必要。洗顔についてはタオルで介助者が拭《ふ》く。

整容

整髪、爪《つめ》きり、耳垢《じこう》の除去等全介助。

更衣

ベッドや更衣台にて全介助にて更衣。

入浴

入浴については、サービス事業所にて全介助。高血圧症、心不全、脱水症状があるため**長湯、湯温に注意。**

食事

食事はミキサー食にて全介助。食事量が低下傾向。**むせ込みがあるため、食事時のポジショニングに注意**しながら小スプーン使用。**浮腫に注意しながら、脱水にならないように水分摂取を心がける。**

排泄

おむつおよび尿パッドを使用。脱水の既往があるため**尿量や尿の混濁《こんだく》に注意。**保清に配《はい》慮《りょ》する。

受診・服薬

主治医の○○診療所G医師が、在宅時、デイサービスやショートステイ利用時にも往診してくれる。薬は鉄欠乏性貧血治療薬、消化器用薬、降圧薬を服用。

金銭管理

Cさんがすべて実施。

外部との連絡（緊急時等）

自分で電話をかけることはできない。見守りは同居のCさん夫婦が実施。

社会的諸手続き

家族がすべて実施。

移動

車《くるま》椅子《いす》にて全介助。車椅子は介護保険の福祉用具貸与にて借りている。

買い物

家族がすべて実施。

調理・洗濯・掃除

家族がすべて実施。

趣味・嗜好

Ｂさんと参加した町内会の旅行が唯一の趣味であった。

◆役割・関係性（家族・近隣等）

夫婦仲がよく、Ｃさん夫婦や孫を含め仲のよい家族。近隣との関係も良好で、仲のいい友人もたくさんおり、老人会や町内会の旅行や盆踊り等の季節行事を楽しんだとのこと。

◆住環境

Ｃさんが建てた持ち家。玄関周りも家屋内もさほど大きな段差はなく、車椅子にて対応が可能。ベッドも介護保険の福祉用具貸与にて借りている。

◆性格

優しい性格で、周囲の人を大切にし、誰《だれ》からも愛されたとのこと。

アセスメントの解説

Ａさんは、昨年より生活機能全体が徐々に低下し（昨年の更新認定で要介護５）、ADL 全般にわたり介助が必要な状態となっていた。加えて、今年に入り嘔吐、下痢がみられて受診し、急性膵炎による脱水にて入院。この入院を機にさらに状態が低下。ほぼ終日傾眠傾向となり、食事もほとんど摂ることができなくなる。退院後しばらくして、主治医より終末期にて看取りが近いとの診断がある。家族は胃ろうや人工呼吸器等の処置は望まないとのことで、在宅で自然な形で最期を迎えられるようにしたいとの意向を示す。

Ｃさんは両親２人の介護を行うことに限界を感じ、Ｂさんは特養に入所することとなった。両親を引き離したことに強い後悔をしつつも、どうしようもなかったという事実を受け入れようとしていた。Ｂさんの特養入所という経過の背景には、Ｃさんはことばに出さなかったが、妻Ｄさんの介護負担に対する配慮があったと考えられた。

主治医のＧ医師によると、老衰《ろうすい》による看取りのため予後の予測は難しく、場合によっては、ある程度長期にわたる可能性もあるとのこと。C さんも支援を受けながら不安なく看取りができたらと話された。また、B さんが入所している特養併設のデイサービスやショートステイを A さんが活用すれば、夫婦一緒に過ごす時間が少しでももてるのではと考えていた。

ケアマネジャーとしては、ある程度の看取りの期間を予測し、家族が疲弊《ひへい》しないようにこれまでと同様のサービスを維持しながら経過をみることにした。

しかし、デイサービスとショートステイの管理者から、「サービス利用時の家族も主治医も不在のなかで、死の徴候が現れたり、心肺停止になったときに、口約束だけで死に向かう人を黙って見ているわけにはいかない」との意見があり、課題を整理し G 医師に相談しながら合意書を作成した。合意書では以下の点を明確にしている。

1．在宅中および、○○デイサービス、□□ショートステイ利用中に死の徴候が現れたとき、もしくは心肺停止の状態に陥《おちい》ったときには、心肺蘇生および救急搬送は行わずに、家族に連絡すると同時に主治医に連絡し、診断を依頼する。
2．感染症《かんせんしょう》罹患時《りかんじ》の苦悶等にかかる治療やその他緩和《かんわ》ケアについては、状態に合わせて個別に主治医、家族に相談する。
3．在宅の看取りを継続するなかで、家族の看取りに対する意思に変化があったときには、主治医、ケアマネジャーにすぐに相談する。

こういった老衰による中・長期的な看取りにおけるサービス利用時の課題を整理しながら「A さんの看取りに関する合意書」を家族、主治医、ケアマネジャー、サービス担当者がそれぞれ所有することで A さんの在宅看取りがスタートした。

2. アセスメントの7領域でニーズを整理する（ケアマネジャーの見立て）

1	利用者・家族の語り	C さん：在宅での自然な形での看取り。
2	心と体の健康（病気）	・看取りのため、全身状態の確認。苦悶や疼痛緩和については積極的に治療を行う。 ・感染症に注意。

3	**心身の機能と構造（身体）**	・意識レベル、呼吸の状態を観察。 ・体温、血圧、脈、呼吸数、血中酸素飽和度（S_PO_2）の観察。 ・脱水（皮膚、口腔内、微熱、尿・汗の量、指先の冷感）、全身の浮腫の観察。 ・表情（快・不快・苦悶等）の観察。 ・全身の筋緊張、拘縮の緩和。 ・皮膚状態（傷、おむつかぶれ、褥瘡《じょくそう》予防《よぼう》等）の観察。
4	**活動（ADL・IADL）**	・表情の観察。 ・傾眠状況の確認。
5	**参加（役割）・自己実現**	・妻、母（義母）、祖母としての存在価値の支援。
6	**個性（性格、ライフスタイル、習慣、生活史、特殊な体験等）**	・家族に愛される人柄（家族の思いを支える）。
7	**環境（人的・物理的・制度的）**	・家族の心理面の支援。 ・家族の休息。

3.ニーズに優先順位をつけ、「目標」を立てる

第2表（101～102頁参照）

1 ニーズ1：「家族と一緒に過ごしたい」

家族と一緒に過ごすことができる ❶ ― 家族と一緒に過ごすことができる
※妻、母（義母）、祖母としての役割を最後まで保つ（存在価値）の支援 1-a

2 ニーズ2：「体の状態に変化があったときには家族と主治医に連絡してほしい」

体の状態の変化をみてもらう ❷ ― 体の状態の変化をみてもらう
※終末の時をいちはやく察知し、家で家族に看取られることを支援 2-a

3 ニーズ3：「食べたいものを無理なくおいしく食べたい」

おいしく食べて食事量を保つことができる ❸

- おいしく食べて食事量を保つことができる ※最後まで楽しみとしての食事支援 3-a
- 口の中をきれいにする ※感染症予防（特に誤嚥性肺炎） 3-b
- しっかりと水分を摂る ※脱水予防 3-c

4 ニーズ4：「楽な姿勢で過ごしたい」

楽な姿勢で過ごすことができる ❹

- 楽な姿勢で過ごすことができる ※筋緊張・拘縮の緩和、褥瘡予防 4-a

5 ニーズ5：「気持ちよく入浴したい」

気持ちよく入浴できる ❺

- 気持ちよく入浴できる ※少しでも心地よいと感じてもらう ※身体の観察 ※疾患に対する入浴リスク 5-a

6 ニーズ6：「気持ちよく排泄がしたい」

気持ちよく排泄できる ❻

- 気持ちよく排泄できる ※定期的な排泄介護による保清（褥瘡、かぶれ、尿路感染予防） 6-a

7 ニーズ7：「体調のいいときは人中で過ごしたい」

体調のいいときは人中で過ごす ❼

- 体調のいいときは人中で過ごす ※している参加の支援 ※精神機能の活性化、筋緊張、拘縮の緩和、褥瘡予防 7-a

4.ニーズの優先順位についての解説

看取りのケースについては、多くは緩和ケアが最優先ニーズとなることが多いでしょう。特に年齢が若く、苦悶が強いようなケースはなおさらです。しかし、高齢のＡさんの場合は、いわゆる老衰で、ほぼ終日ウトウトされているような状態で、外から強い苦悶が見て取れるような状態ではありません。様子観察を継続するなかで、今後強い苦悶が見られるようであれば緩和ケアが最優先ニーズになる可能性もありますが、このケースについては、とても仲がよい家族という生活史に着目し、Ａさんと家族が可能な限り一緒に

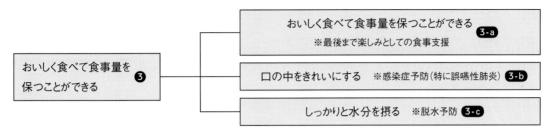

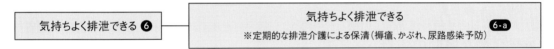

過ごす時間をもってもらうことを最優先ニーズとしました（**ニーズ１**）。緩和ケアおよび看取りについては二番目のニーズとしています（**ニーズ２**）。以降はできるだけ安楽に過ごしていただくための ADL に対するアプローチをニーズとしています（**ニーズ３～６**）。最後のニーズは、A さんに家族以外と過ごす時間もなるべく１人にしないための参加ニーズです（**ニーズ７**）。

5. サービス担当者会議での ケアプラン解説ポイント

第１表（100頁参照）

①利用者及び家族の生活に対する意向 … A

A さんは終末期を迎え、意向を自分で示すことはできませんので、日々見られる客観的な状態を表現しています。表情や BPSD も非言語のコミュニケーションとして、ご本人の「思い」の表現として記載しています。利用者の尊厳や存在価値を認めるという態度の表明でもあります。

②総合的な援助の方針 … B

ご家族の心情に配慮し、A さんとの今までの生活をすばらしい時間であったと承認しながら、「看取りの状態」であることにさりげなくふれています。看取りについての具体的な同意書は別にありますが、急変時の対応および看取りについての心境の変化があった場合についても相談いただきたいとのメッセージを伝えています。

第２表（101～102頁参照）

③生活全般の解決すべき課題（ニーズ） … C

A さん家族はとても仲がよい家族でしたが、A さんと B さんの障害が重度化することで、先に重度化した B さんが、特養に入所するという選択をしました。C さん夫婦にとっては思いとは違う不本意な結果であることは面接で理解できました。C さんはことばには出しませんでしたが、D さんに対する配慮があると感じました。D さんは「夫の判断に従う」と言っただけでしたが、日々の介護は C さん以上に献身的で、「お義父さん、お義母さんにはとても大切にされて、幸せな嫁です」といったことばも聞かれました。そういった家族の気持ちに配慮し、看取りケースにもかかわらず、最優先ニーズは家族が一緒の時間を大切にすることとしました。Bさんを特養に託《たく》さざるを得なかったCさん、Dさんの気持ちに配慮し、デイサービスやショートステイを利用すれば、AさんとBさんが一緒に過ごす時間が増えることを示すことで両親をサービスに託すCさん夫婦の気持ちが少しでも楽になればとの配慮をしています。

以降のニーズは看取りについての緩和ケアを具体的に目標化し、少しでも安楽に過ごせること、感染症等の予防に努めることに加え、亡くなるその日まで役割（社会参加）や楽しみをもってもらえるようなプランとしています。

「家族と一緒に過ごしたい」

長期目標・短期目標「家族と一緒に過ごすことができる」

先ほどの説明にもあるように、家族の気持ちに配慮し、家族と過ごす時間を最優先ニーズとしています。Bさんが入所した特養併設のデイサービスとショートステイを利用することで、必ずAさんとBさんが一緒に過ごす時間を設《もう》けてもらうようにしました。Aさんは終末期にあり、意向の確認ができる状態にはないので、このケースの「生活全般の解決すべき課題（ニーズ）」に記載されているニーズの導き出しのプロセスは、すべてケアマネジャーの規範的ニーズにて導き出し、Cさんの同意のもとに代弁（アドボカシー）にて合意されたニーズとして記載しています。

「体の状態に変化があったときには家族と主治医に連絡してほしい」

長期目標・短期目標「体の状態の変化をみてもらう」

このニーズは、このケースの中心にある看取りについての中核的なニーズです。日々の状態観察と、死の徴候が現れたときの対応、加えてAさんの表情を観察することで痛みや苦悶をいち早く察知することをサービス内容にて求めています。ご家族に配慮し、目標については「死の徴候」といったストレートな表現を避け、少し曖昧《あいまい》にはなってしまいますが、柔《やわ》らかな表現にしています。

「食べたいものを無理なくおいしく食べたい」

長期目標「おいしく食べて食事量を保つことができる」

短期目標「おいしく食べて食事量を保つことができる」

A さんは食事を十分に摂ることも難しくなってきました。「おいしく食べて食事量を保つことができる」については、すでに栄養ケアマネジメントの段階は通り過ぎ、好きなものを好きなだけ食べていただければいいと考えました。「生きるための栄養管理」という視点から「少しでも残された時間の主観的 QOL を高める」という視点にシフトしたということです。

短期目標「口の中をきれいにする」

「口の中をきれいにする」については、口腔ケアをすることで誤嚥性肺炎などの感染症や舌苔の付着を予防する目的です。家族にも口腔ケアの重要性を理解していただいています。

短期目標「しっかりと水分を摂る」

「しっかりと水分を摂る」については、心不全もあり、終末期でもあるため浮腫に注意をしながらも、ほとんど食事が摂れない状態にあるために水分摂取に注意するように家族・多職種に促しています。サービス利用時にはお茶だけでなく、さまざまな種類の飲み物を工夫してもらっています。

「楽な姿勢で過ごしたい」

長期目標・短期目標「楽な姿勢で過ごすことができる」

A さんは寝たきりの状態にあり、最近急激に拘縮や筋緊張が悪化しています。このままでは移乗や入浴時の怪我や体の痛みにつながってしまいます。訪問看護のリハビリテーション職にベッドでの臥床時《がしょうじ》や車椅子座位時のポジショニングの指導を受けました。移乗時に足や腕が車椅子に当たり傷ができないように注意も促しています。

「気持ちよく入浴したい」

長期目標・短期目標「気持ちよく入浴できる」

全身状態が悪化すると、どうしても命に近いところにアプローチの視点がいってしまいます。たとえば、入浴を楽しむといった気分に着目するのではなく、保清といった健康や機能に着目してしまうのです。もちろん保清は重要ですが、そういった命を守るという視点のみならず、気持ちよく入浴できるという、人として当たり前の、「楽しむ」という視点を忘れないでケアしてほしいという意味で「気持ちよく入浴したい」と表現しました。長短目標も同様の意です。そのために、発語がなく、体の動かない A さんの表情や恐怖心に注意すること、皮膚状態や疾患《しっかん》に伴う症状に注意を促しています。

「気持ちよく排泄がしたい」

長期目標・短期目標「気持ちよく排泄できる」

Ａさんは座位保持もできなくなり、ベッド上でのおむつ交換となっています。定期的なおむつチェックが必要なのですが、褥瘡やおむつかぶれに対する注意を促しています。

「体調のいいときは人中で過ごしたい」

長期目標・短期目標「体調のいいときは人中で過ごす」

在宅のみで看取るのではなく、サービスを利用しながら看取るときのメリットは、少しでも体調がよければにぎやかな人中で過ごしていただく時間をつくることができる場所であることです。デイサービスやショートステイでは季節のイベントやボランティア訪問など、参加するだけで楽しめる行事も多々あります。また、施設周囲を車椅子で散歩できる施設もあります。看取り＝寝たきりでベッドの上、緩和ケア＝痛みの除去といった考え方だけではなく、看取りのさなかでも離床し、笑い声につつまれたり、風を感じたりすることはできます。これも広い意味での緩和ケアといえるのではないでしょうか。

POINT!

Ａさんのその後

Ａさんの状態は、その後、徐々に低下していきました。師走を迎えたある日、訪問看護師より最期の時が近いと感じるとの連絡がありました。このケアプランが作成されて20日ほどが過ぎていました。その後しばらくして、Ａさんはデイサービス利用中に急に呼吸が荒くなり、血中酸素飽和度の測定もままならず、血圧も触診で80mmHgまで低下していました。看取りの同意書で決められていたとおり、デイサービスの管理者がＣさんご夫婦、主治医のＧ医師、ケアマネジャーに連絡をとり、全員がデイサービスに駆《か》けつけることができました。Ｂさんにもデイサービスのフロアーに来ていただきました。Ｄさんが A さんに「おじいちゃんやで、わかる？」と語りかけ、Ａさんと B さんの手を握らせ、「おじいちゃんの手やで」と言われました。Ａさんはしっかりと夫を見つめ頷《うなず》かれました。その後Ａさんはデイサービスの送迎により家に帰られ、その２日後に家族に見守られながら穏やかに息を引き取りました。

第１表 居宅サービス計画書(1)

作成年月日　平成　○年　○月　○日

初回 ・ 紹介 ・ 継続 ｜ 認定済 ・ 申請中

利用者名　A　殿　　生年月日　○年　○月　○日（94歳）　　住　所　○○県○○市○○町

居宅サービス計画作成者氏名　J

居宅介護支援事業者・事業所名及び所在地　○○居宅介護支援事業所　○○県○○市○○町

居宅サービス計画作成(変更)日　平成　○年　○月　○日　　初回居宅サービス計画作成日　平成　○年　○月　○日

認定日　平成　○年　○月　○日　　認定の有効期間　平成　○年　○月　○日　～　平成　○年　○月　○日

要介護状態区分	要介護１ ・ 要介護２ ・ 要介護３ ・ 要介護４ ・ 要介護５
利用者及び家族の生活に対する意向 A	Ａさん：「いつも穏やかな人柄のＡ様です。最近はご自分から話をされることはありませんが、こちらからの問いかけにうなずいていただけます。少しどこかが痛いような表情をされることもあります」 Ｃさん：「母はいつも穏やかで、これまでよくしてもらったと感謝している。これから少しずつ状態がわるくなってくると思うが、できる限り穏やかに家族とともに暮らせるようにしたい。私たちもできる限りのことをしながら自然な形で最期を迎えられればと思います」
介護認定審査会の意見及びサービスの種類の指定	
総合的な援助の方針 B	Ａさんは B さんを支え、共に大切なご家族を支えてこられました。いつも家族の中心にいて笑顔を絶やさずにおられたとうかがっています。これからＡさんやご家族にとって一日一日が大切になってくると思います。Ａさんができる限りこれまでのように穏やかに過ごせるようにお手伝いさせていただきます。苦痛の表情や体調の変化が見られたり、緊急時には、ご家族、主治医、サービス事業者共に相談しながら対応していきたいと考えています。現在は自然な形で最期までとのご意向ですが、お気持ちに変化があったときには遠慮なさらずにご相談ください。よりよい家族の時間を過ごせるようにと願っております。 緊急連絡先：Ｃさん　０９０−○○○○−○○○○　　Ｄさん　０９０−○○○○−○○○○ 主治医○○診療所　Ｇ医師　０７９−○○○−○○○○　（夜間）　０９０−○○○○−○○○○
生活援助中心型の算定理由	１. 一人暮らし　　２. 家族等が障害、疾病等　　３. その他（　　　　　　）

第2表 居宅サービス計画書(2)

作成年月日　平成　○年　○月　○日

利用者名　**A**　殿　　※２の事業所名は紙面の都合上記載していません。

C

生活全般の解決すべき課題(ニーズ)	目標				援助内容					
	長期目標	(期間)	短期目標	(期間)	サービス内容	※1	サービス種別	※2	頻度	期間
家族と一緒に過ごしたい。	家族と一緒に過ごすことができる。 ❶	平成○年○月○日～ 平成○年○月○日	家族と一緒に過ごすことができる。 1-a	平成○年○月○日～ 平成○年○月○日	Aさんの体調やご家族の体調と相談しながら、Bさんやご家族と、ゆったり穏やかな時間を過ごしていただきます。		Aさん Bさん 家族様		毎日 随時 毎日	平成○年○月○日～ 平成○年○月○日
					Aさんの体調をみながら、ショートステイ利用時にはBさんをAさんの部屋に案内させていただきます。 デイサービス利用時にはフロアーにBさんをご案内します。	○ ○ ○	短期入所生活介護 通所介護 特別養護老人ホーム		利用時 3日/週 随時	平成○年○月○日～ 平成○年○月○日
体の状態に変化があったときには家族と主治医に連絡してほしい。	体の状態の変化をみてもらう。 ❷	平成○年○月○日～ 平成○年○月○日	体の状態の変化をみてもらう。 2-a	平成○年○月○日～ 平成○年○月○日	体温、血圧、脈、呼吸、血中酸素飽和度の観察をします。 これらに変化があったときには、ご家族およびG医師に報告します。 Aさんにつらそうな表情がないかについてもみていきます。	○ ○ ○	訪問看護 短期入所生活介護 通所介護 ○○診療所		1回/週 利用時 3日/週 往診時	平成○年○月○日～ 平成○年○月○日
食べたいものを無理なくおいしく食べたい。	おいしく食べて食事量を保つことができる。 ❸	平成○年○月○日～ 平成○年○月○日	おいしく食べて食事量を保つことができる。 3-a	平成○年○月○日～ 平成○年○月○日	Aさんの体調、状態に合わせて食べやすいもの、食事の形態に配慮します。食の進まないときは、好きだったアイスクリーム等の甘いものを選んで提供します。	○ ○	短期入所生活介護 通所介護		利用時 3日/週	平成○年○月○日～ 平成○年○月○日
			口の中をきれいにする。 3-b	平成○年○月○日～ 平成○年○月○日	食後は口の中をガーゼで拭き、清潔を保ちます。口の中が乾燥しているときには、保湿ジェルを塗ります。	○ ○ ○	短期入所生活介護 通所介護 訪問看護 家族様		利用時 3日/週 1回/週 毎食後	平成○年○月○日～ 平成○年○月○日
			しっかりと水分を摂る。 3-c	平成○年○月○日～ 平成○年○月○日	脱水にならないように、お茶以外にもお好みの飲み物を提供しながら1日600 ml の摂取量を目指します。むせ込み、皮膚、口腔内、微熱、尿・汗の量等に注意します。心不全があるため、浮腫にも注意します。	○ ○ ○	短期入所生活介護 通所介護 訪問看護 家族様		利用時 3日/週 1回/週 随時	平成○年○月○日～ 平成○年○月○日

※1「保険給付対象かどうかの区分」について、保険給付対象のサービスについては○印を付す。
※2「当該サービス提供を行う事業所」について記入する。

第２表　　　　　　　　　　　　　　　　　　　　　　　　　　作成年月日　平成　○年　○月　○日

利用者名　**A**　殿　　　※２の事業所名は紙面の都合上記載していません。

C

生活全般の解決すべき課題（ニーズ）	目標				援助内容					
	長期目標	（期間）	短期目標	（期間）	サービス内容	※１	サービス種別	※２	頻度	期間
楽な姿勢で過ごしたい。	楽な姿勢で過ごすことができる。 ❹	平成○年○月○日～ 平成○年○月○日	楽な姿勢で過ごすことができる。 4-a	平成○年○月○日～ 平成○年○月○日	筋緊張や拘縮がこれ以上進まないでベッドで安楽に横になっていられるようにクッション等を用いて体位を調整します。褥瘡の予防もします。車椅子に座っておられるときには楽な姿勢を保ちます。足を伸ばし体が固まらないようにしましょう。 移乗のときには怪我に注意します。	○ ○ ○ ○	短期入所生活介護 通所介護 訪問看護 福祉用具貸与 家族様		利用時 3日／週 1回／週 毎日 随時	平成○年○月○日～ 平成○年○月○日
気持ちよく入浴したい。	気持ちよく入浴できる。 ❺	平成○年○月○日～ 平成○年○月○日	気持ちよく入浴できる。 5-a	平成○年○月○日～ 平成○年○月○日	少しでも気持ちいいと感じていただくために、表情を観察しながら入浴していただきます。入浴時の恐怖感に注意します。 皮膚の状態（傷、かぶれ、褥瘡、浮腫等）も注意して観察します。入浴前には血圧、体温を測り、心不全、高血圧、脱水に注意し長湯にならないようにします。	○ ○	短期入所生活介護 通所介護		利用時 3日／週	平成○年○月○日～ 平成○年○月○日
気持ちよく排泄がしたい。	気持ちよく排泄できる。 ❻	平成○年○月○日～ 平成○年○月○日	気持ちよく排泄できる。 6-a	平成○年○月○日～ 平成○年○月○日	定期的に確認し、褥瘡やかぶれにならないように注意します。 尿の色、においに注意します。	○ ○	短期入所生活介護 通所介護 家族様		利用時 3日／週 随時	平成○年○月○日～ 平成○年○月○日
体調のいいときは人中で過ごしたい。	体調のいいときは人中で過ごす。 ❼	平成○年○月○日～ 平成○年○月○日	体調のいいときは人中で過ごす。 7-a	平成○年○月○日～ 平成○年○月○日	体調のよい日にはなるべく人中で過ごしていただいたり散歩に出かけていただくように車椅子で離床の時間を設けます。 筋緊張や拘縮がこれ以上進まないようにする意味もあります。	○ ○	短期入所生活介護 通所介護		利用時 3日／週	平成○年○月○日～ 平成○年○月○日

※１「保険給付対象かどうかの区分」について、保険給付対象のサービスについては○印を付す。
※２「当該サービス提供を行う事業所」について記入する。

第3表 週間サービス計画表

作成年月日　平成　○年　○月　○日

要介護度　要介護4

平成　○年○月分より

利用者名　**A**　殿

作成者　**J**

		月	火	水	木	金	土	日	主な日常生活上の活動
深夜	4:00								
早朝	6:00								
午前	8:00								起床　朝食
	10:00					訪問看護			
午後	12:00								昼食
	14:00	9:00〜16:00 通所介護			9:00〜16:00 通所介護		9:00〜16:00 通所介護		
	16:00								
夜間	18:00								夕食
	20:00								
深夜	22:00								
	24:00								
	2:00								
	4:00								

週単位以外のサービス	短期入所生活介護、福祉用具貸与(車椅子・特殊寝台・特殊寝台付属品)

事例4

いつも前向きに

初老で難病を発症した男性の葛藤と支える妻

1.アセスメント

利用者：Aさん　性別：男性　年齢：62歳

家族：妻Bさん・長女Cさん・長男Dさん

要介護度：要介護４

障害高齢者の日常生活自立度判定基準：A２

認知症高齢者の日常生活自立度判定基準：自立

【ジェノグラム】

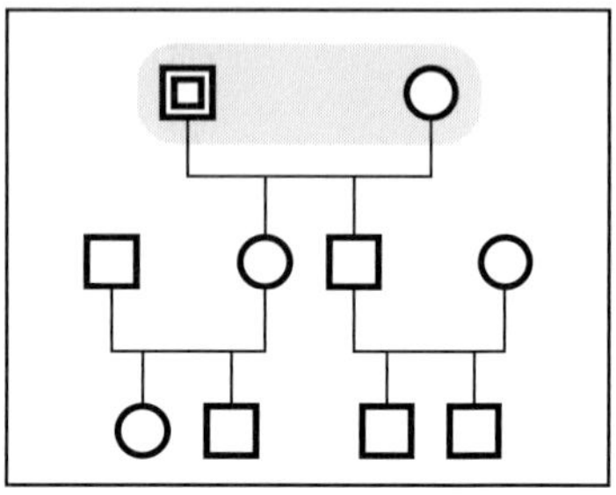

相談に至った経緯

３年前に服のボタンがとめにくい、ペットボトルが持ちにくい、少し重いものが持ちにくいといった症状が現れ、Bさんは、むき栗のおやつを食べたときにポロポロと落とすのを見て、異変を確信したとのこと。過去に日曜大工をしていて、脚立《きゃたつ》から転落したことがあり、その後遺症なのではと考え、近所の医院を受診したが原因がわからないとのことで、大学病院を紹介され検査入院した。整形外科と神経内科で検査をした結果、ALS（筋萎縮性側索硬化症《きんいしゅくせいそくさくこうかしょう》）と診断され、大学病院から現在の○○病院の神経内科E医師を紹介された。その後夫婦で、厳しくもささやかに楽しみながら日常生活を送っていたが、生活に支障が出はじめたため病院の医療ソーシャルワーカーを通して要介護認定の申請を行う。

生活史

現在の地に生まれる。子どもの頃《ころ》から活発でスポーツが得意。学生時代は野球部に所属し、県大会で準優勝したことがある。大学を卒業し、繊維系《せんいけい》の商社に勤務。33年間勤め上げる。社会人になってからも野球やゴルフ、ボーリングなどさまざまなスポーツを楽しんでいた。ほぼ毎日ウォーキングもしていた。また、お酒もカラオケも好きだったとのことで、元同僚の友人が時々カラオケに誘ってくれる。病気になった３年前はまだ元気で、自動車を運転して買い物や小旅行に行ったりもした。

25歳のときにＢさんと職場恋愛し、結婚。一女一男をもうける。子どもたちは結婚し、それぞれ独立している。遠方に住んでいるため、正月やお盆時期しか帰省することはできないとのこと。

最近では両手の握力がほとんどなく、手指はやや動かすことができるが握ることはできなくなってしまった。腕を上げることも難しくなっている。歩くことはできるが、転倒することも出てきた。

初回訪問より

Ａさんより「聞きたいことがある」とのこと。「このとおり、私の介護をこれ（妻）が１人で行っている。朝から晩まで介護をしており、楽しむことは何一つない。長い介護で友人と楽しむこともなく、ストレスを発散するところもない。私が入院したり、通所介護（デイサービス）を使って、その間、妻にストレスの発散をさせてやりたい」「要介護認定は受けているが、サービスの使い方もわからない。今後ますますお金がかかるようになると思うが、金銭的な事も知っておきたい」と言われる。

「病気が進んでからは、毎日２人で家に閉じこもっている。妻は私の世話をするのみ」とＡさんは言う。

Bさんのみの面談より

「夫がALSと診断され、目の前が真っ暗になった。大学病院から紹介され、現在かかりつけになっている○○病院を受診したときも、もしかしたら別の病気であってほしいと願っていたけど、診断はやっぱりALSだった。再度ショックだった。病気とわかってから主人がどうなるかと心配したが、前向きにとらえる人なので私は救われている。主人は強い人。でも考え込んでいる姿も見られる。つらいのだと思う。どうしてこのような病気になってしまったのだろうと考える。仕方ないと言えば仕方ないが……。Ｅ先生は特に何をしたからこの病気になったということはない。これればかりはどうしようもないことですと言われた。あきらめるしかないのか……。ほかの病気だったら、治療法もあり、何かを試みることもできるが、これはただ病気が進むのを受け止めるだけ。薬も進行を遅らせるだけで、それも人によって違う。何もできないのが残念。残された時間も人によりさまざま。できるだけ動けるうちに楽しい時間、思い出ができるようにしたいと願っているが、なかなか思うようには動けない。もし主人が逝《い》ってしまったら、私は子どもたちの近くに引っ越したい。E先生に、今後のことについても話し合っておいてくださいと言われた。病気が進行したときに住む場所など。子どもたちは私のことも心配してくれ、私たちは賛成も反対もできないと言う。夫の立場になったらわからない。以前夫は、『男は家族を守ってなんぼだ』と言っていたことがある。自分の存在を見失っている気がする。今は答えが出せない」

利用者・家族の意向

Aさん：「家で暮らしたい。旅行がしたい。デイサービスでおしゃべりがしたい。妻を休ませてやりたい。呼吸が苦しくなっているが、気管切開については今後考えていきたい」

Bさん：「生きていてほしい。いろいろ迷うこともあるが、夫とこれからの生活を相談しながら考え、受け入れていけるように気持ちを整理していきたい。また、状態に応じて環境やサービスを整えて、暮らしやすいようにしていきたい」

◆健康（病歴）

ALS（筋萎縮性側索硬化症）。

◆精神機能

ALSになったことによる抑うつ状態。

◆BPSD（認知症の行動・心理症状）

なし。

◆身体機能と体

血圧は最高血圧120mmHg、最低血圧70mmHg。両《りょう》上《じょう》肢《し》の筋力低下、手指の筋力低下、握力はほぼない。下肢筋力低下、体幹《たいかん》の筋力低下。視力、聴力、嗅覚《きゅうかく》、味覚、皮膚感覚《ひふかんかく》等の感覚機能は正常。嚥下機能《えんげきのう》、構音機能も現在は正常。肺機能が低下しているため、在宅人工呼吸器（NIPPV（非侵襲的陽圧換気法）の機器）を活用している。尿意・便意あり。自歯。

◆活動（ADL（日常生活動作）・IADL（手段的日常生活動作））

コミュニケーション

現在のところ構音機能に問題はなく、コミュニケーションも普通に可能。

基本動作

上肢については、手指はやや動かすことはできるが、握ることは困難。挙上が困難で、持ち上げるには伸びをするように上体全体を使い、両腕を振り上げるようにする。座位から立ち上がるときは反動をつけて立ち上がるが、ふらついて転倒しそうになることもあり介助が必要。寝返りはどうにかできるが、仰臥位《ぎょうがい》から起き上がることはできない。座位保持は可能であるが、しんどくなるため座椅子《ざいす》が必要。移乗や移動は見守り。歩行は不安定ながら可能であるが、転倒リスクが高く見守りが必要。**上肢の機能障害のため杖《つえ》等による支持ができない。**ドアノブを回すことが困難になってきている。

洗面・口腔内保清

洗顔、口腔《こうくう》ケアは全介助。

整容

整髪、爪《つめ》きり、耳垢《じこう》の除去等全介助。

更衣

全介助にて更衣。

入浴

全介助。**浴室内移動は歩行不安定に加え、上肢機能がほぼ失われているため、必ず介助者が上体を支えなければならない。**家の浴槽《よくそう》につかると妻の介助では立ち上がることができないことが予測されるためシャワーのみ。

食事

１時間ほどかけて自力摂取。箸《はし》は滑《すべ》り止《ど》めのついたものを使用。最後に食べ物をさらうときには、自分の顔を食器に近づけて食べる。よくかんで食べているので飲み込みについては問題なし。自助具の検討もしてみたいとのこと。

排泄

トイレまでの移動、移乗、下衣の上げ下ろし、陰部保清の一連の流れに介助が必要。**夜中に２～３回トイレに起きるためＢさんの負担が大きい。**

受診・服薬

○○病院の神経内科Ｅ医師に定期受診。社会福祉協議会の移送サービスを使用。薬はALS治療薬、抗精神病薬、睡眠薬、抗てんかん薬、抗ヒスタミン薬、便秘薬を服用。Ｂさんが開封して口に入れれば、自分でゆっくりとコップを両手で挟《はさ》むように持ち、口に水を含んで飲み込む。

金銭管理

出納《すいとう》はＢさんがすべて実施するが、使途の決定はＡさんとＢさんが話し合って決めている。

外部との連絡（緊急時等）

電話についてはＢさんが電話番号を押し、相手が出ればＡさんの耳に当てて会話可能。

社会的諸手続き

Ｂさんがすべて実施。

移動

Ｂさんの介助にてどうにか交通機関を使うことができるが限界に近づきつつある。

買い物

Ｂさんがすべて実施。

調理・洗濯・掃除

Ｂさんがすべて実施。

趣味・嗜好

過去にはスポーツ（野球、ゴルフ、ボーリング）が得意だった。お酒とカラオケが好き。今はアルコール類は摂らない。カラオケには、時々元同僚の友人が誘ってくれる。マイクが握りにくいため、友人たちが支えてくれるとのこと。申し訳ないと思うが友人たちが誘ってくれる。最近、声も出にくくなったと感じるが唯一の楽しみ。

◆役割・関係性（家族・近隣等）

ごく普通の夫婦だった。息子と娘との関係性もわるくない。Bさんの献身的な介護や思いを聞かせていただくなかでは、夫婦関係はわるくない。しかしBさんに元気がなく、心身ともに疲れている様子があり、Aさんはそのことをとても気遣《きづか》っている。夫婦関係がわるくならないような配慮《はいりょ》が必要。

カラオケに誘ってくれる元同僚の友人が数人いる。

◆住環境

Aさんが建てた持ち家。玄関の上がり框《かまち》に30cm程度の段差があるが、現在ではどうにか介助にて上がれている。近い将来改修が必要。ベッドは普通のベッドに寝ているがこれについても近い将来介護用ベッドが必要。居間は和室テーブルのため、床によく座っているが、立ち上がりが困難を極めているため環境整備が必要。廊下《ろうか》、トイレ、浴室等については上肢機能がほぼ失われているため手すりの設置等はできない。入浴についてはサービスの利用を検討。トイレについては介助に加え、夜間についてはポータブルトイレか尿《し》瓶《びん》等の検討が必要。

◆性格

いわゆる男性的な性格。仕事もバリバリこなし、スポーツが好き。「家族を守るのが男の仕事」と言っていた。今でも妻に気遣いながら、ALSに向き合おうとしている。

アセスメントの解説

子どもたちを一人前に育て上げ、社会人としての役割もまっとうし、これから余生を妻と共に楽しもうとした矢先の告知で、その衝撃《しょうげき》は想像に難くない。それでも前向きに生きていこうと、楽しめるうちにと妻との時間を大切にしてきた。Aさんは、病気に対する知識もなく、最初は「こんなもの克服してやる」と思ったそうだが、病状が進行するにつれ、「まさかこんなことになるとは」と思った。最近では人工呼吸器の装着についてや、病状が進行したときにどこで過ごすかといったことも考えておくようにとのE医師の助言があったが、今は決断できないとのこと。Bさんを気遣い、「今後は入院やデイサービスを利用して家内を休ませてやりたい」との要望がある。

Bさんによると、前向きなことばが聞かれつつも、考え込む姿、イライラしてBさんや看護師に当たる姿も見られ、葛藤《かっとう》が見て取れるとのこと。夫がALSとの告知を受けたときには「目の前が真っ暗になった」とのこと。今は二人三脚で日々過ごしているが、表情に元気はない。「夫にはなるべく生きていてほしい」という思いと、日々の心身の疲労との葛藤に苦しんでいる様子。

Aさんが今後どのような決断をするにせよ、少しでも安楽に過ごしながら、存在価値を感じてもらえる家族の関係性をつくっていく支援ができればと考える。そのためには、Aさんのストレスを発散する場、ピアサポート等による心の安寧《あんねい》をもたらすような支援、Bさんの思いの傾聴と心身の疲労を取り去るストレス発散の時間をどうつくるかに焦点を当てながらケアを組み立てていく。

2.アセスメントの7領域でニーズを整理する(ケアマネジャーの見立て)

1	**利用者・家族の語り**	Aさん:旅行、他者との交流、妻の休息。 Bさん:気持ちの整理、休息、環境やサービスの整理。
2	**心と体の健康(病気)**	・ALSの進行状況の把握と症状の遅延。 ・抑うつ状態の改善。
3	**心身の機能と構造(身体)**	・筋力低下の状況把握と転倒リスクの評価。 ・嚥下機能(飲み込み)の状況把握。 ・肺機能(呼吸)の状況把握と在宅人工呼吸器の適切な活用(朝、夕各1時間、夜間22時から明朝6時まで使用、外出時は必ず持参の指示あり)。 ・水分摂取。
4	**活動(ADL・IADL)**	・起き上がり、立ち上がり、歩行の安定、転倒リスクの軽減。 ・整容の介助、更衣の介助、入浴の介助と転倒リスクの軽減、食事の一部介助、排泄《はいせつ》の介助。 ・外出の介助。 ・コミュニケーション量を増やす。 ・Bさんと一緒に外出する機会をもつ。
5	**参加(役割)・自己実現**	・夫、父としての役割の支援。 ・元同僚の友人との関係(役割)の継続。 ・新しい友人関係(役割)づくり。 ・同じALSの人との交流(精神面の支援)。

6	**個性（性格、ライフスタイル、習慣、生活史、特殊な体験等）**	・Bさんによると強い人。それだけに、思いを吐《は》き出《だ》してもらえるような場面づくりが必要。
7	**環境（人的・物理的・制度的）**	・妻（の精神面の支援と介護負担の軽減）。 ・元同僚の友人（との交流の継続）。 ・新しい友人（づくり）。 ・ピアサポート（精神面の支援）。 ・緊急時の連絡網（の明確化）。 ・在宅人工呼吸器（の扱いの周知）。 ・（居間の和室テーブルからの立ち上がりのための）電動昇降座椅子。 ・（外出時の）車椅子。

3.ニーズに優先順位をつけ、「目標」を立てる

第2表（121～123頁参照）

1　ニーズ1：「呼吸が少しでも楽になり、不安をなくしたい」

呼吸が楽になり、安心して過ごすことができる ❶	呼吸が楽になり、安心して過ごすことができる 1-a ※呼吸苦の苦痛と不安の軽減（生命保持の医療ニーズ）

2　ニーズ2：「体調がわるいときには、すぐに相談ができるようにしておきたい」

体調不良時には、すぐに対応してもらえる ❷	体調不良時には、すぐに対応してもらえる 2-a ※心理的不安と早急な医療的対応のための環境整備

3　ニーズ3：「家の中をゆっくりと動けるよう体を保ちたい」

家の中をゆっくりと動くことができる ❸	家の中をゆっくりと動くことができる 3-a ※筋力維持と家屋内基本動作の維持

4 ニーズ4：「おいしく食事がしたい」

- おいしく食事ができる ❹
  - おいしく食事ができる　※楽しみとしての食事の維持および現有能力の活用 4-a
  - むせ込まないようにする　※嚥下機能のリスク管理および機能の維持 4-b
  - 水分をしっかりと摂る　※脱水予防 4-c

5 ニーズ5：「体の清潔を保ちたい」

- 体の清潔を保つ ❺
  - 安心して入浴することができる　※不安の軽減と支援 5-a
  - 手伝ってもらい整容をする　※保清 5-b

6 ニーズ6：「安心してトイレに行きたい」

- 安心してトイレに行くことができる ❻
  - 安心してトイレに行くことができる　※不安の軽減と支援 6-a

7 ニーズ7：「制度等わからないことがあれば教えてほしい」

- 制度が上手に活用できる ❼
  - 制度がわかる　※不安の軽減と制度に対する知識の向上 7-a

8 ニーズ8：「Bさんを休ませてやりたい」

- 定期的にBさんを休ませてあげる ❽
  - 定期的にBさんを休ませてあげる　※夫としての役割と妻の休息 8-a

9 ニーズ9：「同じ病気の人と話をしてみたい」

- 同じ病気の人と交流する ❾
  - 同じ病気の人と交流する　※精神面の支援 9-a

10 ニーズ10：「外出して楽しむ機会をもちたい」

- 外出して楽しむ機会をもつ ❿
  - Bさんと一緒にお茶を楽しむ　※夫としての役割の支援 10-a
  - 旧友とカラオケに行く　※友人としての役割の支援 10-b
  - 新しい友人とおしゃべりを楽しむ　※友人としての新たな役割づくり 10-c

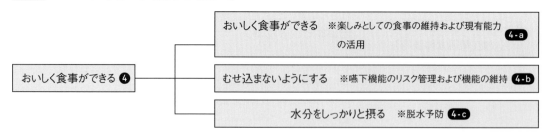

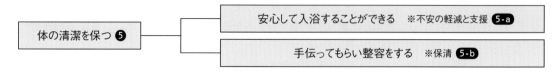

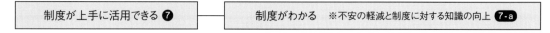

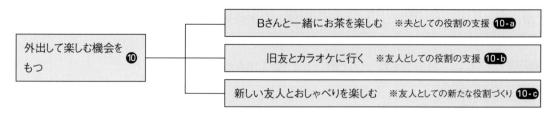

4.ニーズの優先順位についての解説

このケースについては、Aさんの思いに沿って、ささやかな楽しみであるBさんや友人と過ごす時間やBさんの休息を最優先ニーズとしたいところですが、最優先したのは医療ニーズ、つまりAさんの生命保持や安楽を目的としたニーズです（**ニーズ1・2**）。その次には日常生活を維持することと、可能な限り身体の機能を維持するためのADLの維持についてのニーズとなっています（**ニーズ3～6**）。Aさんは将来の不安とBさんへの思いから、制度について把握しておきたいという思いが強いため、ニーズとして明記しておいたほうがいいと考え、この順位に設定しました（**ニーズ7**）。次のBさんを休ませてやりたいというニーズは、夫としての妻に対する思いやりです。このニーズはAさん自身が強く要望したため、ニーズとして取り上げていますが、介護者の休息をこのように意図的にニーズとして表出すると、利用者本人にとっては、自分自身の存在が大きな負担になってしまっているという理解につながることもあると考えられ、十分な配慮が必要なために意図的に順位は低く設定しています（**ニーズ8**）。同じ病気の人や介護する家族との交流ニーズは、ともすれば病気の進行により見失いそうになる自分自身の存在価値を、同じ病気や状態の人と交流することで悩みや不安、時に前向きな気持ちを分かち合うといった体験を通じて取り戻すための、ピアサポートといわれるものです。疾患の管理と日常生活の維持を優先したためこの位置になっていますが、心理面のサポートを強く要する利用者については優先順位を高く設定する必要があります（**ニーズ9**）。Bさんや旧友との交流、新しい友人づくりといった、人としての存在価値を最も感じることのできる参加（役割づくり）のニーズを最後に設定しています（**ニーズ10**）。Aさんの日常は医療ニーズやリスクにあふれているので、Aさんの福祉・利益を考えた結果、この順位にしています。

5.サービス担当者会議での ケアプラン解説ポイント

第1表（120頁参照）

①利用者及び家族の生活に対する意向 … Ⓐ

Aさんは自分の現状を正確に把握しています。さまざまな思いと葛藤があるなかで、Aさんと話し合い、もっとも思いの強い語りを言語化して記載しています。Bさんは、疲労感や将来の不安、金銭的な不安等さまざまな訴えがありますが、Aさんも目を通すプランなので、Aさんの自尊心（セルフ・エスティーム）が低下しないように、Bさんの葛藤や不安感については記載せず、どちらかというとポジティブな表現に努めています。

②総合的な援助の方針 … B

両者の心理面に配慮した表現にしています。Aさんは１つの目標として「妻との旅行」という望みがあります。しかし、現在のBさんにはそこまでのエネルギーがなく、Aさんにその話をされても積極的に答えを出しはしませんでした。Bさんのそういった心情に配慮して「妻との旅行」については、Aさんの思いを尊重しつつ、具体的なニーズとして第２表に掲げずに第１表で触れる程度にとどめているという背景があります。

第2表（121～123頁参照）

③生活全般の解決すべき課題（ニーズ）… C

Aさんは ALS という難病とともに生きています。「まさかこんなことになるとは」ということばに示されるように、現在では治る可能性のない病気と共に生きなければならないなかで、さまざまな葛藤と戦っています。生きることの意味、父親として、夫としての存在価値を常に自問しているような語りが聞かれます。Bさんも同様に、Aさんを支えて生きていきたいという思いと、先の見えないトンネルの狭間《はざま》で苦しんでいる様子をうかがい知ることができます。

Aさんは常に死の恐怖や自分自身が自由に動けなくなることへの恐怖と戦っています。そういった心理面に配慮しながら、全体のニーズ構成と文章表現を心がけています。最優先したニーズは、命を守るため、恐怖と不安を少しでも取り去るための医療ニーズです。その後は日々の生活の安全、安心を確保するための ADL ニーズと続きます。夫としての役割や社会参加ニーズは最後に位置づけています。役割ニーズは生きる希望となる大切なニーズで、ケアマネジャーとしては一番最初に位置づけてAさんを励ましたい気持ちにもなりましたが、今のAさん夫婦を見ていると、そうすることは援助する側のエゴのようにも思えました。もしAさんが、生きることにさらに前向きになれるのなら、この順位を見直してもいいと考えますが、現状では安全・安心のニーズを最優先としています。

「呼吸が少しでも楽になり、不安をなくしたい」

長期目標・短期目標「呼吸が楽になり、安心して過ごすことができる」

最優先したのは、呼吸苦の不安から解放されることです。主観的QOLに大きく影響する医療ニーズです。主治医の診断のもとに導入が決定した、在宅人工呼吸器をケアプランに記載することでかかわる多職種で共有しています。万が一のために構造や確認事項について訪問看護から指導を受ける内容になっています。

「体調がわるいときには、すぐに相談ができるようにしておきたい」

長期目標・短期目標「体調不良時には、すぐに対応してもらえる」

これも安全・安心を目的とした医療ニーズを満たすものです。ただし治療を目的としたものではなく、緊急時対応の環境を整備し、共有することを目的としています。介護保険サービスが導入される前までは、Aさん夫婦、訪問看護、○○病院、保健師のみが緊急時対応について共有しておけばよかったのですが、デイサービスが新たに導入されることにより、多くの専門職がかかわることになりました。特にデイサービスはAさんが事業所に身を移してサービスを利用することになります。そこにはBさんも、E医師も、慣れた訪問看護師もいませんので、しっかりと緊急時の対応を共有しておく必要があります。命に直結するニーズのため優先順位も高く位置づけられています。

「家の中をゆっくりと動けるよう体を保ちたい」

長期目標・短期目標「家の中をゆっくりと動くことができる」

ADLの基本動作である家屋内歩行の安定をニーズにしています。すでに上肢がほぼ動かない状態にあるAさんにとって、歩行は現在のQOLを維持するために最も重要な要素といえます。歩行ができなくなれば、社会参加のハードルも上がってしまいます。複合動作である入浴や排泄も自立度がさらに低下してしまいます。可能な限り下肢筋力を維持していきたいのでニーズとしての優先度も高く設定しています。訪問看護の理学療法士が下肢機能と家屋内歩行を評価したうえで機能訓練プログラムを作成し、ケアマネジャーを通じてデイサービスの機能訓練指導員に申し送り、デイサービスでも同じプログラムで訓練ができるようにしました。Aさんのことばで表したニーズをベースに、ケアマネジャーと多職種との合意にて導き出されています。

「おいしく食事がしたい」

長期目標「おいしく食事ができる」

短期目標「おいしく食事ができる」「むせ込まないようにする」「水分をしっかりと摂る」

「おいしく食事ができる」という表現は主観的QOLを評価軸《ひょうかじく》としているために、モニタリングができません。しかし、あえてこのような表現にしています。短期目標でも長期目標と同様に、「おいしく食事ができる」としています。この目標では、具体像は「サービス内容」で表現されています。Aさんの ADL の複合動作で唯一残されているのが食事です。現在のところ、どうにか自力でゆっくりと食べることができます。その現有能力を支援し、可能な限り自分の力で食事をすることを目標にしています。さらに、むせ込みへの注意喚起とリハビリテーションの導入による嚥下機能の維持、トイレを気にして水分を控《ひか》えることがないよう、日中の水分摂取を促しています。つまり、長期目標の「おいしく食事ができる」は、むせ込みや水分摂取量に注意しながら、現有能力を活《い》かして自力で食事をすることができることを具体的なモニタリング時の評価軸としています。

「体の清潔を保ちたい」

長期目標「体の清潔を保つ」

体の保清という健康面のニーズを長期目標として設定し、具体像を ADL に落とし込み、「入浴」と「整容」に分けて整理しました。

短期目標「安心して入浴することができる」

「入浴」については、本来なら「気持ちよく」を目標としたいのですが、基本動作が不安定で、浴槽につかることも困難なAさんは、現状では「安全な入浴」が優先されるべきと考え、このような設定にしました。

短期目標「手伝ってもらい整容をする」

「整容」については、上肢の機能がほぼ失われている現在、「している活動」がなくなってしまい、すべて介助が必要な状態になっています。しかし、Aさんには外出の機会がまだまだあります。身なりを清潔にしたり、おしゃれを楽しんでいただきたいと考え、このように設定しました。

「安心してトイレに行きたい」

長期目標・短期目標「安心してトイレに行くことができる」

Aさんは、上肢の機能がほぼ失われているので、トイレにかかる一連の動作はすべて介助が必要です。羞恥心《しゅうちしん》と転倒に配慮するように注意喚起しています。

「制度等わからないことがあれば教えてほしい」

長期目標「制度が上手に活用できる」

短期目標「制度がわかる」

Aさん夫婦は、さまざまな制度を利用しながら病気と向き合っています。最近Aさんは、サービスを利用することでBさんを休ませてやりたいと考えています。また、できればBさんと旅行もしてみたいと思っています。

しかし、先々のことも考えていかねばならないので、どのようなサービスがあってどれくらいの負担をすればニーズに対応してもらえるのかをしっかりと理解しておきたいと言われています。このニーズはAさんの「ことばで発せられたニーズ」をベースに導き出されています。

「Bさんを休ませてやりたい」

長期目標・短期目標「定期的にBさんを休ませてあげる」

先ほどもふれましたが、Aさんは疲労や気分の落ち込みが色濃くなりつつあるBさんを見ていて、定期的に率先してレスパイト（介護者の休息）のための入院をしています。このニーズもAさんの「ことばで発せられたニーズ」をベースとしています。Bさんが「入院してほしい」と口に出すことはありません。Bさんが、「夫は強い人」「できるだけ長生きしてほしい」と言い切ることができるのは、Aさんが今もなおBさんのことを気遣うこのような態度に起因するものかもしれません。

「同じ病気の人と話をしてみたい」

長期目標・短期目標「同じ病気の人と交流する」

Aさんの主治医のいる○○病院は、「ALS患者と家族の会（ピアサポートグループ）」があります。入院の機会を利用してこの会に参加することで、Aさん夫婦もずいぶん心が休まるようになってきたそうです。ケアプランにニーズとして記載することで、Aさん夫婦がこのような取り組みもされていることを多職種で共有するように求めています。このニーズについては、Aさんがことばで表明したわけではなく、ケアマネジャーが規範的ニーズから記載すべきと考え、Aさん夫婦の合意を経て「合意されたニーズ」として記載しています。

「外出して楽しむ機会をもちたい」

長期目標「外出して楽しむ機会をもつ」

「外出して楽しむ」ということは、１人で何かを楽しむという意味ではなく、誰《だれ》かとの時間を共有すること、つまり役割づくりの支援です。人は役割をもつことで、無意識的に自分の存在価値を感じます。それが主観的 QOL を高め、難病を抱えながらも生きていくことに意味づけができるのではと考えました。短期目標ではさらに具体的に記載しています。

短期目標「B さんと一緒にお茶を楽しむ」

B さんと一緒にお茶を飲むことで夫としての存在価値を高めることを目的としています。

短期目標「旧友とカラオケに行く」

旧友が誘ってくれるカラオケは、A さんにとって心地よい時間のようです。友人に気を遣うところもあると思いますが、そういった思いを超えた友情が A さんを支えてくれます。

このような関係性を承認するとともに、多職種で共有することも目的です。

短期目標「新しい友人とおしゃべりを楽しむ」

「新しい友人づくり」については、デイサービスを利用することの目的の１つに、利用者との新たな出会いによる、「新たな役割」づくりがあることをデイサービスのケアスタッフに理解してもらうことを目的としています。気の合いそうな利用者を紹介したり、仲よくなれるような食事時の席のセッティングに配慮したりすることを期待しています。車椅子の貸与についてはメンテナンスについてもふれています。

役割は活動性を高め、活動性が高まると心身機能も維持・改善される可能性があります。また、他者との交流は主観的 QOL を高めます。役割は無限の可能性を秘めています。

POINT!

将来の展望

進行性の難病というのは、病気の予後不安と常に向き合って生きていかなければなりません。１年後、２年後にどうなっているかの予測もつきにくく、大きな不安の渦の中で生きていることは想像に難くありません。夫婦共々先の見えないトンネルを歩くような時間。そのような道を歩む２人に対し、多職種はＡさんに生きる意味を感じてもらいたい、存在価値を実感してほしいと思いながら支援を行っています。

Ａさんが自身の存在価値を見出すためには、Ｂさんの気持ちも少し前を向いていただく必要があります。介護することの意味、難病の夫とともに生きることに自分なりの意味づけができなくてはなりません。対人援助の本道は訪問時の面接（技術）にあると考える方も多いかもしれません。しかし、真の対人援助というのは、微に入り細にわたり利用者の気持ちに沿うものであるべきだと考えます。たかがケアプラン、されどケアプラン。ケアマネジャーとしての真摯《しんし》な思いがちりばめられた、利用者の思いに沿ったケアプランでありたいものです。

第1表 居宅サービス計画書(1)

作成年月日　平成　○年　○月　○日

初回　・　紹介　・　継続　　認定済　・　申請中

利用者名　A　殿　　生年月日　○年　○月　○日(62歳)　　住　所　○○県○○市○○町

居宅サービス計画作成者氏名　J

居宅介護支援事業者・事業所名及び所在地　○○居宅介護支援事業所　○○県○○市○○町

居宅サービス計画作成(変更)日　平成　○年　○月　○日　　初回居宅サービス計画作成日　平成　○年　○月　○日

認定日　平成　○年　○月　○日　　認定の有効期間　平成　○年　○月　○日　～　平成　○年　○月　○日

要介護状態区分	要介護1　・　要介護2　・　要介護3　・　要介護4　・　要介護5
利用者及び家族の生活に対する意向 A	Aさん：「家で暮らしたい。旅行がしたい。デイサービスでおしゃべりがしたい。妻を休ませてやりたい。呼吸が苦しくなっているが、気管切開については今後考えていきたい」 Bさん：「生きていてほしい。いろいろ迷うこともあるが、夫とこれからの生活を相談しながら考え、受け入れていけるように気持ちを整理していきたい。また、状態に応じて環境やサービスを整えて、暮らしやすいようにしていきたい」
介護認定審査会の意見及びサービスの種類の指定	
総合的な援助の方針 B	AさんもBさんも一日一日を懸命に生きておられます。日々の悩みや困りごとについてご相談いただき、少しでもお手伝いできたらと思います。 Aさんが望まれるおしゃべりを楽しむ場やBさんの休息の時間をどのようにつくるかを看護師やE医師、サービス担当者と一緒に考えていきましょう。 Aさんが望まれている旅行については、体調や季節との相談がいりますので、BさんやE医師と一緒に今後検討していきましょう。 Bさんがご心配になられている生活環境については、E医師やリハビリテーション専門職等と一緒に検討し、整えていきたいと考えています。 緊急連絡先：Bさん　090－○○○○－○○○○　主治医○○病院　E医師　079－○○○－○○○○(日中、夜間共)
生活援助中心型の算定理由	1．一人暮らし　2．家族等が障害、疾病等　3．その他(　)

第2表 居宅サービス計画書(2)

作成年月日　平成　○年　○月　○日

利用者名　**A**　殿　　※２の事業所名は紙面の都合上記載していません。

C

生活全般の解決すべき課題（ニーズ）	目標				援助内容					
	長期目標	（期間）	短期目標	（期間）	サービス内容	※1	サービス種別	※2	頻度	期間
呼吸が少しでも楽になり、不安をなくしたい。	呼吸が楽になり、安心して過ごすことができる。 ❶	平成○年○月○日～ 平成○年○月○日	呼吸が楽になり、安心して過ごすことができる。 1-a	平成○年○月○日～ 平成○年○月○日	介助にて在宅人工呼吸器を装着し呼吸が楽になるようにしていきます。 在宅人工呼吸器については訪問看護の指導を受けます。呼吸のリハビリテーションを実施します。 朝、夕、各1時間。夜間22時から明朝6時まで。その他息苦しいときには使用します。外出時には持参しましょう。	 ○	Aさん、Bさん 通所介護 訪問看護（医療保険） 訪問看護（理学療法士）（医療保険）		毎日 1回／週 1回／週 1回／週	平成○年○月○日～ 平成○年○月○日
体調がわるいときには、すぐに相談ができるようにしておきたい。	体調不良時には、すぐに対応してもらえる。 ❷	平成○年○月○日～ 平成○年○月○日	体調不良時には、すぐに対応してもらえる。 2-a	平成○年○月○日～ 平成○年○月○日	体調に異変があるときには訪問看護に連絡し指示を仰ぎましょう。 状況により、救急車対応にて○○病院に搬送してもらいます。 緊急時連絡網については整理し、各自が所有するようにします。	 ○	Aさん、Bさん 通所介護 訪問看護（医療保険） ケアマネジャー		随時 1回／週 1回／週 至急	平成○年○月○日～ 平成○年○月○日
家の中をゆっくりと動けるよう体を保ちたい。	家の中をゆっくりと動くことができる。 ❸	平成○年○月○日～ 平成○年○月○日	家の中をゆっくりと動くことができる。 3-a	平成○年○月○日～ 平成○年○月○日	足の筋力を保つための機能訓練をします。訪問看護の理学療法士がプログラムを作成し、通所介護事業者に申し送ります。 居間の和室テーブルからの立ち上がりが楽にできるように環境整備（電動昇降座椅子の導入）をします。	 ○ ○	Aさん、Bさん 訪問看護（理学療法士）（医療保険） 通所介護 福祉用具貸与		随時 1回／週 1回／週 至急	平成○年○月○日～ 平成○年○月○日
おいしく食事がしたい。	おいしく食事ができる。 ❹	平成○年○月○日～ 平成○年○月○日	おいしく食事ができる。 4-a	平成○年○月○日～ 平成○年○月○日	ぼつぼつと食事を楽しんでおられます。食べにくい食材もあるようですから、様子をみながら自助具の検討もしていきましょう。食べにくい食材は介助させていただきます。	 ○	Aさん、Bさん 通所介護 ケアマネジャー		随時 1回／週 随時	平成○年○月○日～ 平成○年○月○日
			むせ込まないようにする。 4-b	平成○年○月○日～ 平成○年○月○日	飲み込みの状態を把握し肺炎にならないようにします。また、飲み込みをよくするリハビリテーションを実施します。	 ○	訪問看護（理学療法士）（医療保険） 通所介護		1回／週 1回／週	平成○年○月○日～ 平成○年○月○日
			水分をしっかりと摂る。 4-c	平成○年○月○日～ 平成○年○月○日	トイレが気になるとは思いますが、日中はなるべく水分を摂るように心がけましょう。	 ○	Aさん、Bさん 通所介護		随時 1回／週	平成○年○月○日～ 平成○年○月○日

※１「保険給付対象かどうかの区分」について、保険給付対象のサービスについては○印を付す。
※２「当該サービス提供を行う事業所」について記入する。

第２表

作成年月日　平成　○年　○月　○日

利用者名　**A**　殿　　　※２の事業所名は紙面の都合上記載していません。

C

生活全般の解決すべき課題（ニーズ）	目標 長期目標	（期間）	短期目標	（期間）	援助内容 サービス内容	※１	サービス種別	※２	頻度	期間
体の清潔を保ちたい。	体の清潔を保つ。 ❺	平成○年○月○日～ 平成○年○月○日	安心して入浴することができる。 5-a	平成○年○月○日～ 平成○年○月○日	入浴については介助にて実施します。 浴槽は危険なのでシャワーチェアで対応します。 浴室内移動時には転倒に注意しましょう。 更衣もお手伝いします。	○	通所介護 Bさん		1回／週 随時	平成○年○月○日～ 平成○年○月○日
			手伝ってもらい整容をする。 5-b	平成○年○月○日～ 平成○年○月○日	洗顔、歯みがき、うがい、整髪、爪きり、髭剃り、耳垢の除去等お手伝いします。	○	通所介護 Bさん		1回／週 随時	平成○年○月○日～ 平成○年○月○日
安心してトイレに行きたい。	安心してトイレに行くことができる。 ❻	平成○年○月○日～ 平成○年○月○日	安心してトイレに行くことができる。 6-a	平成○年○月○日～ 平成○年○月○日	一連の流れについてお手伝いします。便器に着座していただいた後は外で待たせていただきます。 転倒に注意しましょう。	○	通所介護 Bさん		1回／週 随時	平成○年○月○日～ 平成○年○月○日
制度等わからないことがあれば教えてほしい。	制度が上手に活用できる。 ❼	平成○年○月○日～ 平成○年○月○日	制度がわかる。 7-a	平成○年○月○日～ 平成○年○月○日	介護保険制度や医療保険制度等について不安に思われることがあれば資料等取り寄せて説明させていただきます。	○	ケアマネジャー 保健師 ○○病院（医療相談員） 地域包括支援センター		随時 随時 随時 随時	平成○年○月○日～ 平成○年○月○日
Bさんを休ませてやりたい。	定期的にBさんを休ませてあげる。 ❽	平成○年○月○日～ 平成○年○月○日	定期的にBさんを休ませてあげる。 8-a	平成○年○月○日～ 平成○年○月○日	○○病院と連携し、定期的に入院し、奥様の休息時間をもつようにしていきましょう。入院中は下肢筋力や座位を保つためのリハビリテーションを実施します。		○○病院		随時	平成○年○月○日～ 平成○年○月○日
同じ病気の人と話をしてみたい。	同じ病気の人と交流する。 ❾	平成○年○月○日～ 平成○年○月○日	同じ病気の人と交流する。 9-a	平成○年○月○日～ 平成○年○月○日	入院時を利用し、同じ病気の方との親交を深める会に参加しましょう。		○○病院 Aさん、Bさん		随時 随時	平成○年○月○日～ 平成○年○月○日

※１「保険給付対象かどうかの区分」について、保険給付対象のサービスについては○印を付す。
※２「当該サービス提供を行う事業所」について記入する。

第２表

作成年月日　平成　○年　○月　○日

利用者名　**A**　殿　　※２の事業所名は紙面の都合上記載していません。

C

生活全般の解決すべき課題（ニーズ）	目標				援助内容					
	長期目標	（期間）	短期目標	（期間）	サービス内容	※1	サービス種別	※2	頻度	期間
外出して楽しむ機会をもちたい。	外出して楽しむ機会をもつ。 ⑩	平成○年○月○日～ 平成○年○月○日	Bさんと一緒にお茶を楽しむ。 10-a	平成○年○月○日～ 平成○年○月○日	病院の帰りに喫茶店でお茶を楽しむ習慣をおもちです。これからもお二人の静かな時間として大切にしていただきたいと思います。		Aさん、Bさん		随時	平成○年○月○日～ 平成○年○月○日
			旧友とカラオケに行く。 10-b	平成○年○月○日～ 平成○年○月○日	若い頃からの友人と今でも親交を深められています。これからもカラオケ等を楽しんでいただきたいと思います。		Aさん		随時	平成○年○月○日～ 平成○年○月○日
			新しい友人とおしゃべりを楽しむ。 10-c	平成○年○月○日～ 平成○年○月○日	新しい友人をつくり、おしゃべりやレクリエーション、外出を楽しみましょう。 外出時の外の移動には車椅子を準備いたします。 定期的に車椅子の状況をチェックします。	○ ○ ○	通所介護 福祉用具貸与 福祉用具貸与		1回／週 至急 1回／3月	平成○年○月○日～ 平成○年○月○日

※１「保険給付対象かどうかの区分」について、保険給付対象のサービスについては○印を付す。
※２「当該サービス提供を行う事業所」について記入する。

第3表 週間サービス計画表

作成年月日　平成　○年　○月　○日

要介護度　　要介護4

平成　○年○月分より

利用者名　　A　　殿

作成者　　J

		月	火	水	木	金	土	日	主な日常生活上の活動
深夜	4:00								
早朝	6:00								
午前	8:00								起床　朝食
									テレビ観賞等
	10:00								
午後	12:00						9:00～16:00 通所介護		昼食
	14:00	訪問看護（医療保険）			訪問看護（理学療法士） （医療保険）				テレビ観賞等
	16:00								入浴
夜間	18:00								夕食
	20:00								
深夜	22:00								
	24:00								
	2:00								
	4:00								

週単位以外のサービス	福祉用具貸与（車椅子・電動昇降座椅子）、○○病院レスパイト入院

事例5

家に帰りたい
複数の疾患を抱えながらの一人暮らしを選んだ女性

1.アセスメント

【ジェノグラム】

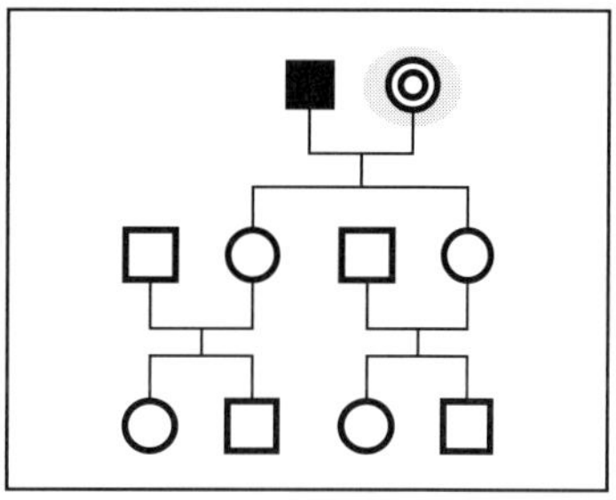

利用者：Ａさん　性別：女性　年齢：81歳

家族：長女Ｂさん・次女Ｃさん

要介護度：要介護３

障害高齢者の日常生活自立度判定基準：Ａ１

認知症高齢者の日常生活自立度判定基準：Ⅰ

身体障害者手帳：１級（心臓機能障害（ペースメーカ）、直腸機能障害（ストーマ））

相談に至った経緯

75歳のとき、相次ぐ病気に見舞われたＡさんは、隣県に住む次女Ｃさん宅に身を寄せ、同居を始める。ＣさんにもＣさんの夫にも不満はなかったが、「いつどうなるかわからない身なら、住み慣れた土地に戻してやりたい」と、長女ＢさんとＣさんが話し合い、80歳のときにＡさんの隣の市に住むＢさんが引き取り、介護保険サービスを利用しながら支援する。しかし、同居が１年近くに及ぶにつれ、Ｂさんの夫が不満をいだくようになり、板ばさみになったＢさんは、Ａさんを住み慣れた自宅に戻し、一人暮らしを支えることにした。病気もあり、軽度の記憶障害も出始めたＡさんを支えるために本格的な支援が開始されることになる。

生活史

Ｄ市に生まれ、学校卒業後、Ｅ市で就職（戦中）。終戦後Ｄ市へ戻り、就職した職場で夫と知り合い結婚。２人の子どもをもうけ親子４人で生活する。子育てが落ち着いた40歳の頃《ころ》から縫製工場《ほうせいこうじょう》で裁断の仕事をする。元気な頃は自分で働いたお金で旅行に行ったり、服やアクセサリーを買ったりと、好きなことに使い、自由に暮らしてきたとのこと。「好きな事をして暮らしてきた」「洋服が好きでなじみの店がいくつもあった」「旅行に行ったときには必ず、アクセサリーを買っていた。今もたくさんある」と楽しそうに話される。しかし、10年程勤務した頃に、糸や埃《ほこり》を吸い込んだのが原因で肺の疾患《しっかん》にかかる（疾患名は不明）。その後、縫製工場を退職し、75歳まで飲食店の掃除《そうじ》をして働いていた。一緒に働いている若い子からも「おばちゃん、ボウリングに行こう」と誘ってもらったりしたとのこと。退職後しばらくして足にむくみがみられ腎臓病《じんぞうびょう》と診断。その後、人工透析が必要とのことで一時的に入院治療となる。その入院時にひどい便秘になり、激しい腹痛に見舞われ、検査の結果、腸破裂が見つかり、緊急手術にてストーマ造設。退院後は通院透析となる。

退院以降、Aさんの夫がAさんの世話にあたっていたが、体調を崩《くず》して受診したところがんと診断され、Aさん夫婦の家があるD市の隣の市に嫁《とつ》いだBさんが、Aさん夫婦を引き取り２人の介護にあたることとなる。

しかし、Bさんの義父（夫の父）も要介護状態となり、１人で３人もの介護と仕事（自営業）の両立は難しく、Aさんは隣県に住むCさんのもとに引き取られる。Aさんの夫はBさんの家に残ることとなり、夫婦の意に反して別居生活を強いられることになってしまう。Cさん宅での生活は、近所をシルバーカーで散歩したり、通所介護（デイサービス）に通い、いろいろな人とふれ合ったりして楽しんでいた様子。しかし、「家に帰りたいなぁ」「夫は大丈夫かしら」といったことばが聞かれた。この頃から、軽いもの忘れも出始めた。

その後Aさんの夫、Bさんの義父が相次いで亡くなる。Aさんは、「夫はよく酒を飲む人で、酒がからむトラブルもあって困らされたが、やはり最期《さいご》を看《み》取《と》れなかったことは残念に思う」と話された。Aさんはその頃から心不全症状が悪化し、Cさん宅の近隣病院でペースメーカを造設するが、症状が思うように改善されず、医師からも今後どうなるかはわからないと言われたことを契機に、BさんとCさんが話し合い、Bさんが再びAさんを引き取る。

しかし、Aさんの夫を看取った矢先にAさんを引き取ったことを、Bさんの夫はよく思っていなかったとのこと。AさんもBさん宅に入り込んだことを気にしていた様子で、ケアマネジャーには「娘（Bさん）の夫は無口で気を遣《つか》う。娘も気を遣っているのがわかる」「家に帰りたい」と話していた。

そういったことから、Bさんは悩んだ末にAさんをD市の実家に帰し、Aさんは一人暮らしをしながら自分が通うのが、Aさんにとって一番幸せな生活ではないかと考えるようになり、Aさんの独居生活がスタートした。Bさんは、「母と一番長く暮らしたのは私です。私が結婚したときはすごく落ち込んでいた。結婚後もずっと、ちょくちょく顔を見せるようにしていた。母はそれを一番喜んでくれていた」「母はとてもおしゃれだったので、これからも続けてほしい。母が楽しいと思える事、嬉しいと思える事はしてほしい。母に楽しい思いをさせてやりたい。できる限りの事はするつもりです」と話された。

利用者・家族の意向

Aさん：「生まれたところで暮らしたい。近所を散歩したい。友人とおしゃべりを楽しみたい。いつまでも人に頼らずにしっかりしていなければ……。足腰もしっかりしていなければ……」

Bさん：「D市での一人暮らしとなり、水分の管理、服薬、ストーマの管理、食事と日々の見守りが必要と思います。毎日は見に行けないので、母が安心して暮らせるように見守りをしてほしい」

◆健康（病歴）

肺疾患（昔の事であり詳細不明）、心不全（ペースメーカ）、腎不全（人工透析）、腸閉《ちょうへい》塞《そく》（下行結腸ストーマ）、アルツハイマー型認知症。

◆精神機能

短期記憶障害あり。曜日の見当識《けんとうしき》は少し曖昧《あいまい》なところがあるが、時間については、時計を見て答えることができる。家や病院は認識可能。家族や旧知の人たちは理解可能であるが、デイサービス等で知り合った人については、特に親しいスタッフや利用者以外は名前を記憶にとどめることは困難な様子。病状や現状の理解力は十分ある。食事をしたことを忘れて２回食べたことがある。冷蔵庫に日付を書いて１食ずつ小分けにしているがわからないといったことがあったが、今のところ常態的ではない。着衣の順番等の理解力もある。気分や感情の障害はみられない。

◆BPSD（認知症の行動・心理症状）

なし。

◆身体機能と体

血圧は最高血圧が透析前140mmHg～150mmHg→透析後70mmHg以下、脈拍は透析前70～80→透析後50以下のときがあるため注意。ペースメーカは最低を心拍数60で設定。

これよりも脈拍がダウンすると、胸が苦しくなる。血圧が100mmHg以下になるときには観察し、改善がなければ主治医の△△病院循環器科受診。目標体重47kg。腎臓病食（カリウム制限、リン制限、塩分５g／日、たんぱく質30g／日）。ストーマの形や色の変化、出血の有無、皮膚《ひふ》トラブルの有無、便の性状、色、食生活の聴取等要観察。

視力は年相応（眼鏡）。難聴。残歯なし（入れ歯）。咀嚼《そしゃく》、嚥下《えんげ》は良好。口腔内《こうくうない》は問題なし。構音機能は保持。腸破裂により大腸の一部切除（詳細不明）。下肢筋力《かしきんりょく》低下。肩の可動域制限あり（腕が上がりにくい）。呼吸苦なし（若い頃肺の病気をした）。その他の身体機能は年相応に保持。皮膚疾患、褥瘡《じょくそう》なし。身体の痛み、切断もなし。見たところ腰《よう》椎《つい》と膝関節《しつかんせつ》の軽い変形があるが、受診歴もなく診断もなし。

◆活動（ADL（日常生活動作）・IADL（手段的日常生活動作））

コミュニケーション

発語に問題はなく、よく聞き取れる。たとえば食事の要望や、どこで過ごしたいか、体調等の日常的な生活場面においての意思疎通《いしそつう》は可能。場面場面での自己決定も可能であるが記憶に残らないこともある。ドラマのストーリーや新聞の内容、制度の理解等、高い理解力を要するコミュニケーションは成立しない。難聴があるため、少し大きめの声でゆっくりしゃべらないと聞き取りにくい。読字の能力は保持され、日常的な内容の文章の理解は可能。

基本動作

ベッドでの寝返り、起き上がり、端座位《たんざい》は可能。立ち上がりは何かにつかまりながらゆっくりと自分で可能。居間の座椅子《ざいす》についても問題なく使用可能。床からの立ち上がりは机等に手をつきながら可能。室内歩行は１本杖《づえ》もしくは手すりにつかまりながら歩行。時折杖を忘れることがある。**外出等の中長距離の移動は歩行器で可能であるが不安定で介助が必要であり、転倒に注意。**

洗面・口腔内保清

入れ歯の洗浄・漬《つ》け置《お》き、うがい、洗顔についてはタオル等セッティングし、声かけにて洗面所で可能。

整容

整髪については一部介助（腕が上がりにくい）。爪《つめ》きり、産毛《うぶげ》剃《そ》り、耳垢《じこう》の除去については介助。化粧は現在していない。

更衣

　衣類の準備については介助が必要であるが、着たい服を選ぶことは可能。更衣順序の理解も可能。上衣はゆっくりと自力で可能だが、かぶりものは困難（腕が上がりにくい）。パンツ、ズボン、靴下等については椅子に座って見守りにて可能。

入浴

　上半身の前面、下半身の膝《ひざ》より上の前面については自力にて可能。頭髪、背中、臀部《でんぶ》、膝から下については介助（腕が上がりにくい、立位不安定）。**浴室内の移動、浴槽《よくそう》のまたぎについては転倒リスクが高く、手引き介助。ストーマ管理については介助（フランジ、パウチをはずして入浴、食事直後は排便の可能性があるため入浴は避ける。ストーマ粘膜《ねんまく》がやけどしないように湯温は40度程度に調整）。**

食事

　腎臓病食（カリウム制限、リン制限、塩分５g／日、たんぱく質30g／日）、水分制限300ml／日、生果物、生野菜は不可。汁物は基本不可。食事は箸《はし》にて自力で問題なく可能。むせ込み、食べこぼしもなし。

排泄

　排尿は無尿。ストーマのチェックや処理は見守り、もしくは介助が必要。トイレまでの移動は手すりを伝い可能。

受診・服薬

　主治医のいる△△病院への通院はＢさんが対応。透析は○○医院の送迎車にて在宅時、短期入所生活介護（ショートステイ）利用時ともに受診。服薬（カルシウム製剤、消化《しょうか》性潰瘍《せいかいよう》治《ち》療薬《りょうやく》、高リン血症用薬、活性ビタミンＤ、塩酸ミドドリン）については飲み忘れの可能性もあり、他者による管理が必要。

金銭管理

　Ｂさんがすべて実施。金銭を所有したいという要望もない。

外部との連絡（緊急時等）

　主体的に電話連絡をすることはなく、Ｂさん、Ｃさんの電話を待っている。**体調不良時に電話にて連絡することは困難**と思われる。**緊急通報装置は大切な連絡手段として理解できており、ボタンも押せる。**

社会的諸手続き

Bさんがすべて実施。

移動

乗り物による移動は、Bさんの車や送迎車が必要。

買い物

Bさんが1週間分の買い物を担当。毎日スーパーマーケットに行くといったことは難しいが、**時々店に連れて行ってもらって実際に商品を見たり、チラシを見ることで、購入したい物を選ぶことはできる。**おしゃれが好きで、服や装飾品には興味あり。

調理・洗濯・掃除

Bさん等がすべて実施。体調のよいときには「できる事」はたくさんあると考えられる。

趣味・嗜好

他者とのおしゃべりが好き。おしゃれが好き。

◆役割・関係性（家族・近隣等）

Bさん、Cさんとは非常に仲がよい。隣の市に住むBさんは、「できることはなんでもしてあげたい」と言っている。Cさんも時間の許す限り帰省している。Bさんの夫とは同居時のトラブル以降疎遠。Bさんは、「夫の性格だから」とあきらめている。Cさんの夫とは良好。**近所になじみの友人が3人おり、Aさんが家にいるときにはよく顔を見にきてくれる。となり近所の方とも仲がよく、気にかけてくれている。**

◆住環境

住宅改修済み。段差もほぼなく、廊下《ろうか》やトイレ等に手すりも設置できている。家の周囲にも段差等はない。家は古い住宅街にあり、昔なじみの町内会で孤立した環境にはない。近くに商店やスーパーマーケットもある。主治医の△△病院は隣のF市。透析専門の○○医院は町内にある。

◆生活に必要な物品等

外出時には歩行器が必要。ベッドは購入済み。居間や食堂の座椅子も体に合っている。眼鏡、入れ歯も最近調整したとのことで良好。過去に購入した服や装飾品を大切にしている。

◆性格

ほがらかな性格で、誰《だれ》とでも仲よくなれる。家族を大切にしてきた。娘２人は大切な存在。夫とはお酒でぶつかることもあったが２人でがんばってきた。最後に看取れなかったことが心残りになっている。つい最近まで仕事をがんばり、自立してきた。近所の友人やとなり近所の方とずっといい関係を保ってきた。おしゃれが好き。

アセスメントの解説

Ａさんは若い頃から主婦として夫を支え、２人の娘を育てながら、同時に仕事をずっと続けてきた女性です。よい妻であり、よい母であったようで、亡くなった夫を偲《しの》び、２人の娘に愛されながらの今があります。２人の娘が嫁いだ後は夫と２人で建てた家での暮らしを続けていましたが、さまざまな病気を抱えるなかで、それも難しくなってしまいました。夫に先立たれた後は、２人の娘宅を行ったりきたりしました。

Ｂさんは、本当は嫁ぎ先で介護したかったのですが、夫の親の介護のこともあって、Ａさんを引き取ったことで夫との仲たがいが始まりました。Ａさんも、Ｂさんの嫁ぎ先に身を寄せていることで、Ｂさんの立場が悪くなっていることになんとなく気づいたようです。Ａさんは、「自分の家に帰りたい」との決意をＢさんに伝えました。おそらく、これ以上Ｂさんに迷惑をかけたくないという、娘を思う気持ちもあったと考えられます。Ｂさんは悩んだ末に、やはりＡさんの幸せは、可能な限り自分の家で過ごすことにあると考え、心不全、腎不全、ストーマを抱え、軽度の記憶障害も出始めたＡさんの一人暮らしを支えるという、一見不可能とも思える道を選択しました。

2.アセスメントの7領域でニーズを整理する（ケアマネジャーの見立て）

1	**利用者・家族の語り**	Ａさん：友人との交流、近所の散歩、下肢筋力の維持。 Ｂさん：疾患の管理と見守り。
2	**心と体の健康（病気）**	・心不全（ペースメーカ）の管理。 ・腎不全（人工透析）の管理。 ・腸閉塞（ストーマ）の管理。

		・アルツハイマー型認知症の進行予防。
3	**心身の機能と構造（身体）**	・心臓、腎臓の機能維持。 ・ストーマの清潔保持。 ・血圧管理。 ・認知機能の維持・改善。 ・下肢筋力の改善。
4	**活動（ADL・IADL）**	・コミュニケーションの時間を増やす。 ・基本動作の安定と転倒の予防。 ・洗面・口腔内の保清。整髪、爪きり、産毛剃り、耳垢の除去等の介助。 ・衣類の準備と衣類選択の支援。自力での更衣の維持。 ・楽しみとしての入浴支援。入浴動作の維持・改善。 ・制限があるなかでの食事の楽しみ。食事制限、水分制限の管理。食事動作の維持。 ・パウチ交換を自分でする。 ・受診の付き添い、服薬介助と残薬数のチェック。 ・金銭出納・支払いの代行。 ・社会的諸手続きの実施。 ・外出時の付き添い、支援。 ・必要物品の購入代行。おしゃれを楽しむための衣類等の買い物。 ・調理・洗濯・掃除を一緒に行う。
5	**参加（役割）・自己実現**	・近所の住民や旧知の友人とのおしゃべりを楽しむ時間をつくる、新しい友人をつくることの支援。 ・母親としての存在を承認される。
6	**個性（性格、ライフスタイル、習慣、生活史、特殊な体験等）**	・ほがらかな性格で、誰とでも仲よくなれる。 ・家族を大切にしてきた。 ・おしゃれが好き。 ・近所の友人やとなり近所の方とずっといい関係を保ってきた。
7	**環境（人的・物理的・制度的）**	・緊急時対応が可能な人的見守り環境。 ・居宅内の ADL・IADL 支援にかかる人的環境。 ・緊急時の応援要請にかかる環境整備、緊急時の対応。 ・受診の支援体制。 ・歩行器の確保。制度的手続きの支援。 ・ストーマ装具の申請代行にかかる人的環境。 ・B さんの精神的な支え。

3.ニーズに優先順位をつけ、「目標」を立てる

第2表（145〜148頁参照）

1 ニーズ1：「腎臓病がわるくならないようにしたい」

長期目標	短期目標
1日の水分量を守る ❶	1日の水分量を守る ※最優先される医療ニーズ 1-a
手伝ってもらい確実に服薬する ❷	手伝ってもらい確実に服薬する ※医療ニーズ 2-a
手伝ってもらい透析に出かける ❸	手伝ってもらい透析に出かける ※医療ニーズ 3-a
透析の後、安心して過ごせる ❹	透析の後、安心して過ごせる ※安全･安心のための人的環境整備 4-a

2 ニーズ2：「ストーマをよい状態に保ちたい」

長期目標	短期目標
ストーマをよい状態に保つ ❺	手伝ってもらいながらパウチ交換ができる ※医療ニーズ 5-a

3 ニーズ3：「毎朝、血圧が測れるようになりたい」

長期目標	短期目標
血圧を測り記録する ❻	血圧を測り記録する ※医療ニーズ 6-a

4 ニーズ4：「病気がわるくならないように主治医を受診したい」

長期目標	短期目標
必要時に受診ができる ❼	必要時に受診ができる ※医療ニーズ 7-a

5 ニーズ5：「危なくないように見守りをしてほしい」

長期目標	短期目標
緊急時にはいち早く対応してもらえる ❽	いろいろな人に顔を見に来てもらう ※安全･安心のための人的環境 8-a
	日頃の様子を知ってもらう ※安全･安心のための人的環境 8-b
	緊急連絡体制を整える ※緊急時対応のための人的･物理的環境 8-c

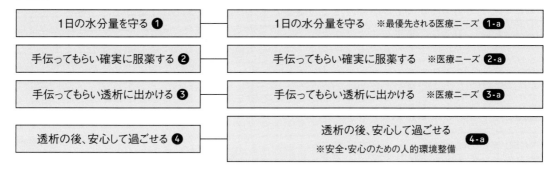

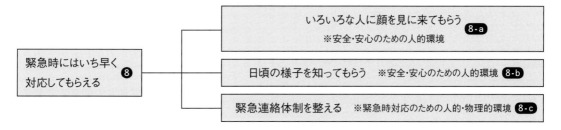

6 ニーズ6：「近所を散歩したり、友人宅へ行きたい」

家の中を安心して歩ける ❾	足の力をつける ※家屋内歩行安定のための下肢機能ニーズ 9-a
	歩行器や杖の扱いに慣れ、転倒しないようにする ※家屋内歩行時の注意喚起（リスクマネジメント） 9-b

7 ニーズ7：「友達とおしゃべりを楽しみたい」

友達とおしゃべりを楽しむ ❿	友人、近所の人との交流を続ける ※個性を活かした参加ニーズ 10-a
	新しい友人をつくり、おしゃべりを楽しむ ※個性を活かした参加ニーズ 10-b

8 ニーズ8：「健康に気をつけながら、おいしく食事がしたい」

健康に気をつけながら食事を楽しむ ⓫	健康に気をつけながら食事を楽しむ ※食事管理のための連携 11-a

9 ニーズ9：「体や身だしなみをきれいにしておきたい」

気持ちよく入浴ができる ⓬	体の清潔が保てる ※健康ニーズ 12-a
整容をする（洗顔、整髪、口腔のケア） ⓭	整容をする（洗顔、整髪、口腔のケア） ※活動ニーズおよび健康ニーズ 13-a

10 ニーズ10：「おしゃれが大好き。服を買いに行きたい」

おしゃれを楽しむ ⓮	娘と服を買いに出かける ※母としての役割（参加） 14-a

11 ニーズ11：「家の掃除と洗濯をしてほしい」

手伝ってもらい掃除、洗濯をする ⓯	手伝ってもらい掃除、洗濯をする ※活動ニーズ 15-a

12 ニーズ12：「困ったときに相談に乗ってほしい」

困ったときにいつでも相談できる ⓰	困ったときにいつでも相談できる ※安全・安心のための人的環境ニーズ 16-a

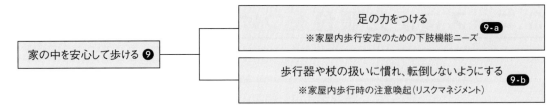

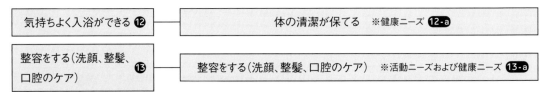

4. ニーズの優先順位についての解説

Aさんは大きな疾患を抱え、ぎりぎりの線で在宅生活を継続しています。Aさんの思いの中心には娘や友人との交流がありますが、最優先すべきは命を守ること、つまり医療ニーズでした。最初から五番目まではすべて医療ニーズに対応するリスクマネジメントです（**ニーズ1～5**）。Aさんの思いも大切にしたいのは当然ですが、まずは命を守ることを優先しました。その後に社会参加のニーズを位置づけています（**ニーズ6・7**）。六番目のニーズについては、社会参加がゴールですが、そのためには下肢筋力の改善と歩行の安定が求められるため、ADLのニーズも含まれています。以降はADLに関するニーズや趣味に対応するニーズ、いつでも相談できる人的環境ニーズと続きます（**ニーズ8～12**）。

5. サービス担当者会議でのケアプラン解説ポイント

第1表（144頁参照）

①利用者及び家族の生活に対する意向 … A

Aさんについては、自分の生まれたD市に夫と共に建てた家で、最期まで暮らしたいという思いと、元気に動けて、ご近所や友人宅を訪ねたいという思いについて記載しています。家族については、Bさんの、母にいつまでも元気でいてほしいという思いをもとにした医療的なニーズと見守り体制づくりのニーズを記載しています。両者ともにことばで思いを伝えることが可能ですから、「ことばで表したニーズ」ということになります。

②総合的な援助の方針 … B

自宅での生活の様子について記載し、多職種が一丸となって、またインフォーマルな人々をも巻き込んでAさんの在宅生活を支えていくというチームワークを強調しています。加えて、Bさん、Cさんの不安に寄り添う形で、Aさんは非常に多様な医療ニーズを抱えながらの独居生活なので、そこで顕在《けんざい》化《か》する可能性のある、さまざまな課題については多職種に相談をしながら解決していきたいというケアマネジャーとしての考えを表明しています。

第2表（145～148頁参照）

③生活全般の解決すべき課題（ニーズ）… C

Aさんがことばで表したニーズは、「近所を散歩することができて、旧知のご近所や友人とおしゃべりを楽しみたい」という、役割（社会参加）でした。本来なら、このAさんの語りを実現するための具体的なニーズを最優先したいところですが、このケースについては、そうはいきませんでした。Aさんの健康状態は、心不全によるペースメーカ、腎不全による人工透析に加え、ストーマという厳しいものでした。加えて軽度の記憶障害もありました。この状況において最優先されるべきは、医療ニーズと判断しました。これは家族ニーズと一致しています。Aさんのことばで発せられたニーズ、つまり「自己決定」よりも、Bさんのことばで発せられたニーズとケアマネジャーの規範的ニーズ、つまり「命を守る」を優先した形になります。

一番目の腎臓病の管理、二番目のストーマ管理、三番目の血圧測定、四番目の受診と連携、五番目の緊急時対応と、優先順位の五番目までのニーズはいずれも医療ニーズをベースにしています。また、「サービス内容」については、リスクマネジメントに徹していることが特徴です。

「腎臓病がわるくならないようにしたい」

長期目標・短期目標「1日の水分量を守る」

腎機能を維持し、心不全の悪化を防ぐには水分量調整は欠かせません。Bさんおよびサービス担当者が、1食につき100mlの水分を提供し、オリジナル作成された連携ノートで水分量や体重を情報共有します。

長期目標・短期目標「手伝ってもらい確実に服薬する」

時折、服薬忘れがあるAさんにとっては非常に重要なニーズです。「サービス内容」では、処方された薬の伝達と、服薬を誰が管理するかについて記載されています。「している活動」を奪わないように、自力で服薬してもらうことについてもふれています。

長期目標・短期目標「手伝ってもらい透析に出かける」

透析専門の○○医院への受診の前に必要なチェックポイントと準備物の確認を求めています。

長期目標・短期目標「透析の後、安心して過ごせる（在宅時）」

透析の後は非常につらいものです。特にＡさんは、透析前の最高血圧140mmHg～150mmHgが、透析後には最高血圧70mmHg以下、同じく透析前の脈拍70～80が透析後には50以下のときがあり、在宅時にこのような状況がみられるときには主治医の△△病院の循環器科受診が必要となります。

その他にも、夕食の状況把握、就寝前の服薬のフォロー等について標準化しています。

「ストーマをよい状態に保ちたい」

長期目標「ストーマをよい状態に保つ」

短期目標「手伝ってもらいながらパウチ交換ができる」

ストーマのケアは基本的には入浴後となっていますが、どうしても、便の状態や外出の都合等において自分でパウチ交換をしなければならないときがあると想定されます。そういったときのために、デイサービスやショートステイ利用時には、ケアスタッフ等に見守ってもらいながら、自分でパウチ交換をしてもらうことにしました。「援助を要する活動」を「している活動」に高めるアプローチです。

加えて、皮膚トラブルの確認、パウチ、フランジ等の残量のチェックについても記載しています。また、確認の意味で、パウチ等の補装具申請をＢさんへの依頼として記載しています。

「毎朝、血圧が測れるようになりたい」

長期目標・短期目標　「血圧を測り記録する」

透析の専門医から、できれば毎朝の血圧の数値が知りたいと言われました。完璧とはいえなくても、Ａさんに毎朝血圧を測っていただき、決められたノートに記入するようにお願いしました。記入ができていない日もあるので、そういった日には多職種がかかわり、見守りでＡさんに血圧測定をしていただくようにしました。ショートステイ利用時にも手慣れた血圧計を持参していただき、自分で測定してもらうようにしています。

「病気がわるくならないように主治医を受診したい」

長期目標・短期目標「必要時に受診ができる」

透析のための通院以外に、心不全やストーマ管理のために、主治医の△△病院で受診する必要があります。また、特に注意を要するのが、透析後の血圧や脈拍が低下したときです。透析後はＢさんもしくは訪問介護員（ホームヘルパー）が訪問することになっていますが、このような状態がみられたときにはいち早く主治医に相談しなければなりません。また在宅時の様子や異変があったときなどは、Ｂさんとケアマネジャーが連携して、主治医と透析医に情報提供するようにしています。

「危なくないように見守りをしてほしい」

長期目標「緊急時にはいち早く対応してもらえる」

短期目標「いろいろな人に顔を見に来てもらう」

サービス担当者以外に、近隣住民の方や民生委員に安否確認のための訪問を依頼しました。インフォーマルな社会資源（互助）の活用です。

短期目標「日頃の様子を知ってもらう」

Ａさんは非常に医療ニーズが高いことから、特別に連携ノートを作成しました。血圧、脈拍、体重、浮腫《ふしゅ》、透析後の疲労感、緊急受診等必要なことを多職種で共有することが目的です。サービス利用時、透析通院時等の外出時には常に持参していただくようにしています。

短期目標「緊急連絡体制を整える」

一見サービス担当者側の目標に見えますが、あくまでもＡさんが主体的に整えると理解してください。多職種、近隣住民の方等のすべての人に緊急連絡についての手順を説明したうえでサービスとして標準化しています。Ｂさんの電話番号の貼付《ちょうふ》位置《いち》についても明記しています。また、Ｂさんに毎朝の安否確認を依頼しています。

ここまでのニーズは、個々別々に本人がことばで発したわけではなく、どちらかというと、Ｂさんとケアマネジャーの共同作業で導き出したといえます。つまり、家族のことばで発せられたニーズとケアマネジャーの規範的ニーズの合意による代弁（アドボカシー）ニーズです。

「近所を散歩したり、友人宅へ行きたい」

長期目標「家の中を安心して歩ける」

このニーズは、Ａさんがことばで発したニーズです。「昔のように、近所を散歩したり、友人宅へ遊びに行きたいなぁ」と言われました。しかし、今のＡさんの状態では、６か月後や１年後に達成できるとは考えにくい状況にありました。「生活全般の解決すべき課題（ニーズ）」には、Ａさんの思いを尊重し、希望の光として修正を促さずにそのまま記載していますが、「長期目標」においては、達成可能と思われる「家の中を安心して歩ける」としました。

短期目標「足の力をつける」

長期目標の「家の中を安心して歩ける」に対し、短期目標の１つは、「足の力をつける」としました。これは、「機能障害」と「活動制限」という視点からニーズを階層的に関係づけて、「下肢筋力低下という機能障害があるために、歩行という基本動作が不安定となっている」と整理し、家の中を安心して歩けるようになるための第１ステップとして、下肢筋力の向上を目標としています。Ａさんは「足腰もしっかりしていなければ……」と言われているように、リハビリテーションの目的と方法を十分理解できます。しかし、心不全や腎不全があるために強い負荷のかかる運動はできません。そのあたりも含めて△△病院の理学療法士に評価してもらい、機能訓練を中心に組み立てるのではなく、生活に根差したレクリエーションや軽い運動、散歩等のプログラムを作成してもらい、デイサービスやショートステイの機能訓練指導員に申し送りました。つまり、機能に直接アプローチするというイメージではなく、日々の活動を通して機能改善を図るので、「活動訓練」もしくは「活動アプローチ」というイメージです。足の力の客観的評価は、理学療法士にしてもらいます。運動前・途中の血圧、動悸《どうき》、息切れの観察と注意を促しています。

短期目標「歩行器や杖の扱いに慣れ、転倒しないようにする」

現在のＡさんは、家の中で時々転倒することがあります。今のところ大事には至っていませんが、今後大きな怪我につながる可能性もあります。「家の中を安心して歩ける」に至るステップとして、「足の力をつける」ことと同時に「歩行器や杖の扱いに慣れる」ことが必要と考えました。「サービス内容」では、Ａさんに、歩行時には確実に歩行器や杖の使用を促すとともに、転倒予防というリスク回避についてふれています。また、歩行器の導入と、歩行器がその時々のＡさんの状態に適しているかどうかを継続的に評価することについて記載しています。

「友達とおしゃべりを楽しみたい」

長期目標「友達とおしゃべりを楽しむ」

このニーズもＡさんの語りから導き出されたニーズです。本来なら、Ａさんが望むとおり、「友人宅を自由に訪問しておしゃべりを楽しむことができる」のが理想です。しかし現状ではそれが難しいことは前のニーズのところで説明したとおりです。しかし、「友人宅へ行けるようになる」のを待っていれば、「おしゃべりを楽しむ」ことができるようになるのも、いつのことかわかりません。そこで、「友人宅へ行けるようになる」というニーズはとりあえず棚上げにして、友達とおしゃべりを楽しんでもらおうということです。「友人宅へ行く」というニーズと「おしゃべりを楽しむ」というニーズを切り分けて、独立させてアプローチするという考え方になります。

このニーズも、本来なら最優先のニーズとしてプラン上に位置づけたいところですが、前にも述べたように、「命を守る」ことを最優先し、この順位の位置づけとしています。「おしゃべりを楽しむ」というニーズは、参加（役割）・自己実現のニーズであり、人生レベルの高い次元のニーズといえます。役割は自尊心（セルフ・エスティーム）を高め、それが主観的 QOL を高めます。そういった体験を積み重ねることにより、認知症による認知機能障害や気分障害、BPSD の改善にもつながります。このような主観的 QOL と客観的 QOL の良循環を生み出すには、役割（社会参加）のニーズをアセスメントでどのように導き出し、プラン上に位置づけるかが非常に重要となります。

短期目標「友人、近所の人との交流を続ける」

A さんは、生まれた D 市に夫と２人で家を建て、長年暮らしてきました。ほがらかな性格で、近所付き合いもよかったようです。今でも仲のよい友人が３人ほどいます。友人や近所の人との交流は、娘たちが嫁いだ後は、A さんにとって最も楽しみな時間であったようです。これからもこの関係性を大切にしていただくことが、今の A さんにとっての自己実現であり、生活機能を改善するための特効薬であることに間違いありません。

「自分でしていることだから、わざわざプランに載せる必要はないんじゃないの？」と思う方もいるかもしれませんが、「今、している活動」を承認する意味でプランに載せることは、本人にとって生きる意味を見出せるプランになると考えていただきたいと思います。読んでいて心地いい、「そうそう、私、これだけはがんばってるのよ」「よく見てくれているなぁ」こんな温かな気持ちが湧《わ》きあがるプランというのは、ケアマネジャーが利用者を承認する気持ちが見えるプランだと考えます。

短期目標「新しい友人をつくり、おしゃべりを楽しむ」

A さんはほがらかな性格で、ほかの人との交流が好きです。この個性（強み）を活《い》かさない手はありません。さまざまなニーズでデイサービスやショートステイを利用する機会があるわけですから、サービス利用時にも新しく気の合う友人をつくってほしいと考えました。A さんは難聴もあり、軽度ですが認知症もあります。ケアスタッフには、このような A さんの現状をしっかりと理解し、ほかの利用者との間を取りもってほしいとの思いから、席次の配慮《はいりょ》やコミュニケーションの間を取りもつといったサービス内容の設定をしています。

「健康に気をつけながら、おいしく食事がしたい」

長期目標・短期目標「健康に気をつけながら食事を楽しむ」

腎臓病食は、透析専門医院の食《しょく》事《じ》箋《せん》に基づいています。非常に制限の厳しい食生活において、少しでも食事を楽しんでしていただきたいと考え、ノウハウの蓄積されているデイサービスの管理栄養士に協力を依頼してレシピを提供してもらい、Bさんやホームヘルパーの食事づくりの参考にしてもらうようにしました。

このニーズはAさん、家族のことばで発せられたニーズではなく、ケアマネジャーの規範的ニーズをベースにAさん、Bさんに提案し合意されたニーズとして記載しています。

「体や身だしなみをきれいにしておきたい」

このニーズは身体の保清と口腔ケアを一本にしたものです。特にAさんやBさんの要望としてあったわけではありませんが、ケアマネジャーの規範的ニーズとして提案しました。背景には、Aさんのストーマ管理が完璧には難しいこと、AさんもBさんも口腔ケアへの関心が薄かったことがあげられます。

長期目標「気持ちよく入浴ができる」

短期目標「体の清潔が保てる」

長期目標は「気持ちよく入浴ができる」としています。これは入浴という活動を、保清という機能的な活動という意味だけで見立てるのではなく、たとえばリラックスできて、その日にあったことを思い出したりしながらのんびりできる場、つまり気分的な活動の場としてとらえています。それに対し、短期目標は「体の清潔が保てる」とし、入浴という活動を、あくまでも健康面のニーズを満たす機能的な側面からとらえています。目標として整理すると、短期的には、とりあえず最低限の目標である身体保清に主眼をおきながら、その先には、入浴を楽しむことができるようになることを目標としたということになります。

「サービス内容」については、入浴場面での「している活動」と「援助を要する活動」を明確化し、「している活動」を最大限に活かす（現有能力の活用）ことをサービス担当者に求めています。加えて、転倒リスクを明記して注意喚起しています。

また、入浴時のストーマの処置の基本的な部分を明記し、加えてストーマ粘膜がやけどしないように湯温を調節することや、食事直後には排便がある可能性があるので、少し時間をおくようにとの注意喚起をしています。次に、おしゃれ好きという個性を活かすために、なるべく着たい服を選んでいただくよう配慮しています。小さな自己決定を活かす取り組みです。最後に更衣については見守り、声かけで可能であることを伝え、「している活動」をむやみに手伝ってしまわないように注意を促しています。

長期目標・短期目標　「整容をする（洗顔、整髪、口腔のケア）」

口腔ケアについては、A さんも B さんも意識が低かったので、ケアマネジャーの規範的ニーズとして提案し、合意を得て記載しました。「している活動」を大切にして、なるべく A さんにしていただきながらサービス担当者がフォローすることにしています。

「おしゃれが大好き。服を買いに行きたい」

長期目標「おしゃれを楽しむ」

短期目標「娘と服を買いに出かける」

B さんから、A さんはおしゃれが大好きで、なじみの店が何件もあったと聞いています。この個性（強み）を活かし、闘病生活のなかに少しでも楽しみをもっていただきたいと考えました。友人とのおしゃべり同様、A さんにとって、娘と一緒におしゃれを楽しむことは、自己実現であり主観的 QOL を高めるために欠かせないニーズです。B さんの時間の許すときに A さんと一緒に買い物に出かけていただき、楽しんで服を選んでいただく内容にしました。B さんの母を思う気持ちを承認するという意味も含まれています。娘としての役割実現の支援です。このニーズについても、少し A さんや B さんの心が和《なご》むプランを意識しています。

「家の掃除と洗濯をしてほしい」

長期目標・短期目標「手伝ってもらい掃除、洗濯をする」

「サービス内容」としては、掃除や洗濯の支援をしながら、A さんの「できる活動」を探し、日々「している活動」に高めるアプローチを目的にしています。当面は無理なくできそうな、洗濯物たたみや、拭《ふ》き掃除をしていただくことにしました。

「困ったときに相談に乗ってほしい」

長期目標・短期目標「困ったときにいつでも相談できる」

大きなリスクを抱えながら、Ａさんの一人暮らしを支える決心をしたＢさんの決意は生半可《なまはんか》なものではありませんでした。それだけに大きな不安との戦いともいえます。ある意味、相談支援はケアマネジャーにとってあまりにも当たり前のことで、ニーズとして記載するまでもないともいえるでしょう。しかし、このケースはまれに見るハイリスクのケースでした。「いつでも、誰にでも相談してください」と、あえて記載することで、Ａさん、Ｂさんを周囲の人々がみんなで支えていることをしっかりと理解していただき、少しでも安心してもらうことを目的としました。

POINT!

アルツハイマー型認知症の進行予防について

どのケースでもいえることですが、本人が目を通すプランに、「あなたは認知症」と問題状況を記載することが、利用者の自立心を高め、意欲的な生活につながるとは考えにくいものです。通常は、ほかのニーズで代替《だいたい》することが求められます。

このケースについてもＡさんがケアプランにしっかりと目を通すので、認知機能の維持・改善のニーズについては、「友達とおしゃべりを楽しみたい」「おしゃれが大好き。服を買いに行きたい」という２つの役割ニーズで主に代替されています。ニーズの階層性で説明すると、社会参加「友達とのおしゃべりを楽しむ（友達としての役割）」「母娘で買い物を楽しむ（母親としての役割）」→活動性が高まる→主観的QOL（自尊心や存在価値）が高まる→精神機能の維持・改善という整理になります。その他のニーズでも、サービス内容にて、「できる活動」を「している活動」にもっていく（現有能力の発掘）アプローチや「している活動」の維持（現有能力の維持）、「服を自分で選ぶ」等の小さな自己決定の活用も同様に、活動性や主観的QOLを高めることが心身機能を使う結果となり、最終的には認知症アプローチにつながっていると考えます。見た目は認知症アプローチとわかりませんが、実は多くのニーズが認知症をターゲットにしているのです。

第1表 居宅サービス計画書(1)

作成年月日　平成　○年　○月　○日

初回 ・ 紹介 ・ 継続 | 認定済 ・ 申請中

利用者名　A　殿　　生年月日　○年　○月　○日(81歳)　　住　所　○○県○○市○○町

居宅サービス計画作成者氏名　J

居宅介護支援事業者・事業所名及び所在地　**○○居宅介護支援事業所**　**○○県○○市○○町**

居宅サービス計画作成(変更)日　平成　○年　○月　○日　　初回居宅サービス計画作成日　平成　○年　○月　○日

認定日　平成　○年　○月　○日　　認定の有効期間　平成　○年　○月　○日 ～ 平成　○年　○月　○日

要介護状態区分	要介護1 ・ 要介護2 ・ 要介護3 ・ 要介護4 ・ 要介護5
利用者及び家族の生活に対する意向 A	Aさん：「生まれたところで暮らしたい。近所を散歩したい。友人とおしゃべりを楽しみたい。いつまでも人に頼らずにしっかりしていなければ……。足腰もしっかりしていなければ……」 Bさん：「D市での一人暮らしとなり、水分の管理、服薬、ストーマの管理、食事と日々の見守りが必要と思います。毎日は見に行けないので、母が安心して暮らせるように見守りをしてほしい」
介護認定審査会の意見及びサービスの種類の指定	
総合的な援助の方針 B	自宅での一人暮らし、短期入所生活介護、○○医院への透析通院にも少しずつ慣れてこられたように思います。まだまだ生活の幅が広がるまでには時間がかかるとは思いますが、サービス利用で知り合った利用者やケアスタッフとなじみの関係ができて、生活を楽しむことができるように、ご家族やご近所のなじみのお友達とともにAさんを応援していきたいと思います。また、Bさん、Cさんが心配しておられるような、一人暮らしを続けるうえでの課題については、Aさんの生活の様子をみながら、ほかのケアスタッフとも相談をして、できるだけ家で生活できる時間が長くつくれるよう、また体調の変化に早く気づくことができるよう一緒に考えていきたいと思います。 緊急連絡先：Bさん　○市○○　090−○○○○−○○○○　Cさん　○県○市○○　090−○○○○−○○○○
生活援助中心型の算定理由	1. 一人暮らし　2. 家族等が障害、疾病等　3. その他(　　)

第２表 居宅サービス計画書(2)

作成年月日　平成　○年　○月　○日

利用者名　**A**　殿　　　※２の事業所名は紙面の都合上記載していません。

C

生活全般の解決すべき課題（ニーズ）	目標				援助内容					
	長期目標	（期間）	短期目標	（期間）	サービス内容	※1	サービス種別	※2	頻度	期間
腎臓病がわるくならないようにしたい。	1日の水分量を守る。 (300ml/日) ❶	平成○年○月○日～ 平成○年○月○日	1日の水分量を守る。 (300ml/日) 1-a	平成○年○月○日～ 平成○年○月○日	訪問時にお茶を100ml提供します。連携ノートにて体重の増減を確認し、Aさんが飲まれた水分量を把握します。	○	訪問介護 Bさん		訪問時 訪問時	平成○年○月○日～ 平成○年○月○日
					食事時 100ml 提供します。連携ノートにて体重増減、浮腫、食事内容を把握しながら微調整します。	○ ○	短期入所生活介護 通所介護		利用時 1回／週	平成○年○月○日～ 平成○年○月○日
	手伝ってもらい確実に服薬する。 ❷	平成○年○月○日～ 平成○年○月○日	手伝ってもらい確実に服薬する。 2-a	平成○年○月○日～ 平成○年○月○日	在宅時は訪問介護員が服薬の確認、施設利用時は看護師が服薬の管理をします。 なるべく自分で飲んでいただくように促します。	○ ○ ○	短期入所生活介護 通所介護 訪問介護 Bさん		3回／日 1回／週 3回／日	平成○年○月○日～ 平成○年○月○日
					毎週木曜日に処方されます。 短期入所生活介護利用時には、金曜日の送迎時に○○医院より施設に配達。在宅時には薬局が自宅、または○○医院まで配達します。		○○医院 □□薬局		金曜日もしくは土曜日 1回／週	平成○年○月○日～ 平成○年○月○日
	手伝ってもらい透析に出かける。 ❸	平成○年○月○日～ 平成○年○月○日	手伝ってもらい透析に出かける。 3-a	平成○年○月○日～ 平成○年○月○日	体調の観察、透析前の食事の見守り、服薬確認をします。 服装、準備物、持参薬の確認をします。 送迎は○○医院対応です。	○ ○	訪問介護 短期入所生活介護 ○○医院		3回／週 利用時 3回／週	平成○年○月○日～ 平成○年○月○日
	透析の後、安心して過ごせる。 （在宅時） ❹	平成○年○月○日～ 平成○年○月○日	透析の後、安心して過ごせる。 （在宅時） 4-a	平成○年○月○日～ 平成○年○月○日	玄関にて帰宅時の出迎えをします。 体調の観察、夕食量のチェック、服薬の確認をします。 就寝前の薬をテーブルに置き、飲み忘れのないように、紙に書いておきます。	○	訪問介護 Bさん		2回／週 1回／週	平成○年○月○日～ 平成○年○月○日
ストーマをよい状態に保ちたい。	ストーマをよい状態に保つ。 ❺	平成○年○月○日～ 平成○年○月○日	手伝ってもらいながらパウチ交換ができる。 5-a	平成○年○月○日～ 平成○年○月○日	パウチ交換の必要があるときには、見守ってもらいながら自分で交換してみましょう。無理なく行えているか見守り、必要なときには主治医および看護師と連携しながら交換させていただきます。 皮膚トラブル、便の性状について確認します。 また、衣類やベッド回りの汚染がないか確認します。 フランジは月と金の入浴時に交換します（入浴ニーズ参照）。パウチやフランジ等のチェックを行い、残量が少なくなったら、市の社会福祉課で補装具申請の代行をお願いします。	 ○ ○	Aさん 短期入所生活介護 訪問介護 Bさん		随時 利用時 訪問時 随時	平成○年○月○日～ 平成○年○月○日

※１「保険給付対象かどうかの区分」について、保険給付対象のサービスについては○印を付す。
※２「当該サービス提供を行う事業所」について記入する。

第２表　　　　　　　　　　　　　　　　　　　　　　作成年月日　平成　○年　○月　○日

利用者名　**A**　殿　　　※２の事業所名は紙面の都合上記載していません。

C

生活全般の解決すべき課題（ニーズ）	目標				援助内容					
	長期目標	（期間）	短期目標	（期間）	サービス内容	※1	サービス種別	※2	頻度	期間
毎朝、血圧が測れるようになりたい。	血圧を測り記録する。 ❻	平成○年○月○日～ 平成○年○月○日	血圧を測り記録する。 6-a	平成○年○月○日～ 平成○年○月○日	朝起きて、血圧を測り、ノートに書きましょう。 記入ができているか確認し、できていないときには声かけをし、自分で測ってもらいます。 短期入所生活介護の利用時には、家の血圧計を持参しましょう。	 ○ ○	Aさん 訪問介護 短期入所生活介護 Bさん		毎朝 訪問時 利用時 利用時	平成○年○月○日～ 平成○年○月○日
病気がわるくならないように主治医を受診したい。	必要時に受診ができる。 ❼	平成○年○月○日～ 平成○年○月○日	必要時に受診ができる。 7-a	平成○年○月○日～ 平成○年○月○日	定期受診に行きましょう。 透析後、最高血圧70mmHg以下、脈拍50以下の場合は△△病院に相談し、受診しましょう。 主治医と透析医が連携をとれるように情報提供します。	 ○ ○	Bさん 訪問介護 ケアマネジャー		指定日 随時 随時	平成○年○月○日～ 平成○年○月○日
危なくないように見守りをしてほしい。	緊急時にはいち早く対応してもらえる。 ❽	平成○年○月○日～ 平成○年○月○日	いろいろな人に顔を見に来てもらう。 8-a	平成○年○月○日～ 平成○年○月○日	サービス担当者以外に、近隣住民の方、民生委員にも顔を見にきていただきます。	○ ○	訪問介護 ケアマネジャー 近隣住民の方 民生委員		訪問時 随時 随時 随時	平成○年○月○日～ 平成○年○月○日
			日頃の様子を知ってもらう。 8-b	平成○年○月○日～ 平成○年○月○日	連携ノートにてAさんの体調等の情報を常に共有します。 サービス利用時や受診時には必ず携行するようにしましょう。	○ ○ ○	短期入所生活介護 通所介護 訪問介護 ○○医院 Aさん		利用時 1回/週 訪問時 3回/週 随時	平成○年○月○日～ 平成○年○月○日
			緊急連絡体制を整える。 8-c	平成○年○月○日～ 平成○年○月○日	救急要請が必要なときには緊急通報装置もしくはBさんに連絡しましょう。通報ペンダントが胸にあるか確認します。Bさんの電話番号は電話の前に貼付。Bさんに毎朝電話してもらいます。	 ○ ○	Aさん 訪問介護 近隣住民の方、民生委員 地域包括支援センター 短期入所生活介護 Bさん		随時 随時 随時 随時 随時 随時	平成○年○月○日～ 平成○年○月○日

※1「保険給付対象かどうかの区分」について、保険給付対象のサービスについては○印を付す。
※2「当該サービス提供を行う事業所」について記入する。

第２表

作成年月日　平成　○年　○月　○日

利用者名　**A**　殿　　　※２の事業所名は紙面の都合上記載していません。

C

生活全般の解決すべき課題（ニーズ）	目標 長期目標	（期間）	短期目標	（期間）	援助内容 サービス内容	※1	サービス種別	※2	頻度	期間
近所を散歩したり、友人宅へ行きたい。	家の中を安心して歩ける。 ❾	平成○年○月○日～ 平成○年○月○日	足の力をつける。 9-a	平成○年○月○日～ 平成○年○月○日	体調を観察しながら、無理なくレクリエーションや運動、散歩、筋力向上メニューに沿っての運動を実施します。プログラムは理学療法士が作成します。血圧、動悸、息切れに注意します。	○ ○	通所介護 短期入所生活介護 △△病院（理学療法士）		1回/週 利用時 随時	平成○年○月○日～ 平成○年○月○日
			歩行器や杖の扱いに慣れ、転倒しないようにする。 9-b	平成○年○月○日～ 平成○年○月○日	屋内を歩くときには、杖や歩行器を必ず使用しましょう。 靴などを履き替えるとき（バランスを崩しそうなとき）には、椅子に座って動作しましょう。 歩行時、移動時は、声かけ、見守りをして安全に配慮します。	○ ○ ○	Aさん 短期入所生活介護 通所介護 訪問介護		随時 随時 随時 随時	平成○年○月○日～ 平成○年○月○日
					定期的に歩行状態を把握しAさんに適した歩行器を提供します。	○ ○ ○	福祉用具貸与 短期入所生活介護 通所介護		随時 利用時 1回/週	平成○年○月○日～ 平成○年○月○日
友達とおしゃべりを楽しみたい。	友達とおしゃべりを楽しむ。 ❿	平成○年○月○日～ 平成○年○月○日	友人、近所の人との交流を続ける。 10-a	平成○年○月○日～ 平成○年○月○日	友人、近隣住民の方に来ていただき、おしゃべりを楽しむ。 時間の許すときに、Bさんが友人宅にAさんを送迎する。		友人、近隣住民の方 Bさん		随時 随時	平成○年○月○日～ 平成○年○月○日
			新しい友人をつくり、おしゃべりを楽しむ。 10-b	平成○年○月○日～ 平成○年○月○日	気の合いそうな利用者を選んで、席次を配慮することで、おしゃべりを楽しめるようにします。間を取りもつように配慮します。	○ ○	通所介護 短期入所生活介護		1回/週 利用時	平成○年○月○日～ 平成○年○月○日
健康に気をつけながら、おいしく食事がしたい。	健康に気をつけながら食事を楽しむ。 ⓫	平成○年○月○日～ 平成○年○月○日	健康に気をつけながら食事を楽しむ。 11-a	平成○年○月○日～ 平成○年○月○日	水分、塩分、たんぱく質等については、病院の食事箋に基づき、通所介護の管理栄養士に協力してもらい、レシピを作成し、Bさんや訪問介護員の食事づくりの参考にしてもらいます。ケアマネジャーが申し送ります。 摂取した食事量はBさん、各サービス担当者が連携ノートに記載します。 目標体重47キロ。	 ○ ○ ○ ○	Bさん 訪問介護 通所介護 短期入所生活介護 ケアマネジャー		随時 16回/週 1回/週 利用時 随時	平成○年○月○日～ 平成○年○月○日
体や身だしなみをきれいにしておきたい。	気持ちよく入浴ができる。 ⓬	平成○年○月○日～ 平成○年○月○日	体の清潔が保てる。 12-a	平成○年○月○日～ 平成○年○月○日	頭髪、背中、臀部、膝から下は介助。その他については声かけ、見守りをします。入浴前には血圧測定をします。転倒に注意します。フランジとパウチははずして入浴。ストーマ粘膜がやけどしないよう湯温は40度程度。ストーマの観察をします。入浴は食後時間をおきます。衣類はなるべく自分で選んでいただき、声かけ、見守りで更衣してもらいます。	○ ○	通所介護 短期入所生活介護 Bさん		1回/週 利用時 1回/週	平成○年○月○日～ 平成○年○月○日

※１「保険給付対象かどうかの区分」について、保険給付対象のサービスについては○印を付す。
※２「当該サービス提供を行う事業所」について記入する。

第２表　　　　作成年月日　平成　○年　○月　○日

利用者名　**A**　殿　　　※２の事業所名は紙面の都合上記載していません。

C

生活全般の解決すべき課題（ニーズ）	目標				援助内容					
	長期目標	（期間）	短期目標	（期間）	サービス内容	※1	サービス種別	※2	頻度	期間
体や身だしなみをきれいにしておきたい。	整容をする（洗顔、整髪、口腔のケア）。 ⓭	平成○年○月○日～ 平成○年○月○日	整容をする（洗顔、整髪、口腔のケア）。 13-a	平成○年○月○日～ 平成○年○月○日	洗顔、整髪をしましょう。 食後はうがいと入れ歯を洗いましょう。就寝前には入れ歯を漬け置きしましょう。	 ○ ○ ○ 	Aさん 訪問介護 通所介護 短期入所生活介護 Bさん		毎日 毎食後 1回／週 利用時 毎日	平成○年○月○日～ 平成○年○月○日
おしゃれが大好き。服を買いに行きたい。	おしゃれを楽しむ。 ⓮	平成○年○月○日～ 平成○年○月○日	娘と服を買いに出かける。 14-a	平成○年○月○日～ 平成○年○月○日	娘さんの時間の許すときになじみの店に服を買いに行きましょう。サービス利用のときにはおしゃれをして出かけましょう。服はなるべくAさんに選んでいただくように配慮します。	 ○	Aさん Bさん 短期入所生活介護		随時 随時 随時	平成○年○月○日～ 平成○年○月○日
家の掃除と洗濯をしてほしい。	手伝ってもらい掃除、洗濯をする。 ⓯	平成○年○月○日～ 平成○年○月○日	手伝ってもらい掃除、洗濯をする。 15-a	平成○年○月○日～ 平成○年○月○日	居間と台所周囲の掃除と洗濯を実施します。 体調がよいときには、洗濯物たたみと、机等の拭き掃除をしていただきます。	○	訪問介護		随時	平成○年○月○日～ 平成○年○月○日
困ったときに相談に乗ってほしい。	困ったときにいつでも相談できる。 ⓰	平成○年○月○日～ 平成○年○月○日	困ったときにいつでも相談できる。 16-a	平成○年○月○日～ 平成○年○月○日	Aさん、Bさんとも心配事等があれば、いつでも、誰にでも相談してください。主治医を含め、連携しながら解決の手立てを考えていきましょう。	○ ○ ○ ○ ○ 	ケアマネジャー 訪問介護 短期入所生活介護 ○○医院 △△病院 近隣住民の方 民生委員		随時 随時 随時 随時 随時 随時 随時	平成○年○月○日～ 平成○年○月○日

※１「保険給付対象かどうかの区分」について、保険給付対象のサービスについては○印を付す。
※２「当該サービス提供を行う事業所」について記入する。

第3表 週間サービス計画表

作成年月日　平成　○年　○月　○日

平成　○年○月分より

要介護度　要介護3

利用者名　**A**　殿

作成者　**J**

		月	火	水	木	金	土	日	主な日常生活上の活動
深夜	4:00								
早朝	6:00								起床、更衣
午前	8:00	8:30～9:30 訪問介護	8:30～9:30 訪問介護	8:30～9:30 訪問介護	8:30～9:30 訪問介護		8:30～9:30 訪問介護	8:30～9:30 訪問介護	朝食、歯みがき Bさんと電話で会話
	10:00	11:30～12:00 訪問介護	11:30～12:30 訪問介護	11:30～12:00 訪問介護	11:30～12:30 訪問介護		11:30～12:30 訪問介護	11:30～12:00 訪問介護	テレビ観賞等(居間)
午後	12:00					9:00～16:00 通所介護			昼食
	14:00		12:30～17:30 透析		12:30～17:30 透析		12:30～17:30 透析		テレビ観賞等
	16:00	Bさん訪問 (入浴)	17:30～18:30 訪問介護	17:30～18:00 訪問介護			17:30～18:30 訪問介護	17:30～18:00 訪問介護	友人との茶話会等
夜間	18:00				Bさん訪問	Bさん訪問			テレビ観賞等
	20:00								就寝準備、歯みがき 就寝
深夜	22:00								
	24:00								
	2:00								
	4:00								

週単位以外のサービス	短期入所生活介護、　福祉用具貸与(歩行器)

事例6

自分でできることは自分で

親子関係、近隣関係がわるい男性の自立への思いを支える

1.アセスメント

利用者：Aさん　性別：男性　年齢：83歳

家族：長男Bさん・長男の妻Cさん

【ジェノグラム】

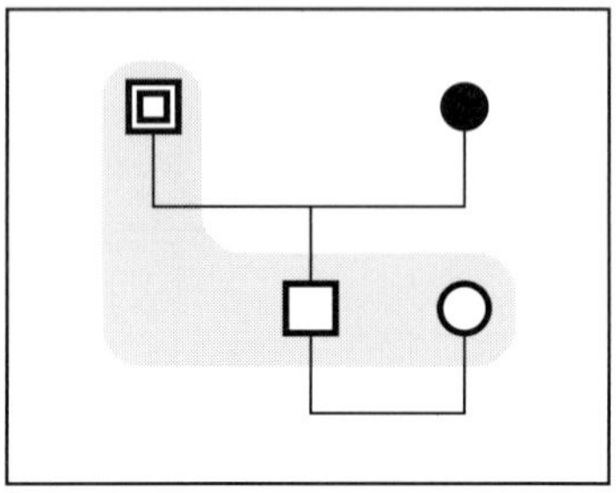

要介護度：要介護1

障害高齢者の日常生活自立度判定基準：A1

認知症高齢者の日常生活自立度判定基準：Ⅰ

身体障害者手帳：2級（脊髄《せきずい》小《しょう》脳変性《のうへんせい》症《しょう》により肢体不自由）

相談に至った経緯

57歳の頃《ころ》、歩行時のふらつきを感じ、当時の主治医を受診。紹介状にて近隣の○○病院神経内科を受診。脊髄小脳変性症との診断を受ける。症状は緩《ゆる》やかに進行し、67歳の頃、○○病院神経内科D医師より、生活の支援を受けるようにと言われ、在宅介護支援センター（現・地域包括支援センター）のコーディネートのもとにサービスを受けるようになる。介護保険開始後は、要介護1との認定結果のもとサービスを引き続き受けている。

生活史

現在の地に生まれる。子どもの頃は腕白《わんぱく》で、このあたりにも子どもがたくさんいて、野山を駆《か》け巡《めぐ》っていた。父親が戦争で早世し、大黒柱として働いた。25歳で結婚。一男をもうけるがその後は子どもに恵まれなかったとのこと。若い頃は夏場は農業、冬場は造り酒屋への出《で》稼《かせ》ぎで生計を立てていた。長男Bさんは高校を卒業し鉄工所に勤務していたが、

Aさんが72歳、Bさんが45歳の時に、Bさんは心筋梗塞《しんきんこうそく》から脳塞栓《のうそくせん》を発症し、左の不全麻《ふぜんま》痺《ひ》が残る。仕事は続けることができなくなり退職。身体障害者手帳2級にて障害厚生年金を受け取りながら生活している。Aさんが77歳、Bさんが50歳になる数年前に、Bさんは中国人の30代の女性Cさんと結婚し現在三人暮らし。

Aさんによると、Bさんとは昔からあまり仲がよくなかった。これといった原因はなく、いつの間にか今のような状況になった。Aさんは1階でBさんは2階で生活するという習慣がずっと続いていたが、Bさんが結婚し、Cさんが家に入ったことにより、家の中が明るくなったとのこと。CさんはAさんに対しても、食事の準備や掃除《そうじ》、洗濯、入浴の声かけ等一生懸命してくれる。AさんもCさんのことを「Cさん」と親しげに呼び、信頼している様子。Cさんが家に来てくれたことにより、Bさんとの関係性も少しよくなり、時々会話をしたり、自家用車で病院につれて行ってくれたりするようになったとのこと。AさんとBさんの関係は今でも微妙なバランスの上に成り立っているが、それなりにうまくいっている。

近隣との関係性については、民生委員の話によると、地域生活のなかでさまざまなトラブルを起こしたようで、近隣住民で親しく付き合える人はいないとのこと。過去に土地の境界線のことで隣家とトラブルがあったようで、現在でもそのことを思い出しては周囲に訴えている。

介護保険サービスについても、自分の思うようにならないと、サービスが気に入らないとの訴えになり、訪問介護員（ホームヘルパー）や通所介護（デイサービス）事業所を定期的に変更したり、サービスをやめたり再開したりを繰り返している。

利用者・家族の意向

Aさん：「Cさんが来てくれて家の中が明るくなった。Cさんはよくしてくれる。少しずつみんなでがんばっていこうと思う。今の暮らしを続けていくためになるべく動くようにしたい」

Bさん：「父が必要だと思っているサービスについては、父と相談して入れてくれたらいいと思っています」

◆健康（病歴）

脊髄小脳変性症、心尖部肥大型心筋症《しんせんぶひだいがたしんきんしょう》、第一腰椎圧迫骨折《だいいちようついあっぱくこっせつ》、前立腺肥大症《ぜんりつせんひだいしょう》。

◆精神機能

もの忘れはあるが、認知機能は保たれている。若い頃の隣家との境界のトラブルを現在のこととして周囲に語る。**サービス事業者の制度に沿ったサービスについて繰り返し説明するが、理解できず不満を訴え、事業者を変えたり、中止しては再開するといったことを繰り返している。**

◆BPSD（認知症の行動・心理症状）

なし。

◆身体機能と体

血圧は最高血圧130mmHg、最低血圧80mmHg。

運動失調、姿勢反射失調、左《ひだり》上《じょう》肢《し》の筋力低下、下肢筋力低下、体幹《たいかん》の筋力低下。視力、聴力、皮膚感覚《ひふかんかく》等の感覚機能は正常。嚥下機能《えんげきのう》、構音機能は正常。尿意・便意あり。自歯なし。

◆活動（ADL（日常生活動作）・IADL（手段的日常生活動作））

コミュニケーション

少し話しにくそうにはしているが、発語が聞き取りにくいといったことはない。こちらの声もよく聞こえる。理解力にも大きな問題はなく、日常に関する判断力は十分にある。

基本動作

寝返り、起き上がりは手すりや机につかまる等で可能。座位保持、立位も可能。歩行は、居宅内ははって移動、家の近所、デイサービス等では固定型歩行器を使用。近所への外出は電動カートを使用しているが、**家の前の坂が非常に危険**である。**姿勢反射失調のため、後ろ向きに転倒することが多い。**

洗面・口腔内保清

洗面所まではって行き、洗面、うがい、入れ歯洗いがどうにかできているが毎食後ではない。

整容

整髪、爪《つめ》きり、耳垢《じこう》の除去等全介助。

更衣

ゆっくりと自分でしている。ズボンがしっかり上がっていなかったり、背中からシャツが出ていることがある。

入浴

浴室内歩行は介助が必要。浴槽《よくそう》のまたぎはできない。洗髪は腕が上がりにくいために困難。背中と臀《でん》部《ぶ》、膝《ひざ》より下を洗うことはできないが、両腕と上半身の前面、陰部を洗うことはできる。**デイサービスでの入浴は、ゆっくりと入れないとのことで、気の向いたときにしか利用してもらえない。**自宅で１週間に１回程度入浴していると言うが、実際の頻《ひん》度《ど》は不明。はって浴室まで行ってそのまま洗い、浴槽には入らないとのこと。**デイサービスで身体や衣類を確認すると、在宅での入浴はほとんど形だけと考えられる。**

食事

箸《はし》でゆっくりと可能。しっかりと咀《そ》嚼《しゃく》できる。むせ込みもない。

排泄

日中はトイレまではって移動し、便器に手をついて立ち上がり自分でズボンを下ろし排《はい》泄《せつ》している。時折間に合わないことがあるようで**尿《にょう》臭《しゅう》がするが自覚はない様子。**Ｃさんは気にしているが、本人には言えないという。夜間は尿瓶《しびん》で排尿し、ポータブルトイレに捨てている。ポータブルトイレの処理はＣさんがしている。

受診・服薬

○○病院神経内科Ｄ医師に定期受診。Ｂさんが対応してくれるときもあるが、主に社会福祉協議会（以下、社協）の移送サービスや福祉タクシーを使用。１人で受診したときは、院内では車《くるま》椅《い》子《す》で移動するが、ボランティアやなじみの看護師が支援してくれている。薬は自己管理している。運動失調改善薬、ビタミンB_{12}製剤、抗不安薬、降圧薬、心不全治療薬を服薬。

金銭管理

金銭管理は自分でしている。預金の出し入れはＣさんが金融機関への送迎対応か、外務員を家に呼んでしている。

外部との連絡（緊急時等）

電話番号帳で電話番号を調べ電話することが可能。

社会的諸手続き

地域包括支援センターや民生委員等を上手に活用し、どうにかできている。

移動

家の周囲は固定型歩行器にて歩行。近所の散歩は電動カートを使用しているが、玄関前に上り坂があり転落したことがある。病院受診については主に社協の移送サービスか福祉タクシーを利用。病院以外の遠方への外出はしていない。

買い物

買い物は、BさんとCさんが主にしているが、電動カートで近所のコンビニエンスストアに行くこともある。コンビニエンスストアの中には入れないが、なじみの店員が出てきてくれ、商品の要望を伝えると商品を見《み》繕《つくろ》って見せてくれ、それを購入している。

調理・洗濯・掃除

Cさんがすべて実施。

趣味・嗜好

PPバンドを使ったかご編みが趣味。居間が一杯になるほどつくっている。時折、デイサービスの利用者、コンビニの店員などにプレゼントしている。

◆役割・関係性（家族・近隣等）

Cさんが嫁《とつ》いでくるまではBさんとの関係性は疎遠《そえん》で会話もほとんどなく、1階と2階で別居生活のようであったが、Cさんが嫁いできてからは2人の関係も少しよくなった。Cさんは A さんにも優しく接しており、A さんも信頼している様子。

近隣との付き合いは全くなく、家族以外の他者との関係性は、医療・福祉従事者を除くと、民生委員、コンビニエンスストアの店員、金融機関の外務員、区長程度。しかし、近所の人で気にかけてくれている人はいるとの民生委員の話もある。

◆住環境

Aさんが建てた持ち家。建築後、数十年が経過している。玄関前に、公道まで私道の上り坂がある。玄関の上がり框《かまち》の段差、台所と居間の間の段差、廊下《ろうか》については踏み台と手すりを設置済み。トイレは洋式、手すり設置済み。更衣室から浴室内に移動用手すり、浴槽内にはシャワーチェア、浴槽にはバスボードを設置し、座位にてお湯につかることができる。近隣は住宅地であるが、電動カートで30分程度のところにコンビニエンスストアがある。近くにかかりつけの国民健康保険診療所があるが、脊髄小脳変性症の主治医の○○病院は車で15分ほどのところにある。

◆性格

穏《おだ》やかで優しい性格。信頼する相手にはとても素直に応じる。**自分の信念を貫《つらぬ》く強さもあり、時にそれが不器用な生き方になる側面がある様子。**近隣との境界トラブルやBさんとの距離は、そういった個性的な要因もあると考えられる。

アセスメントの解説

Bさんや近隣とも関係性が良好とはいえないなかでの脊髄小脳変性症の発症は、Aさんにとって大きな衝撃《しょうげき》だったと考えられる。しかし、こういった過酷《かこく》な環境のなかでも誰《だれ》にも甘えることなく、身の回りのことをすべて自身でこなしてきたことはAさんの強さを表している。現在でも、保清面や居宅内での転倒リスクを考慮《こうりょ》すれば、デイサービスや通所リハビリテーション（デイケア）を利用して、リハビリテーションや入浴といったニーズに対応したいところであるが、Aさんは自分で必要と感じたとき以外にはサービスを利用しようとはしない。

支援の方向性としては、関係性を壊してしまう可能性を考慮し、無理にサービス導入はしない。Aさんの支えとなりつつあるCさんに協力してもらいながら、Aさんの強さを活《い》かし、日常生活において可能な限り体を動かしてもらう場面づくりをしていく。加えて何らかの役割をもってもらうことにより自尊心を高めることができるような支援をしていきたい。Bさんについては、無理に家族としての役割を押し付けはせずに、今後も信頼関係の構築に努める。Cさんについては、まだ日本に来て日が浅いため、介護が大きな負担にならないように配慮する。

2.アセスメントの7領域でニーズを整理する（ケアマネジャーの見立て）

1	**利用者・家族の語り**	Aさん：ADL・IADL維持のための身体機能の維持・向上。 Bさん：父の生活維持のためのサービス導入。
		・脊髄小脳変性症の進行状況の把握と症状の遅延。

2	**心と体の健康（病気）**	・心尖部肥大型心筋症（心不全症状）の把握と症状の遅延。 ・血圧コントロール。
3	**心身の機能と構造（身体）**	・筋力低下と平衡《へいこう》機能《きのう》の状況把握と改善。 ・もの忘れの状況把握と改善。
4	**活動（ADL・IADL）**	・起き上がり、立ち上がり、歩行の維持・安定のための活動性の改善。転倒リスクの軽減のための本人への注意喚起と頭部の保護。 ・家の近所のみ固定型歩行器にて歩行しているため、安定した歩行が維持できるようにしていく。 ・電動カートで散歩に行く途中、玄関前の坂から転落したことがあり、使用時の注意喚起が必要。 ・在宅での入浴時の介助と転倒リスクの管理。 ・C さんによると下着の汚染もあり、尿臭もするが、A さんには言えないとのこと。本人は尿臭に気づいておらず、ケアマネジャーがそのことを指摘するには、A さんの性格からして支援の拒否につながる可能性がある。また、現在は家族と多職種以外の交流はないため、A さんの尊厳が損なわれるような場面もないと考えられるため、しばらく様子を見ることにする。 ・ポータブルトイレの処理。 ・病院受診については現在のところ社協の移送サービスを自分で調整している。病院内でも看護師やボランティアとなじみの関係もあり、現状の見守りとする。 ・電動カートで 30 分もかけてコンビニエンスストアに行き、買い物するのが楽しみとなっているがリスクも高い。コンビニエンスストアの店員に何かあれば電話してもらえるように、C さんの携帯電話の電話番号と居宅介護支援事業所の電話番号を伝えておく。A さんの近くの住人で気にしてくれている人がいるとのことで、区長と民生委員を含め見守りの依頼をするとともに、民生委員と区長には居宅介護支援事業所の電話番号を伝えておく。ただし、A さんの承諾は得られにくいと感じるため、B さんに承諾を得て C さんに協力を依頼する。
5	**参加（役割）・自己実現**	・PP バンドでのかご編みが趣味で、コンビニエンスストアの店員、デイサービス利用時の親しい人などにプレゼントしているため、この趣味を可能な限り支援していく。 ・C さんを架《か》け橋《はし》に B さんとの関係性を少しでも修復できるように、C さんの無理のない範囲で支援を依頼する。
6	**個性（性格、ライフスタイル、習慣、生活**	・脊髄小脳変性症と長きに渡り付き合いながら、可能な限り自分のことは自分でしてきた。この自立心を活かしていく。かご編みが趣

	史、特殊な体験等）	味であり、今後も継続できるように支援していく。
7	環境（人的・物理的・制度的）	・区長、民生委員、近隣住民、コンビニエンスストアの店員による見守りおよび連絡網の整備。 ・住環境については整備が終了しているため現状で様子をみていく。

3.ニーズに優先順位をつけ、「目標」を立てる

第2表（164～165頁参照）

1 ニーズ1：「かご編みを楽しみたい」

かご編みの作品をつくる ❶ ― かご編みの作品をつくる
※趣味を楽しむことで活動性を高め、心身機能の維持を図る。 1-a
時折なじみの人にプレゼントすることで役割づくりにもなる。

2 ニーズ2：「気晴らしに散歩がしたい」

気晴らしの散歩を楽しむ ❷ ― 気晴らしの散歩を楽しむ
※活動性を維持することで心身機能の維持を図る 2-a

3 ニーズ3：「家の中を自由に動きたい」

家の中を自由に動くことができる ❸ ― 足の力を保つ　※家屋内歩行という基本動作安定のための機能維持 3-a

4 ニーズ4：「病状が安定してほしい」

病状が安定する ❹
- 病気を理解し管理する　※病状の把握と管理 4-a
- きちんと薬を飲む　※服薬遵守の促し 4-b
- きちんと受診する　※定期受診の促し 4-c

5 ニーズ5：「気持ちよく排尿がしたい」

気持ちよく排尿ができる ❺ ― 気持ちよく排尿ができる　※身体機能の維持および保清 5-a

6 **ニーズ6：「気持ちよくお風呂に入りたい」**

気持ちよく入浴ができる ❻	気持ちよく入浴ができる　※身体の保清および楽しみとしての入浴 6-a

7 **ニーズ7：「口の中をきれいにしたい」**

食後はうがいをし、入れ歯を洗う ❼	食後はうがいをし、入れ歯を洗う　※身体の保清 7-a

4.ニーズの優先順位についての解説

このAさんについては、難病ですが進行は非常に緩徐《かんじょ》なので、現状では医療ニーズについてはさほど高い優先順位とは考えていません。ケアマネジャーの規範的ニーズとして最優先したいのは、現状ではADLを維持することや身体保清です。しかし、Aさん自身はニーズとして感じている様子はなく、そこを最優先ニーズとして強調することはできません。Aさんとの信頼関係を壊さぬようにし、支援を継続できるようにAさんの思いを尊重する形で、Aさんの関心の中心にある趣味や気晴らしを意図的に最優先ニーズとし（**ニーズ1・2**）、その後にADLを維持するニーズや身体保清のニーズ（**ニーズ3、5～7**）を位置づけてAさんに理解を求めています。医療ニーズについては、基本動作の安定ニーズの次に位置づけています（**ニーズ4**）。

5.サービス担当者会議での　ケアプラン解説ポイント

第1表（163頁参照）

（163頁参照）

①利用者及び家族の生活に対する意向 … Ⓐ

Bさんが結婚し、Cさんが嫁いできてくれたことで、Aさんは少し心に張りが出てきました。Cさんに感謝することばが聞かれるとともに、3人でがんばっていきたいという意向と同時に、自分自身の体調の維持についてもふれています。

Bさんは、主体的にAさんの介護に携《たずさ》わろうとする様子はありませんが、サービスが入ることに対しての拒否感はなく、Aさんがいいというのならサービスを入れてもらったらいいと、消極的ながらも介護に対する意向を述べています。

②総合的な援助の方針 … B

まず、Cさんが家族になったこと、趣味のかご編みの再開についてさりげなくふれることで、Aさんの心に少し日が差すように配慮しています。Aさんは難病で基本動作が不安定になってきており、転倒リスクや保清など多くの課題がありますが、可能な限り何事も自分自身でしていきたいという強い思いをもっており、ケアマネジャーとして感じる規範的ニーズをすべては受け入れてくれません。そういう個性を「積極的に取り組んでいるAさん」という表現で承認しながら、支援に対する意思表明をあまり強い表現にならないようにしています。

また、最後に非常にリスクが大きいと考えられる転倒について注意を促しています。

第2表（164～165頁参照）

③生活全般の解決すべき課題（ニーズ） … C

Aさんは脊髄小脳変性症による身体機能障害に加え、心疾患《しんしっかん》もあり、医療、転倒リスク、保清など多様なニーズにあふれていますが、Aさんは自分で必要と思うサービス以外は利用しようとはしません。ケアマネジャーとしての規範的ニーズはほかにも多くありますが、Aさんの意向に沿ったケアプランとなっています。

利用者の合意が得られず、ケアプランに載せることができないニーズについては、経過記録に記載すると同時にサービス担当者会議等で多職種にて共有し、引き続き様子を観察しながら、ニーズとして理解してもらえるように多職種で一体的にアプローチしていくことが求められます。

「かご編みを楽しみたい」

長期目標・短期目標「かご編みの作品をつくる」

かご編みはAさんにとって大きな楽しみとなっています。また、時々なじみの人にプレゼントしたりすることによって他者に喜んでもらうことのできる社会的役割という意味合いもあります。加えて「考える」「座位保持」「上肢の活用」といったリハビリテーションにもなっています。Aさんの思いが一番強いため、最優先ニーズとしています。Aさんの「ことばで発せられたニーズ」を基本に導き出しています。

「気晴らしに散歩がしたい」

長期目標・短期目標「気晴らしの散歩を楽しむ」

Ａさんが日課としている散歩についてのニーズです。日常生活のなかで自然にＡさんが行っていることなので、あえてニーズとして取り上げる必要があるのかと思われるかもしれませんが、この自発的な習慣には、非常に高い転倒リスクが隠されています。Ａさんに注意を促すとともに、Ｃさんにも注意していただくよう依頼しています。

また、Ａさんは姿勢反射失調により、後方への転倒が特徴的で、散歩時には必ずヘッドギアの着用が求められます。ヘッドギアの劣化時には日常生活用具給付等事業にて給付してもらわなければなりません。加えて、福祉用具貸与の種目である電動カートと歩行器も必要となっていますので、環境整備にかかるニーズもここに含めています。

「家の中を自由に動きたい」

長期目標「家の中を自由に動くことができる」

短期目標「足の力を保つ」

Ａさんは、いつも「動けるようにしておかないとあかん」と言われます。つまり、Ａさんの「ことばで発せられたニーズ」をベースにしています。居室内の畳《たたみ》の上については、立ち上がることが億劫《おっくう》なのに加え、いろいろなものが雑多に置かれているためにはって移動しています。Ａさんはともすればトイレや浴室に行くときにもはって移動しようとすることが多いので、廊下については整備された手すりにつかまり歩行してもらうように促しています。短期目標の「足の力を保つ」という表現には、Ａさんに下肢筋力の維持の必要性を理解していただくことに対するメッセージの役目もあります。

「病状が安定してほしい」

長期目標「病状が安定する」

短期目標「病状を理解し管理する」「きちんと薬を飲む」「きちんと受診する」

Ａさんの脊髄小脳変性症は緩やかに進行しています。運動失調や姿勢反射失調を特徴としているので、常に自分の病状を理解してもらう必要があります。定期的に薬剤師による管理指導を導入し、病状把握とＡさんに対する助言、服薬管理についての確認を行ってもらっています。服薬については、管理能力は十分にあるものの、手指の巧緻性《こうちせい》に課題があり、気づかずに錠剤を落としてしまうといったことがよくあるため、Ｃさんに確認をお願いしています。また、受診については、時折、体調や気分で受診していないことがあるため、Bさんにお願いしています。Cさんが嫁いでくる以前のBさんは受診に対しても協力的ではなかったのですが、最近では快《こころよ》く対応してくれることも増えました。これを機会にBさんにも役割を担《にな》っていただき、関係性を改善することも隠されたニーズとして存在しています。

「気持ちよく排尿がしたい」

長期目標・短期目標「気持ちよく排尿ができる」

Aさんは前立腺肥大症による溢流性尿失禁《いつりゅうせいにょうしっきん》が絶えずある状況です。Cさんからも「お父さんはにおう」という訴えがありますが、Aさんはよほど下着が濡《ぬ》れない限りは気づかないようです。指摘したいところではありますが、尊厳にかかわるデリケートな課題のうえに、Aさんの性格上、ケアマネジャーの介入そのものを拒否される可能性があるため、様子観察とせざるを得ません。自助と互助の範囲でニーズとして記載しています。

「気持ちよくお風呂に入りたい」

長期目標・短期目標「気持ちよく入浴ができる」

保清と入浴時の転倒リスクはニーズとして非常に高いものがありますが、Aさんは、在宅での入浴を強く望んでいます。ホームヘルパーに来てもらうことも拒否し、「自分で入れているから大丈夫」と言いますが、実際は週に1度の入浴もできていません。デイサービスについては、気分が乗ったときにのみケアマネジャーに電話し利用される程度で、定期利用を勧めても「前に利用したが、ゆっくり湯船につかることもできなかった」と言い拒否を続けています。排泄ニーズ同様、このニーズについても無理強いすることはせずAさんの主体性にゆだねながら様子をみています。心疾患があるため、長湯に注意すること、血圧・体重の増減と浮腫《ふしゅ》のチェックについても明記しています。

「口の中をきれいにしたい」

長期目標・短期目標「食後はうがいをし、入れ歯を洗う」

Aさんは義歯をしていますが、確認したところ、毎食後に義歯の洗浄をしていないとのことでした。ケアマネジャーの規範的ニーズからAさんに提案し、同意を得て記載しています。

POINT!

「サービスを拒否する」というケースについて

Aさんのように、ケアマネジャーの見立てでは多様な規範的ニーズがあるにもかかわらず、利用者自身はさほどニーズとしてはとらえていないといった事例は珍しくありません。援助する側からみると「サービス拒否」というイメージをもちやすいのですが、利用者の現実世界においては何も不便を感じていないということもあります。このようなケースに出会ったときには、ニーズに気づかずにサービスを拒否する困難ケースと一方的にとらえるのではなく、視点を変えて、主体的に生きようとしてがんばっているケースと理解してみることも大切です。

専門職として、見逃せないリスクがあることもありますが、信頼関係のなかで何がしかのアプローチを継続する努力を重ねつつも、利用者が主体的に生きようとしているのであれば、見守りながら支援を継続していく場合もあります。

第1表 居宅サービス計画書(1)

作成年月日　平成　○年　○月　○日

初回 ・ 紹介 ・ 継続 | 認定済 ・ 申請中

利用者名　A　殿　　生年月日　○年　○月　○日(83歳)　　住　所　○○県○○市○○町

居宅サービス計画作成者氏名　J

居宅介護支援事業者・事業所名及び所在地　○○居宅介護支援事業所　○○県○○市○○町

居宅サービス計画作成(変更)日　平成　○年　○月　○日　　初回居宅サービス計画作成日　平成　○年　○月　○日

認定日　平成　○年　○月　○日　　認定の有効期間　平成　○年　○月　○日 ～ 平成　○年　○月　○日

要介護状態区分	要介護1 ・ 要介護2 ・ 要介護3 ・ 要介護4 ・ 要介護5
利用者及び家族の生活に対する意向 A	Aさん：「Cさんが来てくれて家の中が明るくなった。Cさんはよくしてくれる。少しずつみんなでがんばっていこうと思う。今の暮らしを続けていくためになるべく動くようにしたい」 Bさん：「父が必要だと思っているサービスについては、父と相談して入れてくれたらいいと思っています」
介護認定審査会の意見及びサービスの種類の指定	
総合的な援助の方針 B	家族が増えてにぎやかになりました。また暖かな季節を迎え、かご編みも再開されることと思います。今の暮らしを続けていくために、ご自分で何事も積極的に取り組もうとされています。Aさんがおっしゃるとおり、日常生活において、無理のない範囲で動いていただくことで体を維持することができるようにお手伝いさせていただきます。 転倒等の事故には十分に気をつけて活動していただきたいと思います。 緊急連絡先：Bさん　090−○○○○−○○○○　　主治医○○病院　D医師　079−○○○−○○○○(日中、夜間共)
生活援助中心型の算定理由	1. 一人暮らし　2. 家族等が障害、疾病等　3. その他(　　)

第2表 居宅サービス計画書(2)

作成年月日　平成　○年　○月　○日

利用者名　**A**　殿　　※２の事業所名は紙面の都合上記載していません。

C

生活全般の解決すべき課題(ニーズ)	目標				援助内容					
	長期目標	(期間)	短期目標	(期間)	サービス内容	※1	サービス種別	※2	頻度	期間
かご編みを楽しみたい。	かご編みの作品をつくる。 ❶	平成○年○月○日～ 平成○年○月○日	かご編みの作品をつくる。 1-a	平成○年○月○日～ 平成○年○月○日	荷造りバンドを利用してかご編みを楽しんでおられます。時々なじみの人にプレゼントされたりしています。これからも楽しんで続けていきましょう。		Aさん		随時	平成○年○月○日～ 平成○年○月○日
気晴らしに散歩がしたい。	気晴らしの散歩を楽しむ。 ❷	平成○年○月○日～ 平成○年○月○日	気晴らしの散歩を楽しむ。 2-a	平成○年○月○日～ 平成○年○月○日	電動カートで近所の散歩を楽しんでおられます。また時々コンビニエンスストアに買い物にも行かれます。		Aさん Cさん		随時 随時	平成○年○月○日～ 平成○年○月○日
					また、家の周りは歩行器で散歩されています。歩行時には必ずヘッドギアを付け、転倒に気をつけながら楽しみましょう。		日常生活用具給付等事業		劣化時	
					電動カートのメンテナンスと歩行器の定期評価に訪問します。	○	福祉用具貸与		1回/2週	
家の中を自由に動きたい。	家の中を自由に動くことができる。 ❸	平成○年○月○日～ 平成○年○月○日	足の力を保つ。 3-a	平成○年○月○日～ 平成○年○月○日	居室内の畳の上は、はって移動されています。廊下については手すりを持って歩くようにしましょう。		Aさん		毎日	平成○年○月○日～ 平成○年○月○日
病状が安定してほしい。	病状が安定する。 ❹	平成○年○月○日～ 平成○年○月○日	病状を理解し管理する。 4-a	平成○年○月○日～ 平成○年○月○日	薬を持参し、健康管理についてのアドバイス、D医師との連携の橋渡しをします。副作用の症状にも注意します。	○	居宅療養管理指導		1回/2週	平成○年○月○日～ 平成○年○月○日
					胸苦しさを感じるときには周囲の人に言いましょう。		Aさん		随時	
			きちんと薬を飲む。 4-b	平成○年○月○日～ 平成○年○月○日	Cさんに朝食後、夕食後の服薬の声かけをしていただき、確実に服薬できるようにしておきましょう。		Aさん Cさん		毎日 毎日	平成○年○月○日～ 平成○年○月○日
			きちんと受診する。 4-c	平成○年○月○日～ 平成○年○月○日	Bさんが可能なときには対応していただいています。		Bさん		随時	平成○年○月○日～ 平成○年○月○日
					Bさんが不都合なときには移送サービスの調整をしましょう。		移送サービス Aさん		随時	
気持ちよく排尿がしたい。	気持ちよく排尿ができる。 ❺	平成○年○月○日～ 平成○年○月○日	気持ちよく排尿ができる。 5-a	平成○年○月○日～ 平成○年○月○日	前立腺肥大症の薬を継続して飲むようにしましょう。 夜間については尿器とポータブルトイレを使用されています。		Aさん		毎日	平成○年○月○日～ 平成○年○月○日
					尿器とポータブルトイレの処理はCさんにお願いします。		Cさん		毎日	平成○年○月○日～ 平成○年○月○日

※1「保険給付対象かどうかの区分」について、保険給付対象のサービスについては○印を付す。
※2「当該サービス提供を行う事業所」について記入する。

C

第２表

作成年月日　平成　○年　○月　○日

利用者名　**A**　殿　　　※２の事業所名は紙面の都合上記載していません。

生活全般の解決すべき課題（ニーズ）	目標				援助内容					
	長期目標	（期間）	短期目標	（期間）	サービス内容	※1	サービス種別	※2	頻度	期間
気持ちよくお風呂に入りたい。	気持ちよく入浴ができる。 ❻	平成○年○月○日〜 平成○年○月○日	気持ちよく入浴ができる。 6-a	平成○年○月○日〜 平成○年○月○日	転倒しないように見守りさせていただきます。できるだけすべて自分でしようとするAさんです。自分で洗うことが難しいところはお手伝いします。長湯にならないように注意します。血圧と体重を測り、浮腫のチェックもします。	○	通所介護		希望日	平成○年○月○日〜 平成○年○月○日
				平成○年○月○日〜 平成○年○月○日	自宅で入浴するときには転倒に十分気をつけるようにお願いします。		Aさん		随時	平成○年○月○日〜 平成○年○月○日
口の中をきれいにしたい。	食後はうがいをし、入れ歯を洗う。 ❼	平成○年○月○日〜 平成○年○月○日	食後はうがいをし、入れ歯を洗う。 7-a	平成○年○月○日〜 平成○年○月○日	食後はうがいをし、入れ歯を洗いましょう。Cさん声かけをお願いします。		Aさん Cさん		毎食後 毎食後	平成○年○月○日〜 平成○年○月○日

※１「保険給付対象かどうかの区分」について、保険給付対象のサービスについては○印を付す。
※２「当該サービス提供を行う事業所」について記入する。

第3表 週間サービス計画表

作成年月日　平成　○年　○月　○日

要介護度　　要介護1

平成　○年○月分より

利用者名　　A　　殿

作成者　　J

		月	火	水	木	金	土	日	主な日常生活上の活動
深夜	4:00								
早朝	6:00								
午前	8:00								起床　朝食
	10:00								
午後	12:00								昼食
	14:00								散歩
	16:00								
夜間	18:00								夕食
	20:00								
深夜	22:00								
	24:00								
	2:00								
	4:00								

週単位以外のサービス	福祉用具貸与(電動カート、歩行器)、通所介護(希望日)、居宅療養管理指導、日常生活用具給付等事業(ヘッドギア)、移送サービス

事例7

ケアプランを一緒に

自分の生活を主体的に組み立てる独居男性

1.アセスメント

利用者：Aさん　性別：男性　年齢：78歳

家族：妹Bさん・妹の夫Cさん・長女Dさん・次女Eさん

【ジェノグラム】

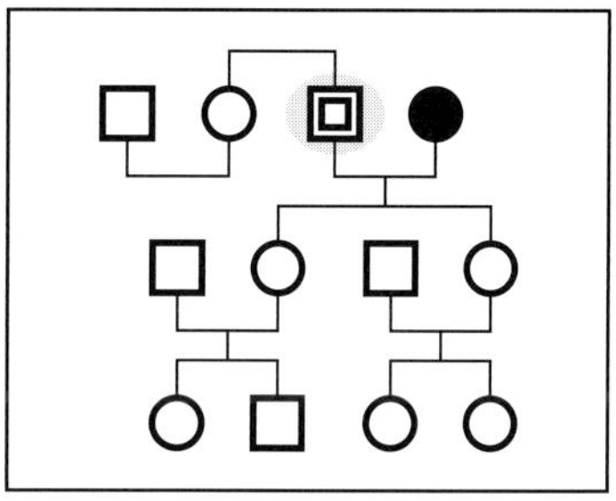

要介護度：要介護1

障害高齢者の日常生活自立度判定基準：J2

認知症高齢者の日常生活自立度判定基準：自立

相談に至った経緯

7か月前のある日、近所への買い物から帰り、自宅で過ごしていたところ、右手足が動きにくいと感じ、その後全く動かなくなったため、驚いて自分で119番通報し救急搬送となる。すぐに点滴治療が行われたが、右《みぎ》上《じょう》下《か》肢《し》麻《ま》痺《ひ》が進行。その後、徐々に回復し、回復期病院へ転院。院内は短下肢装具を装着しながらキャスター付き歩行器で移動可能となる。一般病棟では、「老人ホームの世話になる」と言っていたが、さらに回復し周囲からの助言や介護保険制度の理解が進むにつれ、在宅での生活に自信がついてきた。言語障害、認知機能障害もなく、軽度の右不全麻痺はあるものの、ADL（日常生活動作）もほぼ自立となり、入院の3か月後に退院。地域包括支援センターを通してケアマネジメントの依頼があり、支援が開始される。

生活史

現在の地に生まれる。子どもの頃《ころ》より成績もよく、地元の進学校を卒業後、衣類関連企業に勤務する。25歳で結婚し、娘2人に恵まれる。娘達が結婚し独立した後は、勤めながら夫婦２人で仲睦《なかむつ》まじく生活していた。仕事は順調で、最高位のポストまで昇りつめ定年退職。老後を夫婦で楽しんでいた70歳のときに妻を病気で失い、独居生活となる。妻を失ったときにはひどく落ち込み、娘達も心配したとのことだが、日が経つにつれて少しずつ生きがいを見出していった様子。人柄がよく、また非常に自立心が強い。地域の人々からも信頼され、地区役員なども歴任している。倒れる前までは、妻を失ってから10年以上も高齢独居者の会「さつき会」の会長を務めていた。月１回の集まりでは、茶話会や食事会に勉強会や外出を組み合わせ、年間を通して楽しむことができるような企画をしていた。案内等の事務も一手に引き受けていたとのこと。

娘達との関係は良好で、入院中も、退院後も定期的に訪問しては食事のつくり置き等の世話をしているが、県外に住んでいるために頻繁《ひんぱん》に来ることができない。Ａさんは娘達の状況を理解し、「自分でできるから大丈夫」といつも言っている。近隣に妹夫婦が住んでおり、この２人が入院直後から現在に至るまでさまざまな世話をしてくれており、Ａさんも頼りにしている。

Ａさんは頭のよい人で、「できること」「できないこと」等の現状の把握や、今後の見通しも冷静に見極める力がある。日常生活や社会参加に対しても前向きである。

妹Ｂさんが訪問時、台所の入り口にあるのれんを「前が見にくく、危ないからはずそう」と提案しても、「それは自分で判断する」と答えたというエピソードに表されるように、しっかりと自分の生活イメージを頭に描くことができている。

利用者・家族の意向

Ａさん：「長年地区や檀家《だんか》、さつき会等いろいろな社会活動をしてきた。今までどおりの活動はでき難くなってしまったが、できる範囲で活動は続けていきたい。周りは一人暮らしを心配しているが、家事も長年してきたこともあり、できるところまで自分の力でやっていきたい。必要だと感じたときには介護保険サービスを増やしていこうと考えている」

Ｂさん：「兄は長年一人暮らしであり、家の事もしっかりとやってきた。がんばり屋だから、何とかしていくと思うけど、家族としては心配している。定期的に誰《だれ》かが見守りをしてほしいと思っている。あまり無理をせずに元気で暮らしてくれればと思っています」

◆健康（病歴）

アテローム血栓性脳梗塞後遺症《けっせんせいのうこうそくこういしょう》、糖尿病、高血圧症。

◆精神機能

正常。

◆BPSD（認知症の行動・心理症状）

なし。

◆身体機能と体

血圧は最高血圧110mmHg、最低血圧60mmHg（服薬でコントロール）。HbA1c（NGSP（国際基準値））７％（治療前）。

右上下肢不全麻痺（関節可動域制限なし、感覚障害軽度）。四肢、体幹《たいかん》の筋力低下軽度。失語、構音障害なし。視力、聴力問題なし。嚥下《えんげ》障害《しょうがい》なし。自歯。尿意・便意あり。

◆活動（ADL（日常生活動作）・IADL（手段的日常生活動作））

コミュニケーション

日常的な自己決定から介護保険制度といった高い理解力を要することまで可能。コミュニケーションも良好。

基本動作

ベッド上での寝返りから起き上がり、端座位《たんざい》、立ち上がりまで安定して可能。家屋内歩行については手すりにつかまりながら実施。右足が上がりにくいため、カーペットの縁《ふち》等にひっかからないように注意を要する。屋外の階段等の段差についても右足がひっかからないように注意を要する。玄関に上がり框《かまち》があるが、現在では注意しながら上り下り可能。

屋外の歩行については短下肢装具を着用し、シルバーカーで安定して可能。

洗面・口腔内保清

洗面所まで行き可能。立位にて歯みがき、洗面時の前かがみも安定して可能。

整容

整髪、髭剃《ひげそ》りは自力で可能。左手の爪《つめ》きりについては怪我のリスクと時間を要するため介助。耳垢《じこう》の掃除《そうじ》については時間をかけて自分で可能。

更衣

更衣室の椅子《いす》やベッドに座ってゆっくりと可能。

入浴

洗体、洗髪については右不全麻痺の影響があるが、すべて可能。床に座ると立ち上がりにくいため、シャワーチェア使用。浴室内の移動については転倒に注意。

食事

箸《はし》でゆっくりと可能。咀嚼《そしゃく》、むせ込みに問題なし。

排泄

トイレにて自力で可能。間に合わないといったこともない。

受診・服薬

〇〇病院神経内科Ｆ医師に定期受診。近隣に住む妹夫婦が車で送迎し、受診に付き添ってくれる。服薬は自己管理可能。血液凝固阻止薬《けつえきぎょうこそしやく》、経口血糖降下薬、降圧薬。

金銭管理

預貯金の管理については近所の郵便局に出かけ自分で行っている。

外部との連絡（緊急時等）

固定電話に加え、少し扱いにくそうであるが携帯電話を扱うことも可能。緊急通報装置についても理解し身近に置いている。

社会的諸手続き

妹夫婦に移動を手伝ってもらい、時に代筆してもらうこともある。手続きの必要な制度理解には問題なし。

移動

屋外の歩行については短下肢装具を着用し、シルバーカーでほぼ安定して可能。受診等の外出については妹夫婦の送迎にて実施。支払等についても自分で行っている。

買い物

近隣の商店にシルバーカーで食料品を買いに出かけている。また、この商店に依頼すると配達もしてくれる。その他必要物品は妹夫婦に依頼している。

調理・洗濯・掃除

炊飯《すいはん》や簡単な調理は妻が亡くなってからずっとしていたため可能。その他惣菜《そうざい》を購入している。自力での調理では十分な栄養価はない。また、いろいろな料理を楽しむところまではいかない様子。栄養バランスが気になるところ。塩分や糖分等の疾患《しっかん》に対する影響については理解できている。

洗濯についてはすべて自分で実施。持ち運びのときには、転倒に注意が必要。

机の拭《ふ》き掃除や掃除機かけは可能。衣替えや物の移動、家周囲の掃除といったことは、自力では難しい部分もある。

趣味・嗜好

高齢独居者の集まりである「さつき会」の活動に心血を注いでいる。紀行ものや映画等のビデオ収集と鑑賞も好き。

◆役割・関係性（家族・近隣等）

高齢独居者の集まりである「さつき会」の会長兼事務方をしていた。退院後については、会長は退《しりぞ》いたものの、事務方等の縁の下の力持ちとして活動している。

通所介護（デイサービス）で依頼されたリハビリテーション記録様式の作成をしている。

町内会の役員は病気発症後は退いている。

◆住環境

A さんが建てた持ち家。建築後数十年が経過している。家の前は県道で平地。住宅街にあり、食料品店もある。過疎地《かそち》のため利便性が高いとは言い難いが、近隣とのつながりが深い地域柄で声をかけてくれる住民も多く、環境的には恵まれている。玄関が路面より5 cm 程度高くなっている。家屋内には上がり框に30cm の段差があるがほかには大きな段差はない。上がり框については、下駄箱《げたばこ》に左手をついてゆっくりと上がっている。手すりの提案をしたが、本人が今のままでしばらくやってみるとのこと。トイレ、浴室については病気になる前から手すりが設置されている。廊下《ろうか》については退院前に手すり設置済み。

◆**性格**

70歳で妻を亡くすという大きなインシデントがあったが、少しずつ乗り越えてきた。明るく社交的で知人も多く、社会活動にも積極的。自分のことは可能な限り自分でしたいと言う。自分自身の現状の理解もできており、支援内容についても自分で判断し、要望する力も十分にある。

アセスメントの解説

70歳のときに、予想もしなかった妻の死に直面したＡさんであったが、もち前の明るさや社交性で乗り越えてきた。今回の病気も、独居のＡさんにとっては大きな不安としてのしかかったに違いないが、Ａさんには、自分のおかれた現状を非常に冷静に客観的に見つめる力を感じる。周囲が心配して打ち出す提案もしっかりと見極め、はっきりと自分の意見を言う。退院後、新たなスタートを切ったＡさんは、障害を押して積極的に独居生活や地域活動に身を投じている。また、ケアマネジャーのはたらきかけで、新たな活動として、得意なパソコンで通所しているデイサービスで使用するリハビリテーション記録様式の作成もしている。

しかし、「退院前はできると思っていたことができないことも多々ある」ということばに表されるように、さまざまな困難も目の前に立ちはだかっている。そういった困難にも一つひとつ向かおうとしているＡさんである。Ａさんには、自身の今と将来について考える力が十二分にあり、ケアマネジャーとともにケアプランを立案することができることがこのケースの特徴である。

2.アセスメントの7領域でニーズを整理する（ケアマネジャーの見立て）

1	**利用者・家族の語り**	Aさん：「さつき会」の活動の継続。 Bさん：見守り体制の構築。
2	**心と体の健康（病気）**	・脳梗塞の再発予防。 ・糖尿病の悪化予防。 ・血圧コントロール。

3	心身の機能と構造（身体）	・右不全麻痺の悪化予防。両下肢筋力の維持。
4	活動（ADL・IADL）	・短下肢装具を着用し、シルバーカーを使用しての居宅外での歩行の安定（特に右足の挙上）。 ・居宅内でのつかまり歩行の安定（特に右足の挙上）。 ・買い物、調理、洗濯、掃除等の「している活動」の維持。 ・趣味（紀行ものや映画等のビデオ収集と鑑賞）の継続。
5	参加（役割）・自己実現	・「さつき会」の事務方としての役割。 ・デイサービスのリハビリテーション記録様式作成（利用者のなかでの役割）。
6	個性（性格、ライフスタイル、習慣、生活史、特殊な体験等）	・社交的な性格を活《い》かしていく。何事も自分で解決しようと努力する傾向にあるため、無理しないように促していく必要がある。 ・ケアプランに関しても自分で決めたいという意欲をもっているため、一緒に立案していく。
7	環境（人的・物理的・制度的）	・緊急時連絡網の維持とメンテナンス。 ・住環境については整備が終了しているため現状で様子をみていく。

3.ニーズに優先順位をつけ、「目標」を立てる

第2表（181～182頁参照）

1　ニーズ1：「さつき会のサポートをしていきたい」

さつき会のサポートを続ける ❶

さつき会のサポートを続ける
※長年続けてきた社会活動（役割）を継続することで主観的QOLと活動性 1-a を高める。

2　ニーズ2：「さつき会以外にも人とかかわりをもつ機会がほしい」

さつき会以外の人と楽しむ機会をもつ ❷

さつき会以外の人と楽しむ機会をもつ 2-a
※新たな役割(友人関係)をもつことで主観的QOLと活動性を高める

3 **ニーズ3：「今よりもさらに安定して歩きたい」**

- 今よりも歩行の力が伸びる ❸
  - 自宅内を安定して歩くことができる 3-a
    ※実用歩行の安定と下肢筋力の強化
  - 近隣を安定して歩くことができる 3-b
    ※実用歩行の安定と下肢筋力の強化

4 **ニーズ4：「病気にはくれぐれも気をつけたい」**

- 体調が安定し過ごすことができる ❹
  - 病気が悪くならない　※服薬遵守と食事内容についての助言 4-a

5 **ニーズ5：「これまでしてきた家事は続けていきたい」**

- 家事を続けることができる ❺
  - 調理をする　※自立心の支援と現有能力を活かす 5-a
  - 洗濯をする　※自立心の支援と現有能力を活かす 5-b
  - 掃除をする　※自立心の支援と現有能力を活かす 5-c
  - 買い物をする　※自立心の支援と現有能力を活かす 5-d

6 **ニーズ6：「通所介護のリハビリテーション記録様式を自分で作成したい」**

- リハビリテーション記録様式を完成させる ❻
  - リハビリテーション記録様式を作成する 6-a
    ※個性（得意なこと）にアプローチすることにより心身機能を活用

7 **ニーズ7：「何かあったときにはすぐに連絡がつくようにしておきたい」**

- 緊急時に連絡をとることができる ❼
  - 緊急時に連絡をとることができる　※緊急時対応の環境整備 7-a

4.ニーズの優先順位についての解説

Ａさんは精神機能にも全く問題がなく、現状認識も的確です。ケアマネジャーが作成したケアプランの原案を理解し、自分のニーズの優先順位についても、ケアマネジャーと話し合いながら決定していきました。Ａさんが最優先したのは生きがいとなっている社会参加ニーズです（**ニーズ１・２**）。その次には、日常生活に欠かせない安定的な実用歩行をニーズとしています（**ニーズ３**）。そしてその次には、疾患の管理という医療ニーズ

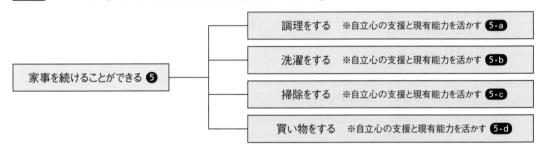

を選択しました（**ニーズ4**）。実用歩行という ADL ニーズを優先するか、医療ニーズを優先するかは A さんも悩みましたが、今の A さんの思いが強い歩行の安定を優先することになりました。その後に IADL に関するニーズを選び（**ニーズ5**）、そして、趣味的な活動と社会参加をミックスしたパソコンでのリハビリテーション記録様式の作成を選択しました（**ニーズ6**）。最後に、緊急時の連絡体制の整備について取り上げています（**ニーズ7**）。

5. サービス担当者会議での　ケアプラン解説ポイント

第1表（180頁参照）

①利用者及び家族の生活に対する意向 … A

A さんは、幸いなことに脳梗塞の後遺症もほとんどなく、病気の再発や事故さえなければ、今後において QOL は大きく改善する可能性があります。退院後も社会活動への意欲も衰《おとろ》えず、また自分のことはできるだけ自分でしたいとの要望があります。

ケアプランも A さんに相談しながら一緒に作成しています。A さんは自分自身の現状を客観的に理解できるため、A さんのことばで発せられたニーズ（要望）とケアマネジャーの規範的ニーズがほぼ一致します。

ただし１点だけ、自分で何事もしていきたいという強い思いから、たとえば「自分で片づけるから置いておいてくれ」と言った物が実際は片づけることができずに放置してあったり、無理をして転倒リスクにつながるといった場面が見られ、A さんに、できないこと、リスクを伴うことは支援要請してほしいと伝えてあります。

ケアプランには時期《じき》尚早《しょうそう》で記載していませんが、A さんは介護保険サービス利用の終結を目標にされています。

B さんは、心配から生活場面やサービス利用について一生懸命提案されますが、A さんははっきりと「そんなことは自分で決める」と言われます。自立心に加え、兄としての威厳も感じられます。B さんに対しては、心配する気持ちはわかるけど、当面は A さんの思いを尊重していきましょうと伝えてあります。

②総合的な援助の方針 … B

今までの経過が良好に推移していることにふれながら、A さんの主体性を尊重していく態度をまず表明しています。次にＡさんが長年社会活動にいそしんできたことや、地域に溶け込んでいることを承認しながら、将来についての見通しを明るくイメージしてもらうために、Ａさんのこれからの生活に対する思いの中心にある、社会活動の継続についてふれています。

また、ケアプラン作成については、Ａさんの思いが強いため、ケアマネジャーとしてＡさんの主体性を尊重することを表明しています。

最後にＢさんが気にしている、無理をすることによる病気の再発や事故といったリスクについてさりげなくふれることで、Ｂさんの思いに対する配慮《はいりょ》と、Ａさんに対し無理をして病気や事故につながらないように注意を促しています。

第2表（181～182頁参照）

③生活全般の解決すべき課題（ニーズ）… C

すべてのニーズについて、ケアマネジャーが原案を作成し、Ａさんと一緒に検討して修正してつくり上げています。Ａさんは自分自身のおかれている現状を正確に理解できているため、ケアマネジャーの規範的ニーズと大きな相違はありませんでした。すべてのニーズはＡさんのことばで表したニーズ（要望）をベースに立案されていると考えることができます。

「さつき会のサポートをしていきたい」

長期目標・短期目標「さつき会のサポートを続ける」

早くに妻を亡くしてから、Ａさんの生きがいは独居高齢者の会である「さつき会」の世話役でした。この社会活動がＡさんの生きる糧《かて》の１つであったといえます。退院後もなるべく早くさつき会に復帰したいとの要望がありました。さつき会でのＡさんは、会員に求められる存在でした。その役割はＡさんの自尊心を高めるとともに活動性を高めます。活動性が高まれば心身機能を活用することにつながります。Ａさんにとって最も動機づけの高いリハビリテーションと位置づけることもできます。Ａさんのことばで発せられたニーズ（要望）をもとに導き出したニーズです。Ａさんと相談の結果、最優先ニーズとしています。

「さつき会以外にも人とかかわりをもつ機会がほしい」

長期目標・短期目標「さつき会以外の人と楽しむ機会をもつ」

「さつき会」を楽しみとしているＡさんですが、頻度的には１か月に１度程度の集まりと役員会のみです。Ａさんも社会参加の場が少なく、家にいる時間が長いことに不安を感じていました。当初はデイサービス利用を素直に受け入れることができずに消極的でしたが、サービス体験に行ったときに、偶然元同僚のＧさんの姿を見かけ話しかけました。Ｇさんも再会を喜んでくれ、会話が弾みました。それをきっかけに「皆も出かける努力をしているんだなぁ」のことばが聞かれ、利用を決めた経緯があります。目標については、Ｇさんをはじめ、気の合う人をさらに見つけておしゃべりやリハビリテーションを一緒に楽しむこととしています。もともと社交的な性格のＡさんですから、心身の機能を使う（活動する）ための動機づけとしては、「さつき会」同様社会参加が一番のようです。

「今よりもさらに安定して歩きたい」

長期目標「今よりも歩行の力が伸びる」

短期目標「自宅内を安定して歩くことができる」

Ａさんは万歩計を絶えず身につけていますが、入院中のほうが、歩数がはるかに多かったとのことで、今の自分の課題としてとらえています。加えて入院時に理学療法士から指摘があった、右足の挙上を意識しカーペット等にひっかからないように注意喚起しています。Ａさんの要望で、「自宅内でなるべく歩く」ことを三番目のニーズとしました。

短期目標「近隣を安定して歩くことができる」

Ａさんは近隣の商店に買い物に行きます。買い物という目的をもった実用的な歩行（「している歩行」は「短下肢装具を着用し、シルバーカーを使用しての歩行」）を活用することで、リハビリテーションとしての意味合いを含んでいます。

デイサービスでの歩行訓練は「屋外での散歩」としています。これは、バリアフリーの屋内歩行（できる歩行）を機能訓練として実施するのではなく、屋外という環境のもとでの歩行（している歩行）を機能訓練として実施するということになります。バリアフリー環境での歩行ではなく、段差やデコボコのある屋外環境での実用的な歩行を用いて機能訓練をするということです。糖尿病で怪我が治りにくいことが予想されるため、転倒、怪我について注意喚起しています。

「病気にはくれぐれも気をつけたい」

長期目標「体調が安定し過ごすことができる」

短期目標「病気が悪くならない」

受診と服薬遵守《ふくやくじゅんしゅ》については当然のこと、食事がどうしてもおろそかになりがちです。Aさんもそこのところは十分理解していますが、ニーズとして明確にしておくことにしました。

また、デイサービス利用時に管理栄養士に助言していただくことにしています。どうしても栄養バランスが偏《かたよ》るようであれば訪問介護員（ホームヘルパー）による調理の検討もしなければなりませんが、現状では自分の力でがんばるというAさんの意思を尊重しています。ほかにも、脳梗塞の既往、糖尿病という病気の特徴から血流障害を予防するために足浴《そくよく》をするようにAさんと取り決めています。

「これまでしてきた家事は続けていきたい」

長期目標「家事を続けることができる」

短期目標「調理をする」「洗濯をする」「掃除をする」「買い物をする」

Aさんは、サービスを頼めば楽かもしれないが、何もしなければどんどん体が弱っていくと言い、活動することの必要性を十分理解しています。それぞれの活動（セルフケア）のポイントと注意点についてサービス内容に記載しています。

「通所介護のリハビリテーション記録様式を自分で作成したい」

長期目標「リハビリテーション記録様式を完成させる」

短期目標「リハビリテーション記録様式を作成する」

Aさんは「さつき会」の世話役をしているときには、案内文等の資料はすべてパソコンで作成していました。デイサービスでの機能訓練の話をしていたときに、Aさんからリハビリテーション記録様式を作成し記録をしていきたいとの要望がありました。デイサービスの管理者に相談して承諾を得てリハビリテーション記録様式を自分で作成することになりました。何事にも積極的なAさんだからこそのエピソードであり、ニーズとして取り上げることになりました。

「何かあったときにはすぐに連絡がつくようにしておきたい」

長期目標・短期目標「緊急時に連絡をとることができる」

Aさんは在宅中に脳梗塞になり、どうにか自分で救急車を要請することができました。この経験から、何かあったときにはすぐに連絡がとれるようにしておきたいとの要望から緊急通報装置を設置することになりました。加えて携帯電話を24時間常にそばに置き、Bさん、Dさん、Eさんにいつでも電話がかけられるようにしています。

POINT!

ケアプランの共同立案について

Aさんのように自分のおかれている状況を客観視できると、ケアマネジャーが提示したニーズをしっかりと理解することも可能です。また、自分の要望をニーズとしてケアプランに載せることも可能です。このような力がある利用者の場合には、できるだけケアプランの立案に参加していただくことを意識しましょう。

ただし、本文でふれたように、「利用者のことばで発せられたニーズ＝要望」は、時に利用者自身の不利益になったり、家族の不利益になったりします。家族の要望を確認するときも同様のことが起こります。このような場合には、利用者や家族に、「要望がどのように自分自身や家族に不利益をもたらすのか」を具体的に説明する必要があります。説明したうえで、「利用者のことばで発せられたニーズ」「家族のことばで発せられたニーズ」「ケアマネジャーの規範的ニーズ」の３つのニーズの着地点を見出さなければならないということをしっかりと押さえておきましょう。

第1表 居宅サービス計画書(1)

作成年月日　平成　○年　○月　○日

初回 ・ 紹介 ・ 継続　　認定済 ・ 申請中

利用者名　A　殿　　生年月日　○年　○月　○日(78歳)　　住　所　○○県○○市○○町

居宅サービス計画作成者氏名　J

居宅介護支援事業者・事業所名及び所在地　○○居宅介護支援事業所　○○県○○市○○町

居宅サービス計画作成(変更)日　平成　○年　○月　○日　　初回居宅サービス計画作成日　平成　○年　○月　○日

認定日　平成　○年　○月　○日　　認定の有効期間　平成　○年　○月　○日 ～ 平成　○年　○月　○日

要介護状態区分	要介護1 ・ 要介護2 ・ 要介護3 ・ 要介護4 ・ 要介護5
利用者及び家族の生活に対する意向 A	Aさん:「長年地区や檀家、さつき会等いろいろな社会活動をしてきた。今までどおりの活動はでき難くなってしまったが、できる範囲で活動は続けていきたい。周りは一人暮らしを心配しているが、家事も長年してきたこともあり、できるところまで自分の力でやっていきたい。必要だと感じたときには介護保険サービスを増やしていこうと考えている」 Bさん:「兄は長年一人暮らしであり、家のこともしっかりとやってきた。がんばり屋だから、何とかしていくと思うけど、家族としては心配している。定期的に誰かが見守りをしてほしいと思っている。あまり無理をせずに元気で暮らしてくれればと思っています」
介護認定審査会の意見及びサービスの種類の指定	
総合的な援助の方針 B	もち前のがんばりで、入院当初と比べてもお身体は本当によくなりました。今は少しずつ元の生活に戻っておられます。Aさんがおっしゃられるように、できるだけ自分で何事も行っていただけるように一緒に考えていきましょう。また、Aさんは一人暮らしを続けるなかで、長年さまざまな社会活動を続けてこられました。地域の人たちもAさんが帰ってきてくれることを待っておられたようです。これからもこのようなお付き合いを大切にして楽しんでいきましょう。 Aさんご自身が自分のことを一番よくご存知です。ケアプランについても相談させていただきながら作成していきます。 BさんはAさんががんばりすぎることを心配されておられます。Bさんのためにも、あまり無理をしすぎないように自分のペースをつかみながらぼつぼつ生活していきましょう。 緊急連絡先:Bさん　090−○○○○−○○○○　Dさん　090−○○○○−○○○○　主治医○○病院　F医師　079−○○○−○○○○(日中、夜間共)
生活援助中心型の算定理由	1.一人暮らし　2.家族等が障害、疾病等　3.その他(　　)

C

第2表 居宅サービス計画書(2)

作成年月日　平成　○年　○月　○日

利用者名　**A**　殿　　※２の事業所名は紙面の都合上記載していません。

生活全般の解決すべき課題（ニーズ）	目標：長期目標	（期間）	短期目標	（期間）	援助内容：サービス内容	※1	サービス種別	※2	頻度	期間
さつき会のサポートをしていきたい。	さつき会のサポートを続ける。 ❶	平成○年○月○日～ 平成○年○月○日	さつき会のサポートを続ける。 1-a	平成○年○月○日～ 平成○年○月○日	できる範囲でさつき会のサポートをされています。これからもこの活動を続けていきましょう。		Aさん さつき会		随時 随時	平成○年○月○日～ 平成○年○月○日
さつき会以外にも人とかかわりをもつ機会がほしい。	さつき会以外の人と楽しむ機会をもつ。 ❷	平成○年○月○日～ 平成○年○月○日	さつき会以外の人と楽しむ機会をもつ。 2-a	平成○年○月○日～ 平成○年○月○日	通所介護で元同僚の G さんと再会され、親しくされています。G さんや気の合う人と一緒におしゃべりや体を動かして楽しみましょう。	○	Aさん 通所介護		2回／週 2回／週	平成○年○月○日～ 平成○年○月○日
今よりもさらに安定して歩きたい。	今よりも歩行の力が伸びる。 ❸	平成○年○月○日～ 平成○年○月○日	自宅内を安定して歩くことができる。 3-a	平成○年○月○日～ 平成○年○月○日	掃除や洗濯、調理などのときにはしっかりと立ったり歩いたりされています。日常の活動を通してなるべく歩くようにしましょう。 右足を意識的に上げるようにしましょう。		Aさん		毎日	平成○年○月○日～ 平成○年○月○日
			近隣を安定して歩くことができる。 3-b	平成○年○月○日～ 平成○年○月○日	近隣の商店まで短下肢装具を着用し、シルバーカーで歩かれています。転倒、怪我に十分注意しましょう。		Aさん		随時	平成○年○月○日～ 平成○年○月○日
					施設周囲を散歩（歩行訓練）しましょう。 理学療法士に組んでもらった筋力向上メニューを実施します。	○	通所介護 ○○病院（理学療法士）		2回／週 随時	平成○年○月○日～ 平成○年○月○日
病気にはくれぐれも気をつけたい。	体調が安定し過ごすことができる。 ❹	平成○年○月○日～ 平成○年○月○日	病気が悪くならない。 4-a	平成○年○月○日～ 平成○年○月○日	受診と服薬をしっかりとしましょう。受診については B さん夫婦に対応していただいています。 水分をしっかりと摂るようにしましょう。入浴日以外は足浴をしましょう。 足の冷えに注意しましょう。 栄養バランスを考えましょう。 特に塩分や糖分の摂りすぎに注意しましょう。 管理栄養士が助言します。	○	Bさん、Cさん 通所介護（管理栄養士）		随時 随時	平成○年○月○日～ 平成○年○月○日

※１「保険給付対象かどうかの区分」について、保険給付対象のサービスについては○印を付す。
※２「当該サービス提供を行う事業所」について記入する。

第2表

作成年月日　平成　○年　○月　○日

利用者名　**A**　殿　　　※２の事業所名は紙面の都合上記載していません。

Ⓒ

生活全般の解決すべき課題（ニーズ）	目標 長期目標	（期間）	短期目標	（期間）	援助内容 サービス内容	※1	サービス種別	※2	頻度	期間
これまでしてきた家事は続けていきたい。	家事を続けることができる。 ❺	平成○年○月○日〜 平成○年○月○日	調理をする。 5-a	平成○年○月○日〜 平成○年○月○日	ご自分でご飯を炊き、料理されています。病気のことを考え、バランスのいい食事を心がけましょう。		Aさん		毎日	平成○年○月○日〜 平成○年○月○日
			洗濯をする。 5-b	平成○年○月○日〜 平成○年○月○日	ご自分で洗濯をされています。 足の力をつけるリハビリテーションとしても有効です。洗濯物を持ち上げるとき、干すときには転倒に注意しましょう。		Aさん		随時	平成○年○月○日〜 平成○年○月○日
			掃除をする。 5-C	平成○年○月○日〜 平成○年○月○日	ご自分で掃除をされています。 足の力をつけるリハビリテーションとしても有効です。掃除機をかけるときには転倒に注意しましょう。 居間、台所、廊下、トイレ、浴室、玄関、寝室の掃除を相談しながら一緒にしましょう。	 ○	Aさん 訪問介護		随時 2回／週	平成○年○月○日〜 平成○年○月○日
			買い物をする。 5-d	平成○年○月○日〜 平成○年○月○日	短下肢装具を着用し、シルバーカーで近所の商店に買い物に出かけられます。転倒に注意しましょう。調達できない物品については訪問介護員およびケアマネジャーにご相談ください。	 ○	Aさん 訪問介護		随時 2回／週	平成○年○月○日〜 平成○年○月○日
通所介護のリハビリテーション記録様式を自分で作成したい。	リハビリテーション記録様式を完成させる。 ❻	平成○年○月○日〜 平成○年○月○日	リハビリテーション記録様式を作成する。 6-a	平成○年○月○日〜 平成○年○月○日	パソコンの得意なAさんです。 自分で管理するリハビリテーション記録様式を作成したいとの要望がありました。ゆっくりと作成してみましょう。	 ○	Aさん 通所介護		随時 2回／週	平成○年○月○日〜 平成○年○月○日
何かあったときにはすぐに連絡がつくようにしておきたい。	緊急時に連絡をとることができる。 ❼	平成○年○月○日〜 平成○年○月○日	緊急時に連絡をとることができる。 7-a	平成○年○月○日〜 平成○年○月○日	緊急通報装置を設置し、体調に異変があるときにはすぐに連絡がとれるようにします。 定期的に安否確認をさせていただきます。 また、携帯電話は常にそばに置くようにしておきましょう。		地域包括支援センター Bさん Dさん Eさん Aさん		随時 随時 随時 随時 随時	平成○年○月○日〜 平成○年○月○日

※1「保険給付対象かどうかの区分」について、保険給付対象のサービスについては○印を付す。
※2「当該サービス提供を行う事業所」について記入する。

第3表 週間サービス計画表

作成年月日　平成　○年　○月　○日

要介護度　要介護1

平成　○年○月分より

利用者名　A　殿

作成者　J

		月	火	水	木	金	土	日	主な日常生活上の活動
深夜	4:00								
早朝	6:00								起床、更衣
									朝食準備
午前	8:00								朝食
									歯みがき、洗顔
	10:00								
									昼食準備
午後	12:00		9:00〜16:00 通所介護			9:00〜16:00 通所介護			昼食
	14:00								さつき会等
	16:00	16:00〜17:00 訪問介護					16:00〜17:00 訪問介護		買い物、入浴
									夕食準備
夜間	18:00								夕食
	20:00								テレビ観賞、ビデオ鑑賞
深夜	22:00								就寝
	24:00								
	2:00								
	4:00								

週単位以外のサービス	緊急通報装置

事例8

3人でどうにか生きていきます

高齢夫婦と統合失調症の長男

1.アセスメント

利用者：Aさん　性別：男性　年齢：83歳

家族：妻Bさん・長男Cさん・長女Dさん

要介護度：要介護2

障害高齢者の日常生活自立度判定基準：A2

認知症高齢者の日常生活自立度判定基準：Ⅲa

【ジェノグラム】

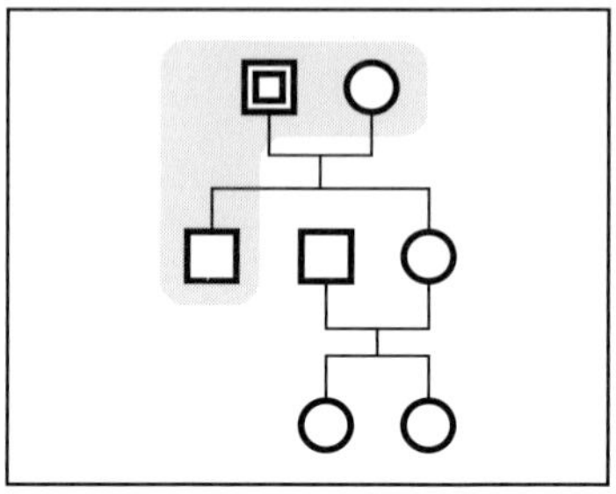

相談に至った経緯

Aさん家族の支援は、市の保健師が15年ほど前から、統合失調症である長男Cさんにかかわっていた。その経過のなかで、Aさんに支援が必要になった8年前に、保健師の勧めにより介護保険申請に至り、Cさんの支援と並行してAさんの支援が開始される。

生活史

現在の地に生まれる。高校卒業後は、農業や林業にて生計を立てていた。25歳で親戚の紹介にてBさんと結婚し、一男一女をもうける。Aさんの収入は多くなく、Bさんが節約に節約を重ね、野菜類などは、ほぼ畑で自給自足するなどして生活を維持してきた。そういったなかでも長女Dさんを大学に進学させ、Cさんも高校を卒業させている。Dさんは大学卒業後に東京の企業に勤め、そのまま結婚し現在も東京で暮している。

Bさんによると、「夫は若い頃《ころ》から風変わりな人だった」とのこと。齢を重ねるごとにその傾向は目立つようになり、理解しがたい内容のビデオを自分で撮影し、近所に配ったり、「女性のありがたみを知るためにはどうしたらいいか」と行政窓口に何度も相談に行くといったような、周囲からは不可解な行動が日常的であった。75歳のときに脳梗塞《のうこうそく》を発症し、血管性認知症との診断を受ける。また、83歳の頃から、そういった不可解な行動の増悪《ぞうあく》により非定型精神病との診断を受ける。最近、家ではほとんど横になって過ごしている。介護保険サービスについては、脳梗塞発症時から訪問介護（ホームヘルプサービス）や通所介護（デイサービス）の利用が開始されているが、本人の意向や金銭的理由にて断続的に経過し、現在に至っている。

Ｃさんは、高校卒業後はＡさんの指示により海外の農業ボランティアに参加していたが、それを辞めた後は、Ｂさんも、どこで何をして生活していたのか全くわからないとのこと。Ｃさんは若い頃から放浪癖《ほうろうへき》があり、突然いなくなり連絡がとれなくなり、数か月から数年経過して自分で家に帰ってきたり、警察に保護され連絡があったりということを繰り返していた。40代半ばで突然家に帰ってきたときには、「電波で誰《だれ》かが食事を胃の中に入れてくる」といった訴えがあり、統合失調症と診断され、しばらく精神科に医療保護入院となった。症状が緩解《かんかい》した後も、何度か放浪の旅に出て保護されることがあったが、50代半ばでそのようなこともなくなり、症状も落ち着いてきた。現在では定期受診、服薬もできている。

Ｂさんは、ささやかな収入や年金を貯めて生活を維持しながら、ＡさんとＣさんの世話を続けてきた。将来のためにとＣさんの国民年金もかけ続けてきた。しかし80歳になり、腰痛《ようつう》に悩まされるようになると、家事をすることも困難になってきた。それでも生きていくために畑仕事は欠かさずがんばっている。この頃からＢさんが畑仕事にいそしむ間に、Ｃさんが買い物や朝食と昼食をつくってくれるようになった。Ｂさんが中心となって支え続けてきた家族関係が、最近ではＣさん中心に変化し、物事の決定権もＣさんに移行してきた。Ａさんの介護保険サービスについても、「お金がない」との理由でＣさんが一方的に減らし、活動性の低下によりＡさんの状態がわるくなるとともに、ＢさんにはＡさんを介護する力はほとんど残っていないなか負担が増えている。Ｂさんからは、「3人でどうにか生きていきます」ということばも聞かれた。

利用者・家族の意向

Ａさん：「特に困ったことはないです」

Ｂさん：「今は介助しながらではあるけれど、食堂まで行ってごはんを食べられています。また、トイレも１日１回は行けるようになっています。大きなことは望まないので、なんとか今の状態でいてほしいと思っています」

◆健康（病歴）

脳梗塞、血管性認知症、非定型精神病。以前に一度、喉《のど》の渇《かわ》きで多量に水分を摂取して体重が数キロ増加したことがあるが、今は反対に**脱水傾向にある。**

◆精神機能

記憶障害、時間の見《けん》当《とう》識《しき》障《しょう》害《がい》、判断力の低下がある。家族や近隣住民などの人や場所については理解可能。自発性の低下、感《かん》情《じょう》鈍《どん》麻《ま》があり、**臥《が》床《しょう》して過ごす時間が長い。**若い頃から独特の現実世界に生きているようなところがあり、60代の頃には理解が難しいようなビデオを撮影し、近隣に配布する、「女性のありがたみを知るためにはどうしたらいいか」と行政窓口に何度も相談に行くといった不可解な行動が継続してあった。他者の心情を読み取ることが難しい様子もあった。「自分の中に動かない人がいる。今のごはんはその人が食べた」といった言動にみられるような自我障害もある。

◆BPSD（認知症の行動・心理症状）

時折興奮することがあり、家の中をウロウロと歩き回る。Bさんによると、声をかけると怖いので黙って見ているとのこと。BPSDなのか、非定型精神病によるものかは判断不可。

◆身体機能と体

血圧は最高血圧120mmHg、最低血圧60mmHg。

右《みぎ》上《じょう》下《か》肢《し》不《ふ》全《ぜん》麻《ま》痺《ひ》。四肢、体幹《たいかん》の筋力低下。失語、構音障害なし。視力問題なし。難聴。嚥《えん》下《げ》障《しょう》害《がい》なし。自歯は上下に３本（入れ歯なし）。**尿意・便意なし。**

◆活動（ADL（日常生活動作）・IADL（手段的日常生活動作））

コミュニケーション

精神機能障害や意欲低下、難聴の影響か、ほとんど会話できない。簡単な日常会話については大きな声でゆっくりと声かけすれば答えてくれることもある。

基本動作

ベッド上での寝返りから起き上がりは手すりにつかまり可能。端《たん》座《ざ》位《い》は背もたれがあれば可能。立ち上がりも手すり等につかまれば可能。歩行は見守りにて可能だが、転倒の可能性もある。

洗面・口腔内保清

身体能力としては洗面所まで行くことが可能と思われるが、自発性がないうえに元々生活習慣としてあまり洗顔や歯みがきをしなかったとのことで、促しの声かけをしても家ではほとんどしない。自歯は上下合わせて３本しかないが、入れ歯は作製していない。

整容

整髪については腕が上がりにくく困難。髭剃《ひげそ》りは可能と思われるが自発性なく全介助。爪《つめ》きり、耳垢《じこう》の掃除《そうじ》についても自発性なく全介助。

更衣

更衣室の椅子《いす》やベッドに座って、声かけ、促ししながらほぼ介助にて行っている。

入浴

洗髪については腕が上がりにくく困難と思われるが、洗体も含めて意欲低下により全介助にて実施。床に座ると立ち上がりにくいため、シャワーチェア使用。浴室内の移動については転倒に注意。

食事

箸《はし》でゆっくりと可能であるが、食欲はあまりなく、途中から介助しなければ全量摂取できない。好きなものは麺類。特にうどん、素麺《そうめん》。

排泄

尿意・便意の訴えがなく、おむつに排泄《はいせつ》している。最近では意欲低下により、自発的にトイレに行くことがなく、またＢさんの体力では、トイレに誘導することができず、夜間を中心にほぼおむつへの排泄となっている。うまくタイミングがあったときにはトイレで排泄できる。Ｂさんは１日に１回だけでもと思い日中にＡさんが応じてくれればトイレに誘導している。

受診・服薬

主治医である診療所のＥ医師が往診してくれる。服薬はＢさんが管理にてすべて介助。抗精神病薬、血液凝《けつえきぎょう》固《こ》阻《そ》止《し》薬《やく》、降圧薬、排尿障害改善薬、消《しょう》化《か》性潰瘍《せいかいよう》治《ち》療薬《りょうやく》。

金銭管理

預貯金の管理についてはＢさんがすべて実施。

外部との連絡（緊急時等）

Ｂさんと Ｃさんが対応している。

社会的諸手続き

Ｂさんが区長や民生委員、地域包括支援センター等を上手に活用しながら対応している。

移動

家屋内については、つかまり歩行もしくは見守り歩行。外出時は見守り歩行。転倒に注意必要。長距離については車椅子介助。

買い物

Ｃさんがバイクにてスーパーマーケットに買い物に行っている。

調理・洗濯・掃除

朝食と昼食はＣさんがつくるが、自分の好きなものしかつくらない。夕食と洗濯、掃除はＢさんがどうにか実施している。

趣味・嗜好

若い頃は仕事（農業・林業）中心の生活であった。齢を重ねるごとに何かに打ち込むことができなくなり、趣味といえるようなものはなし。

◆役割・関係性（家族・近隣等）

近隣との関係性は長年途絶えている。非定型精神病の診断を受ける以前から、周囲には理解し難い行動が多く、Ｂさんも困り果て、あきらめていた様子。**夫として、父親としての明確な役割や信頼感はＢさんやＣさんも感じていないようである。**Ｃさんも Ａさんにはまったく関心がない様子。会話のなかで、「行きたくない高校に行かされ、行きたくない海外ボランティアに行かされた」ということばも聞かれた。その反面、現在では朝食と昼食はＣさんが家族全員の分をつくっている。

◆住環境

Ａさんが建てた持ち家。建築後数十年が経過している。家の前は県道で平地。住宅街にある。玄関の前、上がり框《かまち》、浴室やトイレの入り口、台所と居間の間等さまざまなところに段差があるが、金銭面から改修はしないというＣさんの意向にてそのままである。

◆性格

若い頃は生真面目で、穏《おだ》やか。仕事もしっかりと続けていたが、Bさんの表現によると「風変わり」なところがあった。家のことはBさんにまかせっきりであった半面、Cさんについては自分の意向の高校に行かせ、海外ボランティアに無理やり派遣させている。性格的なものと、精神症状と考えられるようなところが混在していると考えられる。

アセスメントの解説

Aさんは若い頃から何らかの精神症状があり、生活のしづらさを抱えていたと考えられる。そのために経済状況は非常に厳しい現状が今も継続している。Bさんはそういった環境のなかで、可能な限りの節約をしながら子どもたちを育て上げた家族の中心的存在である。Dさんは東京で家庭をもち自立しているため、支援は困難な状況にある。Cさんは統合失調症との診断があり、放浪の旅を繰り返していた。Aさんの一方的で指示的な子育て環境により、Aさんに対する拒絶感もあり、直接的な介護を期待することはできない。また、生活におけるさまざまな対応に対する適切な判断も難しい状態である。

この家庭は、BさんがAさんの介護をしつつ、上手にCさんに指示を出して生活を維持してきた。しかし、Bさんの加齢とともにそれが困難になり、決定権の中心が半分Cさんに移り、3人がどうにかバランスを保ちながら生活が維持されている。

ケアマネジャーとして、さまざまなニーズを感じ提案してみるものの、経済的理由や、AさんとCさんの関係性、Cさんの理解力やこだわりの症状といったさまざまなハードルにより、提案しても却下されることも多い状況にある。しかし、裏を返せば、多くの生活のしづらさを抱えながらも、今までどうにか3人で生活してきた歴史が今もしっかりと続いていると考えることもできる。ケアマネジャーとしての規範的ニーズを理解してもらえないジレンマを抱えつつも、ニーズを押し通すのではなく、この家庭の歴史を尊重し、3人を見守りながら、理解してもらえる範囲で支援を継続していくことが現状の着地点と判断している。

2.アセスメントの7領域でニーズを整理する（ケアマネジャーの見立て）

1	**利用者・家族の語り**	Aさん：なし。 Bさん：家屋内の移動、食事や排泄の改善。
2	**心と体の健康（病気）**	・脳梗塞の再発予防。 ・認知症と非定型精神病の症状の現状維持。 ・脱水予防。
3	**心身の機能と構造（身体）**	・右不全麻痺の悪化予防。両下肢筋力の維持。 ・尿意・便意の回復。 ・自歯の治療。
4	**活動（ADL・IADL）**	・居宅外での見守り歩行の安定。転倒注意。 ・居宅内での見守りおよびつかまり歩行の安定。転倒注意。 ・洗顔、歯みがき、整髪、髭剃りの介助による習慣化。 ・介助による更衣。 ・介助による入浴。少しでも自発的に体を洗うことができる。浴室内歩行時の転倒注意。 ・食事量の増加。好きなものは麺類。特にうどん、素麺。ほかにも食欲をそそる食物を探す。 ・尿意・便意については、感じていないのか（感覚機能）、精神症状（意欲低下）によるものかを明確にしたい。声かけ、促しの機会を設《もう》ける。 ・主治医が往診してくれるため、往診時間に合わせて訪問、疾患《しっかん》等の状況の把握。 ・服薬管理。
5	**参加（役割）・自己実現**	・少しでも他者との交流を図れる。 ・夫として、父親としての存在価値をBさんやCさんが少しでも感じてもらえるようなはたらきかけを行う。
6	**個性（性格、ライフスタイル、習慣、生活史、特殊な体験等）**	・Aさんは若い頃から何らかの精神疾患があったと考えられ、生活のしづらさを抱えながら生きてきた。BさんもそういったAさんの状況を十分に理解できる力はなく、Cさんは統合失調症である。厳しい生活環境が続くなかで、生活史から強みを見出すことは難しく、今の生活をしっかりと見つめるなかで、Aさんや家族の好きなことや強みを見出していく。

7	**環境（人的・物理的・制度的）**	・Bさんと C さんがどうにか役割分担を図りながら、介護を含めた生活維持ができているため、現状を維持できるように、判断が難しい場面での助言、制度の導入等により支援する。介護や生活の場面によっては改善したいと思うところはあるが、B さんとCさんの主体性を尊重せざるを得ないため、無理強いせずに3人で維持できる生活を尊重する。 ・家屋の段差については改修の意向がないため実施しない（できない）。 ・地域包括支援センターにコーディネートしてもらい、C さん担当の障害者地域生活支援センターの社会福祉士（ソーシャルワーカー）と連携し、情報交換しながら一体的に支援する。

3. ニーズに優先順位をつけ、「目標」を立てる

第2表（198頁参照）

1　ニーズ1：「安心して歩きたい」

1人で食堂まで歩いていくことができる ❶	1人で食堂まで歩いていくことができる ※食事をしに行くという目的（実用）歩行を継続することで、下肢筋力や注意力の改善を図る 1-a

2　ニーズ2：「少しでもおいしく食事がしたい」

少しでもおいしく食事ができて栄養状態が改善する ❷	少しでもおいしく食事ができる ※食事量が改善することにより、栄養状態が改善する 2-a
	水分をしっかり摂る ※脱水予防 2-b

3　ニーズ3：「口の中をきれいにしていたい」

口の中を清潔にする ❸	口の中を清潔にする　※口腔内保清と咀嚼・嚥下機能の改善 3-a

4 **ニーズ4：「病気がわるくならないようにしたい」**

体調を保つことができる ❹	体調を保つことができる　※医学的管理と服薬遵守、副作用に関する注意 4-a

5 **ニーズ5：「にぎやかな人中で過ごしたい」**

人中で楽しむことができる ❺	人中で楽しむことができる　※精神機能の活性化 5-a

6 **ニーズ6：「気持ちよく排泄がしたい」**

気持ちよく排泄ができる ❻	気持ちよく排泄ができる ※トイレに行くという目的（実用）歩行を継続することで、下肢筋力や注意力 6-a の改善を図る。Bさんの取り組みに対する承認

7 **ニーズ7：「気持ちよく入浴がしたい」**

気持ちよく入浴ができる ❼	気持ちよく入浴ができる ※入浴するという目的（実用）歩行を継続することで、下肢筋力や注意力の 7-a 改善を図る。現有能力を活かした入浴支援と身体の保清

4.ニーズの優先順位についての解説

Bさんの思いを尊重し、Aさんの機能とADLが少しでも保てることを最優先としています（**ニーズ1**）。二番目のニーズとしては栄養状態の維持・改善、つまり健康ニーズを位置づけています（**ニーズ2**）。三番目には、現状では在宅では全くなされていない口腔《こうくう》保清《ほせい》について、Bさんに理解してほしいという意味もあって位置づけました（**ニーズ3**）。四番目のニーズは医療ニーズです。受診、服薬、怪我に対する注意喚起をしています（**ニーズ4**）。五番目はAさんに少しでも心地よい時間を過ごしてもらいたいとの思いから、人中で過ごしていただくことを目的とした参加（役割）ニーズとなっています（**ニーズ5**）。六番目の排泄介助についてはBさんの意識が高く、がんばって対応されているのでニーズ順位はさほど高く位置づけていません（**ニーズ6**）。最後に、入浴については、現在のAさんの身体機能では、在宅では困難であり、デイサービスのみの対応となります。Bさんに介助してもらうような場面がないので、最後に位置づけました（**ニーズ7**）。

5.サービス担当者会議での ケアプラン解説ポイント

第1表（197頁参照）

①利用者及び家族の生活に対する意向 … A

Aさんは認知症に加え、非定型精神病もあり、現状の認識は難しい状態にあります。明確な意向を聞き取ることはできないため、客観的な状態像として、問いかけに対し、困りごとはないという答えが返ってくることをそのまま記載しています。

Bさんについては、介護に対する代表的な語りをそのまま記載しています。

②総合的な援助の方針 … B

Aさんは理解力も低下し、ケアプランを読み込むほどの自発性もありません。ケアプランの説明はBさんに行っています。したがって、援助の方針についても、Bさんに対するメッセージとして表現されています。Bさんの介護により、Aさんの状態がある程度維持されていることについてふれながら、Bさんの努力やCさんの協力を承認していることをさりげなく伝えています。

第2表（198頁参照）

③生活全般の解決すべき課題（ニーズ） … C

Aさんを支えるBさん、Cさんにも十分な力はなく、ケアマネジャーとして導き出した規範的ニーズをすべて理解し、受け入れてはもらえません。ケアマネジャーとしてジレンマを感じますが、Bさんの体力、Cさんの病状、経済状況などを考えると規範的ニーズとサービスを押しつけるわけにはいきません。3人は今までも支え合いながらどうにか生きてきました。このケースは、現状を維持する最低限のニーズとサービスにて組み立てられているプランです。理想には程遠いといえますが、3人の主体性を尊重した結果のプランといえます。ニーズおよび目標はすべてケアマネジャーの規範的ニーズをベースに提案し、Bさんの承認を得て設定している代弁（アドボカシー）プランです。

「安心して歩きたい」

長期目標・短期目標「１人で食堂まで歩いて行くことができる」

Ａさんは自発性が低下しており、身体機能はある程度保持されているにもかかわらず、臥床して過ごす時間が非常に長くなっています。それでもＢさんは寝たきりにならないようにと、Ａさんを布団《ふとん》から起こし、見守りで食堂まで誘導しています。現在している活動（自助、互助）をサービス内容に記載することで、Ｂさんの努力を承認するとともに、今後も取り組んでもらえるように促しています。加えて転倒リスクに対する注意喚起をしています。

唯一の介護保険サービスであるデイサービス利用時には、移動時には必ず見守りにて歩行してもらうこと、Ａさんの気分が乗るときには散歩していただくことで、下肢筋力の維持を図ることを明確にし、目的としています。ケアマネジャーとしては、デイサービスは週に２回もしくは３回利用してほしいのですが、経済的理由からＣさんの承諾を得ることができず、週１回の利用となっています。現状維持のため、長期目標、短期目標ともに同じになっています。

「少しでもおいしく食事がしたい」

長期目標「少しでもおいしく食事ができて栄養状態が改善する」

短期目標「少しでもおいしく食事ができる」

Ａさんは最近食事量が減少してきています。好物は麺類です。食材は畑でつくる野菜と、Ｃさんが自分の好みで購入してくるものが中心で、栄養バランスがよいとはいえません。しかし、今はとにかくＡさんが食べてくれることを目標にしています。少しでも食べてもらえるように、Ａさんが好んで食べてくれる食べ物が見つかれば教えてほしいとＢさんに依頼しています。

唯一栄養バランスのよい食事ができるのがデイサービスの昼食です。Ａさんの好みにも配慮《はいりょ》しながら食事量の確保を目標にしています。

短期目標「水分をしっかり摂る」

Ａさんは脱水傾向にあります。Ｂさんにはなるべく水分を摂ってもらうように介助を依頼しています。同時にデイサービスでは、多様な飲み物メニューを勧めることで、少しでも水分を摂ってもらえるようにしています。

「口の中をきれいにしていたい」

長期目標・短期目標「口の中を清潔にする」

デイサービス利用時には口腔ケアと嚥下をよくする体操をメニューに入れて支援することとしています。当然在宅でもＢさんにお願いしたいところですが、今のＢさんにはその力はありません。上下３本の残歯もぐらつき、出血が認められます。入れ歯はありません。週に１回ではありますが、デイサービスで口腔ケアを実施することで口腔内の状況を把握すること、歯科受診の必要性をＢさんに理解してもらうよう「検討」として記載しています。

「病気がわるくならないようにしたい」

長期目標・短期目標「体調を保つことができる」

「血管性認知症」や「非定型精神病」といった、受け入れ難い疾患を「病気」という表現でひとくくりにして柔《やわ》らかく表現しています。目標については現状維持のため、長期目標、短期目標ともに同じです。往診と服薬管理について明確にしながら、医師から注意のあった副作用の症状について注意喚起と対応についてふれています。

「にぎやかな人中で過ごしたい」

長期目標・短期目標「人中で楽しむことができる」

Ａさんは精神疾患の影響と考えられる自発性の低下や感情の鈍麻があり、コミュニケーションが十分に図れる状態にはありません。しかし、人中で過ごすことに対して抵抗がある様子もなく、レクリエーションについても促せばやろうとする意欲を見せてくれます。リハビリテーションは、理解力や自発性の低下により積極的に取り組むことは困難なため、楽しむことを中心におき、少しでも活動性が高まることにより、心身の機能の維持を目標にしています。

「気持ちよく排泄がしたい」

長期目標・短期目標「気持ちよく排泄ができる」

ＡさんはＢさんのトイレ誘導の声かけになかなか応じてくれません。それでもＢさんは１日に１回はＡさんをトイレに誘導しています。寝たきりにならないように、せめてもの取り組みです。ほかは定期的におむつ交換をしています。

デイサービスでは、歩行訓練も兼《か》ねて、トイレ誘導を行っています。うまくいけば排尿、排便があるときもあり、尿意や便意が全くないというわけではないと思われるところもあるため、今後も継続してアプローチすることにしています。

また、Bさんも高齢で視力も低下しているうえに、理解力や判断力という点においてもおむつかぶれのチェックが難しい状態にあるため、皮膚《ひふ》トラブルのチェックはデイサービスで実施するように依頼しています。

「気持ちよく入浴がしたい」

長期目標・短期目標「気持ちよく入浴ができる」

現状は週に1度デイサービスで入浴するのみです。せめて最低週に2回は入浴してほしいと思いますが、Cさんの意向によりデイサービスの回数やホームヘルプサービスなどのほかの介護保険サービスを増やすことはできません。

デイサービスでの入浴については、うながしや声かけにより、現有能力を活《い》かすことを目標に、アプローチのポイントについて明確にしています。

POINT!

埋もれた規範的ニーズについて

認知症アプローチ、脱水予防、下肢筋力の維持、尿意・便意、口腔内、入浴をはじめとする身体の保清等、ケアプラン上のニーズに対し、高齢のBさんが十分にアプローチすることは困難です。また、家屋内外には、危険と思われる段差も複数か所ありますが、金銭的理由から改修困難でニーズとして明確化していません。また、Aさんは若い頃から精神疾患があったと考えられ、生活史から強みを見出すこともできませんでした。ケアマネジャーとして感じる規範的ニーズはたくさんありますが、ほとんどのニーズにしっかりとアプローチすることはできず、加えてAさんや家族の強みを見出すことも難しいケースです。

しかし、「アセスメントの解説」（**189頁参照**）でもふれましたが、この事例を困難ケースとするのではなく、3人で今まで生きてきた歴史を尊重し、それを支えていくのがケアマネジャーの役割と考えることもできるのではないでしょうか。ケアマネジャーとしての規範的ニーズが理解してもらえなくても、落ち込む必要はありません。ケアマネジャーの見立てでは不本意であっても、できることをしながら生きているこのようなケースも、利用者や家族のもつ「力」といえるのではないでしょうか。

第1表 居宅サービス計画書(1)

作成年月日　平成　○年　○月　○日

初回 ・ 紹介 ・ 継続　｜　認定済 ・ 申請中

利用者名　A　殿　　生年月日　○年　○月　○日(83歳)　　住　所　○○県○○市○○町

居宅サービス計画作成者氏名　J

居宅介護支援事業者・事業所名及び所在地　○○居宅介護支援事業所　○○県○○市○○町

居宅サービス計画作成(変更)日　平成　○年　○月　○日　　初回居宅サービス計画作成日　平成　○年　○月　○日

認定日　平成　○年　○月　○日　　認定の有効期間　平成　○年　○月　○日　～　平成　○年　○月　○日

要介護状態区分	要介護1　・　要介護2　・　要介護3　・　要介護4　・　要介護5
利用者及び家族の生活に対する意向　A	Aさん：「特に困ったことはないです」 Bさん：「今は介助しながらではあるけれど、食堂まで行ってごはんを食べられています。また、トイレも1日1回は行けるようになっています。大きなことは望まないので、なんとか今の状態でいてほしいと思っています」
介護認定審査会の意見及びサービスの種類の指定	
総合的な援助の方針　B	Bさんは大きなことは望まずとも、Aさんがなんとか今の状態を保っていてほしいと思っておられます。Bさんのがんばりもあって、Aさんもどうにか家の中を動くことができます。 Bさん、Cさんと相談しながら、Aさんの状態がわるくならないように無理のない範囲でサービスを使っていきましょう。 最近ではCさんが食事づくりの協力をしていただけるようになり、Bさんも助かっておられます。少しずつ協力の範囲を拡げていただければと思います。 これからも3人で力を合わせて生活していけるよう考えていきましょう。 緊急連絡先：Bさん　○○○−○○○−○○○○　Dさん　090−○○○○−○○○○　主治医○○医院　E医師　079−○○○−○○○○(日中)、090−○○○○−○○○○(夜間)
生活援助中心型の算定理由	1．一人暮らし　2．家族等が障害、疾病等　3．その他（　　）

C

第2表 居宅サービス計画書(2)

作成年月日　平成　○年　○月　○日

利用者名　A　殿　　　※２の事業所名は紙面の都合上記載していません。

生活全般の解決すべき課題（ニーズ）	目標 長期目標	（期間）	短期目標	（期間）	援助内容 サービス内容	※1	サービス種別	※2	頻度	期間
安心して歩きたい。	1人で食堂まで歩いて行くことができる。 ❶	平成○年○月○日～ 平成○年○月○日	1人で食堂まで歩いて行くことができる。 1-a	平成○年○月○日～ 平成○年○月○日	食事のときに、Aさんに声かけし、食堂まで誘導されています。これからもできるだけ続けていきましょう。転倒、怪我に注意しましょう。		Aさん Bさん		毎日 毎日	平成○年○月○日～ 平成○年○月○日
				平成○年○月○日～ 平成○年○月○日	移動時にはできるだけ見守りで歩行していただきます。Aさんの気分のいい日には外を散歩していただきます。転倒に注意します。	○	通所介護		1回／週	平成○年○月○日～ 平成○年○月○日
少しでもおいしく食事がしたい。	少しでもおいしく食事ができて栄養状態が改善する。 ❷	平成○年○月○日～ 平成○年○月○日	少しでもおいしく食事ができる。 2-a	平成○年○月○日～ 平成○年○月○日	少しでも食べてもらえるようにがんばっておられます。Aさんの食が進むようなものがあれば教えてください。 バランスのよい食事をしていただきます。	 ○	Bさん Cさん 通所介護		毎日 毎日 1回／週	平成○年○月○日～ 平成○年○月○日
			水分をしっかり摂る。 2-b	平成○年○月○日～ 平成○年○月○日	なるべくお茶や牛乳などを勧めてください。 いろいろな飲み物を楽しんで飲んでいただくようにします。	 ○	Bさん 通所介護		随時 1回／週	平成○年○月○日～ 平成○年○月○日
口の中をきれいにしていたい。	口の中を清潔にする。 ❸	平成○年○月○日～ 平成○年○月○日	口の中を清潔にする。 3-a	平成○年○月○日～ 平成○年○月○日	口の中をきれいにしていただきます。定期的に歯科衛生士が評価します。 歯科受診の検討をしていきましょう。	○	通所介護 Bさん ケアマネジャー		1回／週 随時	平成○年○月○日～ 平成○年○月○日
病気がわるくならないようにしたい。	体調を保つことができる。 ❹	平成○年○月○日～ 平成○年○月○日	体調を保つことができる。 4-a	平成○年○月○日～ 平成○年○月○日	E医師に随時往診していただきます。 眠気やよだれが出るといった症状がみられるときには報告しましょう。また、怪我をすると出血しやすい薬が出ているので、けがに注意しましょう。 薬の管理をお願いします。		○○医院 Bさん		随時 随時	平成○年○月○日～ 平成○年○月○日
にぎやかな人中で過ごしたい。	人中で楽しむことができる。 ❺	平成○年○月○日～ 平成○年○月○日	人中で楽しむことができる。 5-a	平成○年○月○日～ 平成○年○月○日	レクリエーションや散歩、外出など楽しめるものを中心に参加していただきます。転倒、怪我に注意します。	○	通所介護		1回／週	平成○年○月○日～ 平成○年○月○日
気持ちよく排泄がしたい。	気持ちよく排泄ができる。 ❻	平成○年○月○日～ 平成○年○月○日	気持ちよく排泄ができる。 6-a	平成○年○月○日～ 平成○年○月○日	1日1回はトイレに誘導されています。転倒、怪我に注意しましょう。 これからもぼつぼつ続けていきましょう。		Bさん		1回／日	平成○年○月○日～ 平成○年○月○日
				平成○年○月○日～ 平成○年○月○日	随時トイレ誘導し、排泄を促していきます。おむつかぶれにならないように確認します。	○	通所介護		1回／週	平成○年○月○日～ 平成○年○月○日
気持ちよく入浴がしたい。	気持ちよく入浴ができる。 ❼	平成○年○月○日～ 平成○年○月○日	気持ちよく入浴ができる。 7-a	平成○年○月○日～ 平成○年○月○日	更衣や体を洗うときにもなるべく自分でしていただくように声かけします。転倒、怪我に注意します。入浴前には血圧を測ります。 全身の皮膚の状態を確認します。 入浴後はなるべく水分を摂っていただきます。	○	通所介護		1回／週	平成○年○月○日～ 平成○年○月○日

※1「保険給付対象かどうかの区分」について、保険給付対象のサービスについては○印を付す。
※2「当該サービス提供を行う事業所」について記入する。

第3表 **週間サービス計画表**

作成年月日　平成　○年　○月　○日

要介護度　要介護２

平成　○年○月分より

利用者名　**A**　殿

作成者　**J**

		月	火	水	木	金	土	日	主な日常生活上の活動
深夜	4:00								
早朝	6:00								
午前	8:00								起床
									朝食
	10:00				9:00～16:00 通所介護				布団に横になって過ごす
午後	12:00								昼食
	14:00								布団に横になって過ごす
	16:00								
夜間	18:00								夕食
	20:00								就寝
深夜	22:00								
	24:00								
	2:00								
	4:00								
週単位以外のサービス									

事例9

できるだけ地域で
認知症高齢者の一人暮らしを支える

1.アセスメント

利用者：Aさん　性別：女性　年齢：75歳

家族：長女Bさん・長男Cさん

要介護度：要介護2

障害高齢者の日常生活自立度判定基準：J2

認知症高齢者の日常生活自立度判定基準：Ⅲb

【ジェノグラム】

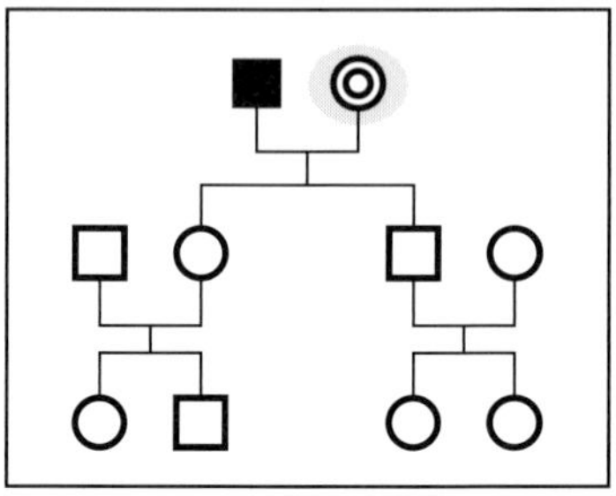

相談に至った経緯

認知症の症状が2年ほど前からあり、夫の指示・見守りにて生活していたが、夫が交通事故で亡くなり独居となったため、介護保険申請となる。実際にどこまで在宅で生活できるか判断できないとの地域包括支援センターによる情報があるなか支援が開始され、6か月が経過した。

生活史

隣の市に生まれる。26歳で夫と見合い結婚。一男一女をもうける。長年夫と2人で文具店を営んできた。店に来る地域の子ども達に気さくに声をかける、ほがらかで優しい性格。2年ほど前から、もの忘れがあり、アルツハイマー型認知症と診断されるが、夫はサービスを一切使うことなく、1人でAさんの見守りをしながら、AさんができることはAさんが行うようにして生活してきた。夫はなるべく自分の手でAさんを介護してやりたいと思っていた様子。もの忘れが進行しても、怒ることもなくAさんのすることに付き合っていた。店の手伝いもできるだけAさんが行えるようにしていたとのこと。隣の市に長女Bさん、遠方の市に長男Cさん在住。2人とも結婚し、Bさんは隣の市に住んでいるが、子育ての最中で介護ができる状態にはない。Cさんは遠方であり、年に数回帰ることがやっとの状態。家族関係は良好。

文具店は、夫の交通事故死を契機に廃業する。夫の死については記憶にとどまっていない様子。「主人は？」と尋ねることがあり、亡くなったことを伝えると、「そうか」と答える。「寂《さび》しくなりましたね」と言うと「死んだもののことを考えてもしかたないから」と笑顔で答える。

近隣に妹や親戚のDさんが居住しており、交流がある。町内会に知り合いも多く交流も盛んで、子どもが自立した後は夫婦で店を切り盛りしながら地域の付き合いをこなしていた。Bさんは、認知症を発症した後は特に気にかけて、許す限り実家を訪れては家事の手伝いや外出支援を行っていたとのこと。

利用者・家族の意向

Aさん：「贅沢《ぜいたく》せずに暮らしてきた。これからもそうしていきたいです。今のところ別に困ったことはありません」「火を出したら怖いのでガスには気をつけています」「道を渡るときは車に注意しないとね」

Bさん：「母が一人暮らしになり心配していましたが、サービスを使いながらこの半年家で暮らしていくことができ、少し安心しています。これからもなるべくこの家で暮らせたらよいと思っています。できる限りの訪問はしたいと思います」

◆健康（病歴）

アルツハイマー型認知症、高血圧症。

◆精神機能

短期記憶障害があるが、習慣的なこと、過去の記憶は保持している。場所、時間の見当《けんとう》識障害《しきしょうがい》がある。夫の死が記憶にない。生年月日や住所、季節は答えることができるが、Cさんの名前や住所は答えることができない。受診時に時計の絵が転記できない。外出先で目的を忘れてしまう。こたつやファンヒーターのスイッチを切ってしまうと、つけ方がわからないため、冷たいこたつに潜《もぐ》り込《こ》んで眠っていることもある。

◆BPSD（認知症の行動・心理症状）

夫が生きていたときから、**夜間を中心に時折徘徊《はいかい》があった。**この6か月に3度徘徊があり、夜中の２時に国道を渡り、近所の知人の家を訪問し、インターホンを押して「夫がいない」と訴え、知人に送ってもらい帰る、夜中に道を歩いているところを近隣住民に保護され警察に送られて帰る、日中家と違う方向に向かって歩いているところを通所介護（デイサービス）の職員に保護される、ということがあった。

◆身体機能と体

血圧は最高血圧170mmHg、最低血圧100mmHg（降圧薬服薬）。

筋力は維持され麻痺《まひ》等なし。自歯。視力、聴力保持。咀嚼《そしゃく》・嚥下障害《えんげしょうがい》なし。口腔内汚《こうくうないお》染《せん》あり（歯垢《しこう》）。尿意・便意あり。疼痛《とうつう》なし。皮膚《ひふ》の状態は良好。

◆活動（ADL（日常生活動作）・IADL（手段的日常生活動作））

コミュニケーション

視力、聴力、発語には問題がなく、日常的な会話は可能であるが、制度等に関するような理解力を必要とするような会話は困難。

基本動作

自立。転倒リスクも最小限。今後はリスク拡大の可能性あり。ただし、家では臥床《がしょう》していることもよくある。

洗面・口腔内保清

自発的には困難であるが、声かけ、促しにより可能。準備すれば歯みがきは可能であるが、きれいにみがくことはできないため、仕上げの介助が必要。

整容

整髪、爪切《つめき》りも自発的には困難であるが、促しにより可能。耳垢《じこう》の掃除《そうじ》は全介助。

更衣

衣類の順番、前後がわからない。更衣室の椅子《いす》やベッドに座って、声かけしながら、１つずつ手渡しすると自分で更衣可能。

入浴

自発的には困難。タオルを準備して手渡し、声かけすれば体全体を洗うことができるが不十分。家の風呂《ふろ》については習慣的に沸《わ》かすことができ、１人で入っていることがある。

食事

食事を食べることを忘れてしまう。冷蔵庫にしまうと忘れてしまうため、テーブルの上にセットする必要がある。時折食欲がないと言い食べないことがあるため見守りが必要。

排泄

居宅内については自力でトイレに行き排泄《はいせつ》することができる。軽い下着の汚染がある。

受診・服薬

Bさんの付き添いにより近隣の開業医を受診。服薬管理はできないため支援が必要。手渡しすれば開封し自分で服薬可能。降圧薬、アルツハイマー型認知症用薬、漢方薬（精神症状に対応）。

金銭管理

家族管理で数千円程度の所持金あるが、財布の置き場所を忘れてしまう。

外部との連絡（緊急時等）

電話使用はできない。

社会的諸手続き

Bさんがすべて代行している。

移動

家屋内外ともに自立歩行。交通機関の利用はできない。

買い物

近隣の商店で買い物をするが、商店の女性経営者であるEさんの理解のもと、後からBさんが支払いする形で購入する。同じものを購入することも多い。冷蔵庫内の管理はBさんと訪問介護員（ホームヘルパー）がしている。

調理・洗濯・掃除

自発的には困難であるが、声かけしながら促し、一緒に行うことは可能。

趣味・嗜好

家の裏手に畑があり、野菜づくりを楽しんでいる。種まきはBさんがしている。好き嫌いなく何でも食べる。

◆役割・関係性（家族・近隣等）

近隣に妹や親戚のDさんが住んでおり、たびたび訪問してくれる。Dさんについては緊急時の対応窓口にもなってくれている。妹は泊まってくれることもある。よく遊びに行く友人がおり、友人も受け入れてくれている。近隣にも見守りをしてくれる知人が多い。仲のよい友人、Dさん、買い物に行く商店には見守りを依頼している。また、友人や商店には何かあればBさん、Dさんもしくはケアマネジャーへの連絡を依頼している。

◆住環境

夫が建てた持ち家。玄関先、玄関の上り框《かまち》、浴室入口、トイレに段差があるが、現在のところ身体機能が保持されているためリスクは低く、現有能力を活《い》かす目的で住宅改修はしていない。家の前に国道があり、車の往来が激しく危険。

◆性格

明るい性格で、家族の中心的存在であった。現在でも、近所の店に買い物に行っても、デイサービスに行っても笑顔で大きな声で話すことができる。細かいことにはこだわらない性格だったとのBさんの話もある。

アセスメントの解説

Aさんは長年、夫と現在の家で2人で生活してきた。仲睦《なかむつ》まじい夫婦であったことから、Bさんは、できるだけのことをしながらAさんが家で生活できるようにしたいとの意向がある。頻度《ひんど》は少ないが、一番のリスクは今のところ徘徊で、夜中でも家の前の国道を渡ることがあること。反面、近隣住民が見守りをしてくれる環境にある。認知症は進行しつつあるものの、身体機能は保持されており、ADLについては声かけをすればまだまだできることも多い。ほがらかな性格のため、アプローチもしやすく、リスクを排除しつつ、現有能力を活かしながら在宅生活を続けていけるよう支援する。

2.アセスメントの7領域でニーズを整理する(ケアマネジャーの見立て)

1	利用者・家族の語り	Aさん：火の管理、国道の横断。 Bさん：独居生活の継続、訪問による支援。
2	心と体の健康(病気)	・アルツハイマー型認知症の進行を遅らせる。 ・高血圧症の管理。
3	心身の機能と構造(身体)	・認知機能障害の進行予防。 ・身体機能の現状維持。
4	活動(ADL・IADL)	・洗顔、歯みがき、整髪の介助による習慣化。 ・介助による更衣。 ・介助による入浴。少しでも自発的に体を洗うことができる。浴室内歩行時の転倒注意。 ・時折食欲がないことがあるため食事量の確保。 ・共同による買い物、調理。 ・支援による服薬管理。 ・畑仕事を楽しむ。
5	参加(役割)・自己実現	・子どもたち、親戚や近隣住民との交流。 ・新しい友人をつくり、一緒に楽しむ。
6	個性(性格、ライフスタイル、習慣、生活史、特殊な体験等)	・ほがらかな性格で社交的な面を活かす。
7	環境(人的・物理的・制度的)	・家屋の段差はあるが、現在の身体機能と基本動作からリスクは極めて低いため現状維持で様子をみる。 ・Bさんとの関係性を中心に、近隣の親戚や住民との交流も大切にする。 ・国民年金と預貯金にて経済的には問題ない。

3.ニーズに優先順位をつけ、「目標」を立てる

第2表（214〜215頁参照）

1　ニーズ 1：「友人の家に遊びに行きたい」「畑仕事をしたい」「なじみの商店で買い物を楽しみたい」

- これまでの楽しみを続ける ❶
  - 友人の家に遊びに行く 1-a
    ※役割を活かす。認知症の悪化予防、身体機能の維持
  - 畑仕事を楽しむ 1-b
    ※生活史を活かす。認知症の悪化予防、身体機能の維持
  - 買い物ができる 1-c
    ※生活史を活かす。認知症の悪化予防、身体機能の維持

2　ニーズ2：「皆と一緒に楽しみたい」

- 皆と一緒に楽しい時間を過ごす ❷
  - 皆と一緒に楽しい時間を過ごす 2-a
    ※ほがらかで社交的な性格という個性を活かす。
    役割を通じた認知症の悪化予防

3　ニーズ3：「きちんと食事を摂りたい」

- きちんと食事を摂ることができる ❸
  - きちんと食事を摂ることができる 3-a
    ※食事を買い物、調理からの一連のプロセスと関連づけてとらえる

4　ニーズ4：「病気がわるくならないようにしたい」

- 病気の悪化を防ぐ ❹
  - 病気の悪化を防ぐ　※認知症という表現を回避 4-a

5　ニーズ5：「口の中をきれいにしておきたい」

- 口の中を清潔に保つことができる ❺
  - 口の中を清潔に保つことができる 5-a
    ※現有能力を活かしながら口腔ケアを支援

6 ニーズ6：「入浴したい」

気持ちよく入浴することができる ❻	気持ちよく入浴することができる **6-a** ※現有能力を活かした入浴支援と身体の保清

7 ニーズ7：「通所介護に行く準備を一緒にしてほしい」

荷物を準備することができる ❼	荷物を準備することができる **7-a** ※現有能力を活かしたデイサービスに行くための荷物の準備

8 ニーズ8：「外出時に声をかけてほしい」

外出時に声をかけてもらう ❽	外出時に声をかけてもらう **8-a** ※徘徊時の見守りネットワークの目標を主体的に表現

4.ニーズの優先順位についての解説

Aさんのニーズの中心は、認知症の進行を少しでも遅らせることにあります。そのために、Aさんの活動性をもっとも高められ、心身機能の維持・改善につながると思われる、参加（役割）ニーズを一番と二番に位置づけました（**ニーズ1・2**）。

その後にはADLの維持についてのニーズが続きます。ADLにおいてもっとも気になる食事を三番目のニーズとし（**ニーズ3**）、四番目には健康ニーズを位置づけました（**ニーズ4**）。健康については認知症以外では高血圧症があるのみで、現在では十分コントロールできているため、さほど優先順位を高くしていません。それ以降はADLニーズを気になる順番にて位置づけています（**ニーズ5〜7**）。最後に、過去に何度かあった徘徊についての見守り環境づくりを目的としたニーズを位置づけています（**ニーズ8**）。このニーズについては、今後徘徊の頻度が上がってくれば、ニーズの優先順位も上がってくることになります。

5.サービス担当者会議での
ケアプラン解説ポイント

第1表（213頁参照）

（213頁参照）

①利用者及び家族の生活に対する意向 … A

Ａさんと会話を重ねるなかで出てきたことばをそのまま記載しています。贅沢をせずに暮らしてきたという表現は、夫とのつつましやかな生活を表現したものと思われます。Ａさんの現実世界では、困っていることはないようです。ガスや車に気をつけるという語りは、いろいろな人から注意を促されることばが記憶にとどまっているものと考えます。

Ｂさんについては、Ａさんが独居になり心配していたものの、実際に支援を受けながら生活を始めてみると、どうにか継続していけそうなことがわかり、少し安心したということばが聞かれています。また、できる限り母親をこの家で暮らしていけるようにしたいという強い思いを記載することで多職種にも理解を求めています。

Ａさんは認知機能障害があるため、理解力も記憶力も低下していますが、ケアプランの説明は、Ａさん、Ｂさんの両氏にしています。たとえ認知症であっても可能な限りＡさんを主体として支援を組み立てるというケアマネジャーとしての態度の表明です。

②総合的な援助の方針 … B

Ａさんの現状にふれながら、ケアマネジャーとしての今後の支援に対する思いを表現しています。また、Ｂさんのがんばりを承認しています。加えて今最もリスクが高い徘徊についてふれ、親戚や地域住民との連携の取り組みについて共有する目的で記載しています。

第2表（214～215頁参照）

③生活全般の解決すべき課題（ニーズ） … C

Ａさんは現状では身体機能についてはまったく問題がありません。課題は認知症にあるので、ニーズの中心は役割や活動を通した認知症に対するアプローチです。ニーズの階層性を活かしているので、「認知症」という表現は一切使用していません。加えて、医療や健康維持のニーズを明確にしています。

個々のニーズについては、Aさんの語りとして明確化されたものはありません。ケアマネジャーがアセスメントするなかで、規範的ニーズとして導き出し、Bさんに提案し同意を得て「代弁（アドボカシー）による合意されたニーズ」として取り上げています。

「友人の家に遊びに行きたい」

長期目標「これまでの楽しみを続ける」

短期目標「友人の家に遊びに行く」

友人の家に遊びに行くのはAさんの古くからの習慣です。別にニーズとして取り上げる必要はありませんが、あえて一番目のニーズとしています。その理由は、Aさんのこの習慣が認知症の進行を遅らせるための大切な友人としての役割であり、コミュニケーションや友人の家まで歩いて行くといった、さまざまな活動を含んでいるからです。Aさんの主体性に基づいた社会参加という意味で取り上げています。

また、このような役割があることを、多職種でも共有しておいてほしいという意味も含めて記載しています。

「畑仕事をしたい」

長期目標「これまでの楽しみを続ける」

短期目標「畑仕事を楽しむ」

このニーズもAさんの生活習慣です。趣味というよりは仕事に近い活動です。このニーズもAさんの主体性を尊重する意味と、「畑仕事を継続している」という事実を多職種で共有するという意味を含めて記載しています。

また、種まきだけはできないので、季節の野菜や花の種まきについてはBさんに依頼しています。

「なじみの商店で買い物を楽しみたい」

長期目標「これまでの楽しみを続ける」

短期目標「買い物ができる」

このニーズについても、Aさんが主婦としての役割を何十年と続けていたことの継続です。天気のいい日には、なじみの商店に買い物に行かれていますが、同じようなものを購入したり、お金を持たずに行かれたりするので、商店のEさんに購入物の確認と助言をお願いする意味でも、また、時に後から家族が清算したりしなければならないこともあり、ニーズとして取り上げています。冷蔵庫の中については、適宜《てきぎ》ホームヘルパーに確認するように依頼していることを全員で共有（標準化）しています。リスクマネジメントの視点です。

「皆と一緒に楽しみたい」

長期目標・短期目標「皆と一緒に楽しい時間を過ごす」

A さんがデイサービスを活用する一番目の目的は、役割（参加）ニーズです。ほがらかで社交的という個性を活かし、ほかの利用者とお茶を飲んだり、レクリエーションをしたり、外出するといった楽しみをもってもらいます。主観的 QOL を高めることと、認知機能の維持が根底のニーズです。

「きちんと食事を摂りたい」

長期目標・短期目標「きちんと食事を摂ることができる」

A さんは時折明確な訴えではないのですが、体調がわるいと言って食事を拒否することがあります。主婦であったわけですから、食事をつくって食べてもらうだけではなく、買い物、調理から食事までを一連の ADL・IADL の流れのなかで支援しています。お米洗いや野菜を切ることは自分で主体的にする力が残っているので、自由にしていただきながらの支援です。高血圧症があるので、塩分に対するリスク喚起と、水分摂取に対するリスク喚起も標準化しています。主婦として「している活動」をこれからも続けていただくアプローチです。このニーズも主観的 QOL を高めることによる認知症へのアプローチでもあります。

「病気がわるくならないようにしたい」

長期目標・短期目標「病気の悪化を防ぐ」

A さんの疾患《しっかん》はアルツハイマー型認知症と高血圧症です。このケースでは、「病気」という表現で、ひとくくりにしてニーズとしています。目標は病気の悪化予防で、サービス内容を見るとわかるのですが、服薬と受診についての標準化がなされています。高血圧症については、塩分を控《ひか》えたり、浮腫《ふしゅ》の確認といった生活場面でのサービス内容が含まれてきて当然なのですが、このケースでは塩分と浮腫については「食事」や「入浴」ニーズのところにまとめています。

「口の中をきれいにしておきたい」

長期目標・短期目標「口の中を清潔に保つことができる」

デイサービスにて歯科衛生士に口腔内の評価をしてもらったところ、きれいに歯みがきができていないことがわかりました。そこで、ホームヘルパーとデイサービススタッフに歯みがきと口腔内のチェックを依頼しました。現有能力を活かし、見守りしながら歯みがきをしてもらうこととしています。

「入浴したい」

長期目標・短期目標「気持ちよく入浴することができる」

身体保清のニーズです。デイサービスで入浴してもらうだけでなく、在宅時に、時折自分でお湯はりをしていることもあるため、必要時に声かけをして入浴していただくことがあります。更衣からの一連のプロセスにてなるべく自分で行ってもらうように声かけ、見守りするように組み立てています。現有能力の活用です。高血圧症の既往があるため、入浴前にはかならず血圧測定と浮腫のチェックをするよう強調しています。

「通所介護に行く準備を一緒にしてほしい」

長期目標・短期目標「荷物を準備することができる」

デイサービスに行く準備を、現有能力を活かして手伝ってもらいながら実施する内容になっています。更衣する衣類については自分で選んでいただくようにサービス内容で標準化しています。小さな自己決定の活用です。このアプローチも精神機能を使うことによる認知症アプローチです。

「外出時に声をかけてほしい」

長期目標・短期目標「外出時に声をかけてもらう」

このニーズはいわゆる「徘徊」に対するリスクマネジメントで、見守り体制についての標準化です。表現については、Aさんも目を通すことから、「徘徊」というBPSDの一症状を示す専門用語の使用はさけています。もう１つ深く、利用者の尊厳の保持という倫理原則から考えると、利用者がケアプランに目を通すか否《いな》か、理解できるか否かにかかわらず、尊厳は保持すべきと考えると、どのような場合であってもこういった利用者の心に刺さる可能性があるような表現は可能な限りさけるという考え方が、各専門職にはあってもいいと思います。

POINT!

認知症アプローチ

ケアマネジャーに、認知症モデルのケアプランを見させていただく機会が多くあります。最近は、尊厳の保持について考えるケアマネジャーが増えたのか、「認知症がわるくならないようにしたい」などと書いているケアプランも大分見かけなくなりました。ケアマネジャーに聞くと、「本人や家族が目を通すのに、認知症とは書けません」という返事が返ってきます。「でも、認知症にかかるニーズを放置しているわけじゃないよね？」「もちろんです」「じゃあ、あなたのこのケアプランで認知症に対するニーズはどこにあるの？」と尋ねると、ことばに詰《つ》まってしまう人も多くいます。しかし、決して認知症に対するアプローチがケアプラン上に存在しないわけではありません。多くのケアマネジャーは、他者との交流であったり、「できる活動」を「している活動」へと高める、現有能力を活かすといったニーズをたくさんケアプランに記載しています。このようなニーズは、表向きは社会参加ニーズや活動性の向上ニーズという説明になります。ここで、**図15（45頁参照）**にあった「ニーズの階層性」を思い出してください。こういったニーズの階層深くの行きつくところには「認知症がわるくならないようにしたい」というニーズがあるのです。このニーズの階層性をしっかりと理解し、説明（言語化）できるようにならなければなりません。

「認知症がわるくならないようにしたい」などと書かなくても、認知症アプローチはケアプランにあふれているのです。

第1表 居宅サービス計画書(1)

作成年月日　平成　○年　○月　○日

初回（○）・紹介・継続　　認定済（○）・申請中

利用者名　A　殿　　生年月日　○年　○月　○日(75歳)　　住所　○○県○○市○○町

居宅サービス計画作成者氏名　J

居宅介護支援事業者・事業所名及び所在地　○○居宅介護支援事業所　○○県○○市○○町

居宅サービス計画作成(変更)日　平成　○年　○月　○日　　初回居宅サービス計画作成日　平成　○年　○月　○日

認定日　平成　○年　○月　○日　　認定の有効期間　平成　○年　○月　○日　～　平成　○年　○月　○日

要介護状態区分	要介護1　・　要介護2（○）　・　要介護3　・　要介護4　・　要介護5
利用者及び家族の生活に対する意向 Ⓐ	Aさん:「贅沢せずに暮らしてきた。これからもそうしていきたいです。今のところ別に困ったことはありません」「火を出したら怖いのでガスには気をつけています」「道を渡るときは車に注意しないとね」 Bさん:「母が一人暮らしになり心配していましたが、サービスを使いながらこの半年家で暮らしていくことができ、少し安心しています。これからもなるべくこの家で暮らせたらよいと思っています。できる限りの訪問はしたいと思います」
介護認定審査会の意見及びサービスの種類の指定	
総合的な援助の方針 Ⓑ	一人暮らしとなって、いろいろなことが心配されましたが、Aさんも落ち着いて生活されています。これからもAさんなりのペースでぼつぼつと暮らしていけるようにお手伝いさせていただきます。 Bさんもがんばって Aさんを支えておられます。無理なさらぬようにしていただき、困りごとがあれば一緒に考えていきましょう。 親戚の方や地域の方に見守りをしていただいています。何かあれば連絡していただけることになっています。うまく連携がとれるように今後も検討させていただきます。 緊急連絡先:Bさん　090−○○○○−○○○○　Dさん　090−○○○○−○○○○
生活援助中心型の算定理由	1. 一人暮らし　　2. 家族等が障害、疾病等　　3. その他(　　　)

C

第2表 居宅サービス計画書(2)

作成年月日　平成　○年　○月　○日

利用者名　**A**　殿　　※2の事業所名は紙面の都合上記載していません。

生活全般の解決すべき課題（ニーズ）	目標				援助内容					
	長期目標	（期間）	短期目標	（期間）	サービス内容	※1	サービス種別	※2	頻度	期間
友人の家に遊びに行きたい。	これまでの楽しみを続ける。 ❶	平成○年○月○日～ 平成○年○月○日	友人の家に遊びに行く。 1-a	平成○年○月○日～ 平成○年○月○日	仲のよい友人のところに歩いて遊びに行き、楽しい時間を過ごされています。これからも車に気をつけて続けましょう。		Aさん		随時	平成○年○月○日～ 平成○年○月○日
畑仕事をしたい。			畑仕事を楽しむ。 1-b	平成○年○月○日～ 平成○年○月○日	季節のいいときには日が昇ると畑に出られ、熱心に仕事をされています。これからも無理のない範囲で続けましょう。季節の野菜の種まきはBさんにお願いします。		Aさん Bさん		随時 随時	平成○年○月○日～ 平成○年○月○日
なじみの商店で買い物を楽しみたい。			買い物ができる。 1-c	平成○年○月○日～ 平成○年○月○日	近所のなじみの商店に歩いて買い物に行かれ、食材を購入されています。 買い物については店の方がお手伝いしてくれます。 冷蔵庫の中は訪問介護員が確認してくれます。	 ○	Aさん 商店（Eさん） 訪問介護		随時 随時 2回/日	平成○年○月○日～ 平成○年○月○日
皆と一緒に楽しみたい。	皆と一緒に楽しい時間を過ごす。 ❷	平成○年○月○日～ 平成○年○月○日	皆と一緒に楽しい時間を過ごす。 2-a	平成○年○月○日～ 平成○年○月○日	おしゃべりや、レクリエーション、お出かけ企画などに参加していただきます。ほかの利用者との関係づくりに配慮します。	○	通所介護		2回/週	平成○年○月○日～ 平成○年○月○日
きちんと食事を摂りたい。	きちんと食事を摂ることができる。 ❸	平成○年○月○日～ 平成○年○月○日	きちんと食事を摂ることができる。 3-a	平成○年○月○日～ 平成○年○月○日	自分で米を洗って炊いたり、野菜を切ったりされています。 茶碗洗いもされています。		Aさん		随時	平成○年○月○日～ 平成○年○月○日
					足りない食材の買い出しや、米の補充、冷蔵庫内の確認、できる範囲で食事をつくっていただいています。 塩分には注意をお願いします。水分を摂るよう促しをお願いします。		Bさん		随時	平成○年○月○日～ 平成○年○月○日
					一緒に調理をさせていただきます。食材の買い物をします。また、なじみの商店に一緒に食材を買いに行きます。塩分には注意します。水分を摂っていただくよう促します。	○	訪問介護		2回/日	平成○年○月○日～ 平成○年○月○日
					バランスを考えた食事の提供をさせていただきます。 塩分には注意します。 水分を摂っていただくよう促します。	○	通所介護		2回/週	平成○年○月○日～ 平成○年○月○日

※1「保険給付対象かどうかの区分」について、保険給付対象のサービスについては○印を付す。
※2「当該サービス提供を行う事業所」について記入する。

C

第2表

作成年月日　平成　○年　○月　○日

利用者名　**A**　殿　　　※２の事業所名は紙面の都合上記載していません。

生活全般の解決すべき課題（ニーズ）	目標				援助内容					
	長期目標	（期間）	短期目標	（期間）	サービス内容	※1	サービス種別	※2	頻度	期間
病気がわるくならないようにしたい。	病気の悪化を防ぐ。 ❹	平成○年○月○日～平成○年○月○日	病気の悪化を防ぐ。 4-a	平成○年○月○日～平成○年○月○日	朝夕とAさんの服薬を確認していただきます。動悸、息ぎれなどに注意します。	○	訪問介護		2回/日	平成○年○月○日～平成○年○月○日
					定期的に処方の依頼や受け取り、受診の対応をされています。病状に変化があればお知らせください。		Bさん		必要時	平成○年○月○日～平成○年○月○日
口の中をきれいにしておきたい。	口の中を清潔に保つことができる。 ❺	平成○年○月○日～平成○年○月○日	口の中を清潔に保つことができる。 5-a	平成○年○月○日～平成○年○月○日	歯みがきについての声かけ、見守りをさせていただきます。 歯科衛生士による口の中のチェックやアドバイスをさせていただきます。	○ ○	訪問介護 通所介護		2回/日 1回/2か月	平成○年○月○日～平成○年○月○日
入浴したい。	気持ちよく入浴することができる。 ❻	平成○年○月○日～平成○年○月○日	気持ちよく入浴することができる。 6-a	平成○年○月○日～平成○年○月○日	できる限り、自分で入浴できるように声かけ、見守りをさせていただきます。更衣や洗体の順序がわかりにくいときには声をかけさせていただきます。入浴前には血圧測定をします。浮腫に注意します。	○	通所介護		2回/週	平成○年○月○日～平成○年○月○日
					自分で入浴されているときもあります。適宜必要時に一緒に入浴の準備をして、声かけと見守りにより入浴していただきます。 入浴前には血圧測定をします。 浮腫に注意します。	○	訪問介護		随時	平成○年○月○日～平成○年○月○日
通所介護に行く準備を一緒にしてほしい。	荷物を準備することができる。 ❼	平成○年○月○日～平成○年○月○日	荷物を準備することができる。 7-a	平成○年○月○日～平成○年○月○日	通所介護に行く準備を一緒にさせていただきます。 着替えの服は自分で選んでいただきます。	○	訪問介護		2回/日	平成○年○月○日～平成○年○月○日
外出時に声をかけてほしい。	外出時に声をかけてもらう。 ❽	平成○年○月○日～平成○年○月○日	外出時に声をかけてもらう。 8-a	平成○年○月○日～平成○年○月○日	民生委員、サポーター、商店のEさん等近隣の方に見守っていただいています。 何かあれば、長女Bさんか親戚のDさんに連絡があります。		近隣の方 Bさん、Dさん		随時 緊急時	平成○年○月○日～平成○年○月○日

※１「保険給付対象かどうかの区分」について、保険給付対象のサービスについては○印を付す。
※２「当該サービス提供を行う事業所」について記入する。

第3表 週間サービス計画表

作成年月日　平成　○年　○月　○日

要介護度　要介護2

平成　○年○月分より

利用者名　A　殿

作成者　J

		月	火	水	木	金	土	日	主な日常生活上の活動
深夜	4:00								
早朝	6:00								
午前	8:00	8:30～9:15 訪問介護	8:30～9:15 訪問介護	8:00～8:40 訪問介護	8:30～9:15 訪問介護	8:30～9:15 訪問介護	8:00～8:40 訪問介護	8:30～9:15 訪問介護	起床
									朝食
	10:00								畑仕事
									友人宅に遊びに行く
午後	12:00			9:00～16:00 通所介護			9:00～16:00 通所介護		昼食
	14:00								畑仕事
	16:00								居間で横になる
									友人宅に遊びに行く
		17:00～17:45 訪問介護	17:00～17:45 訪問介護	17:00～17:45 訪問介護	17:00～17:45 訪問介護	17:00～17:45 訪問介護	17:00～17:45 訪問介護	17:00～17:45 訪問介護	町内を散歩
夜間	18:00								夕食
	20:00								就寝
	22:00								
深夜	24:00								
	2:00								
	4:00								
週単位以外のサービス									

事例10

母を思う

認知症の母親を介護する独身の長男

1.アセスメント

利用者：Aさん　性別：女性　年齢：86歳

家族：妹Bさん・妹Cさん・長男Dさん

【ジェノグラム】

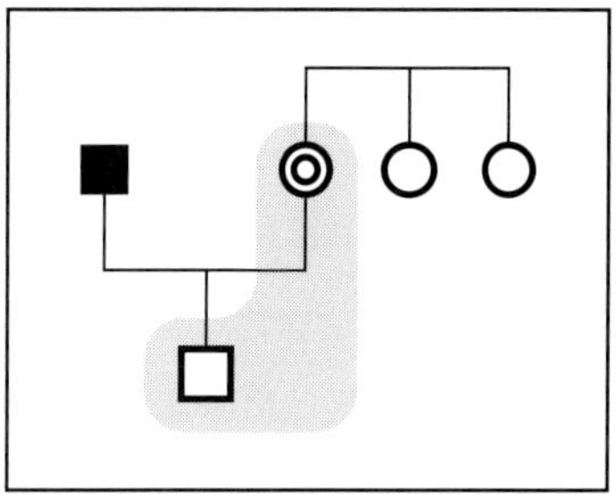

要介護度：要介護2

障害高齢者の日常生活自立度判定基準：A2

認知症高齢者の日常生活自立度判定基準：Ⅱa

相談に至った経緯

長男Dさんより地域包括支援センターに相談があった。母親が徐々に家事ができなくなり、半年ほど前から横になって過ごすことが多くなったとのことで、このままだと寝たきりになってしまうから通所介護（デイサービス）を利用したいとの要望があった。地域包括支援センターから引き継ぎ、支援を開始して1年半が経過した。

生活史

現在の地で生まれる。6人姉妹の次女。お見合いにて近隣の都市から婿養子《むこようし》を迎え、一人息子をもうけるが、その後しばらくし、夫が仕事中に事故死。子どもの世話を両親に頼みつつ、近隣の折箱工場に勤務。70歳まで勤め上げ、その後も家事や畑仕事に精を出す。若い頃《ころ》から働き通しで趣味もなかった。Dさんのことは非常に愛情深く育てた様子。今でも子どもに食事をつくらなければならないといったことばがよく聞かれる。Dさんからも優しい母親だったとのことばが聞かれる。

民生委員の話によると、AさんもDさんも昔から一部の近隣とのトラブルがある。車庫や庭に置いてある脚立や置物がなくなった等の訴えがある。無価値に近いものが多く、また対象となっている家の人柄から、客観的にみても事実とは考えにくいとのことであるが、Ａさんの訴えにＤさんも同調している。反面、仲のよい住民や近隣の親戚、隣の市に住む妹のＢさん、Ｃさんとの交流は現在でも続いている。Ａさんは昔から近隣の親戚や知人から衣類等をたくさんもらい、大量の段ボールに入れて大切にしており、支援が開始された当初は、部屋１つを占領しており、足の踏み場もない状況であった。

Ｄさんは、高校を卒業し、近隣の食料品の加工工場に40年間勤務している。本人曰《いわ》く、視力がわるいため車の免許を取得することができず、原付バイクで通勤している。母親に対しては愛情深く、介護について真剣である。その反面、母親が思うように動いてくれないと手が出てしまったこともあったようだが、サービスが導入されてからはそういったこともない。支援開始当初は、ケアマネジャーに対し非常に疑い深く、信頼関係を築くのに時間を要したが、現在では逆に依存傾向にある。母親がサービス内容について言及したことや、訪問介護員（ホームヘルパー）が記載しているサービス経過等を自分なりの解釈で理解し、それを事実としてケアマネジャーに再三不満や苦情の訴えがあったり、サービス事業者を変更したいといった訴えになることもあり、そのつど説明し修正しなければならない。電話等での相談は思考がぐるぐると回り結論が出ず、その結果ケアマネジャーに介護を一任したい、介護を放棄したいといった訴えになったりするため、ゆっくりと話をし、決断してもらうところの支援から必要である。電話の回数が多く、勤務中でも10時、12時、15時の休憩時間や退勤後にケアマネジャーに電話をかけてくるといったところがあり、こういった点でも理解してもらい、修正しながら支援を継続している。

利用者・家族の意向

Ａさん：「『歩けるようになって畑に行きたい』『しんどい』という気持ちがいつもありますが、自分のできる範囲のことは一生懸命やろうとされています。デイサービスでのレクリエーションでは、とても楽しそうな笑顔や笑い声が聞かれます」（ケアマネジャーの代弁（アドボカシー））

Ｄさん：「『しんどい』という訴えがあり、心配している。仕事へ行っても気が気ではない。母の体調が早く安定してほしい。母のためになることであれば、できる限り何でもしたいと思い、何とか母が楽に過ごせるようにならないかと日々考えている。いろいろ考えすぎてしんどいと感じることもあるが、少しずつ解決していきたい」

◆健康（病歴）

高血圧症、アルツハイマー型認知症、両変形性膝関節症《りょうへんけいせいしつかんせつしょう》。

◆精神機能

短期記憶障害があり、日課や最近の出来事の記憶が曖昧《あいまい》なところがある。支援開始の9か月後にアルツハイマー型認知症の初期との診断があるが、短期記憶障害以外の症状は日常では認められない。抑うつ。

◆BPSD（認知症の行動・心理症状）

「物がなくなる」との訴えもあるが、若い頃から同様の訴えがあり、事実か否《いな》か、事実ではないとしたら認知症なのか、その他何らかの精神疾患《せいしんしっかん》、知的障害なのか、または過去の何らかのインシデントが要因になっているのかは不明。

◆身体機能と体

血圧は最高血圧120mmHg、最低血圧80mmHg（降圧薬服用）。

筋力は維持され麻痺《まひ》等なし。自歯（部分入れ歯）。視力、聴力保持。咀嚼《そしゃく》・嚥下障害《えんげしょうがい》なし。口腔内汚染《こうくうないおせん》（歯垢《しこう》）がある。尿意・便意あり。両膝関節の疼痛《とうつう》。皮膚《ひふ》の状態は良好。

◆活動（ADL（日常生活動作）・IADL（手段的日常生活動作））

コミュニケーション

視力、聴力、発語に問題はない。短期記憶障害があり、会話が成立しにくいところもあるが、**日常の生活場面の理解（たとえばADL、買い物の食材等に関すること）や自己決定に問題はない。**デイサービスでは、ほかの利用者との楽しそうな会話も成立している。

基本動作

自立。**両膝関節の疼痛あり。**家では受診後の調子のいいときには伝い歩き歩行をしており、一本杖《いっぽんづえ》で畑に行くこともある。**痛みが強いときには、はって移動している。今後は転倒や痛みの悪化の可能性がある。家では特に午前中に臥床《がしょう》していることもよくあり、廃用症候群によるさらなる筋力低下の可能性がある。**

洗面・口腔内保清

デイサービスでは声かけ、促しにより実施。在宅では、本人に確認すると、毎朝歯みがきをして顔も洗っていると答えるが、口腔内を確認すると十分とはいえない。入れ歯の洗浄はおおむねできている。

整容

整髪は促しにより可能。爪《つめ》切《き》り、耳《じ》垢《こう》の掃《そう》除《じ》は全介助。

更衣

更衣は自立。デイサービスに出かける前には、自発的に衣類を選択することも可能。デイサービス利用時にほかの利用者に衣類をほめられ、そのことを嬉しそうに話してくれることもある。

入浴

在宅では、自発性の低下や人的見守り等の面においてリスクが高く、入浴することは困難と判断。サービス利用時の入浴が妥当と考える。

食事

在宅時はDさんが朝食の準備を行い、夕食についてはホームヘルパーが準備をし、声かけにて自力で摂取している。咀嚼・嚥下に問題はなく、むせ込みもない。

排泄

尿意、便意はしっかりとあり、在宅でも現状はトイレに行くことができる。膝《ひざ》の疼痛が原因と思われるが、時折間に合わず失禁することがある（機能性尿失禁）。不安の軽減のためもあり、尿パッドを自分で着用、処理している。便秘の訴えあり。下剤を服用している。

受診・服薬

Dさんの付き添いにより近隣の開業医を受診。服薬管理はできないためすべて介助。一包化された薬を手渡しすれば開封し自分で服薬可能。体調がすぐれない午前中は服薬拒否がある。降圧薬、抗うつ薬、便秘薬。

金銭管理

金銭管理はDさん。小《こ》遣《づか》いの所持はない。

外部との連絡（緊急時等）

妹の家、デイサービス等には自分で電話することができる。主な連絡先は、Dさんが電話の前に貼《は》り出《だ》して掲示している。Dさんの携帯電話については、かけることはできない。電話を受けることは可能。

社会的諸手続き

Dさんがすべて代行している。

移動

膝の疼痛が良好なときには家屋内伝い歩き歩行。自宅周辺を一本杖で歩いていることもある。疼痛悪化時には家屋内をはって移動している。交通機関の利用はできない。

買い物

買い物はすべてDさんが対応。欲しいもの等については、DさんがAさんに確認している。

調理・洗濯・掃除

自発的には困難であるが、洗濯や掃除は声かけ、促ししながら一緒にすることは可能。

趣味・嗜好

家の近くに畑があり、以前はそこで熱心に野菜を栽培していた。畑に行きたいとの希望はあるが、膝の調子のいいとき以外は畑まで歩いていくことはできない。退職後は近隣の仲のよい友人と定期的に公民館を借り、茶話会「つつじ会」を開催し参加していたが現在は実施していない。身だしなみに敏感《びんかん》で服を気にする。

◆役割・関係性（家族・近隣等）

Dさんのことをいつも気にかけており、食事や仕事のことを尋ねたりするとのこと。支援により洗濯もこなしており、母親としての役割が存在する。また、隣の市に**一番下の妹Bさんと下から二番目の妹Cさんが住んでおり、時々様子を見に訪問してくれる。**姉妹の仲も良好。

◆住環境

夫が建てた持ち家。玄関に20cm程度の段差、浴室の入り口に5cmほどの段差、トイレは洋式であるが手すりがなかったため、玄関、浴室、トイレに手すり設置済み。浴室は現在Aさんは使用していない。

◆性格

真面目で穏《おだ》やか、優しい性格（Bさんや Cさん、Dさんのことを思いやる気持ちが今も感じられる）。身だしなみに敏感。

アセスメントの解説

Aさんは真面目で優しい性格。若い頃から働き通しでDさんを育て上げた。嫁《とつ》いで出て行ったBさん、Cさんにも優しく接していたようで、今でもよい関係性がある。Dさんは今でも母親を思いやり、どうにかして元気であった頃の母親に戻ってほしいという強い思いがある反面、現実を少しずつ受け入れつつある様子もうかがえる。

そういった優しいAさんの印象とは対照的に、一部住民に対し、物を「盗られた」と訴えるというトラブルがあったと近隣住民から聞こえてくるが、それが何らかの精神機能（障害）や知的障害によるものか、生活史に根差したものなのかは不明である。Bさんも同調して同様の訴えをするようであるが、事実として特定できるような具体性に欠けるところがある。また、Dさんは、サービス担当者等に対しても、ひとたび「こうではないか？」と想像したことを事実として訴えることが多々あり、「事実」なのか、「推測」なのかを確認しなくてはならない場面があるため、Aさんの訴えをそのまま信じ込んでいることも想像できる。物を盗られたと訴えられる近所の相手も普通の家庭であるため、反対に近隣のAさん宅の評価は、「トラブルの多い家」といった声も聞かれる。

しかし、女性一人で必死に家を守ってきたという背景から、何らかの過去の出来事が発端となり、このような「盗られた」といった語りになって表現されている可能性もある。事実はどうあれ、そういった背景も想像しながら支援を実施していきたい。

また、Dさんは猜疑的《さいぎてき》で、ケアマネジャーをはじめサービス担当者との信頼関係も構築しづらいところがある。前述したように、推測と事実が混同することが多々あり、そのつど確認しながら修正しなければならない。また、思考が迂遠的《うえんてき》（回りくどく、ぐるぐる回る）で、Aさんの介護の方向性も決めることができずに、ケアマネジャーに任せるといった発言に至りやすく、この点についてもDさんの考えを整理しながら決定を促さなければならない。

Aさんの介護と介護者のDさんの両方の支援をバランスよく考えていかなければならない。

2.アセスメントの7領域でニーズを整理する（ケアマネジャーの見立て）

1	利用者・家族の語り	Aさん：畑まで歩いて行ける。 Dさん：Aさんの体調の安定（健康）、安楽な生活。
2	心と体の健康（病気）	・アルツハイマー型認知症の進行を遅らせる。 ・高血圧症の管理。 ・変形性膝関節症の管理。
3	心身の機能と構造（身体）	・短期記憶障害の進行予防。 ・抑うつ気分の解消。 ・両膝関節の疼痛の緩《かん》和《わ》。
4	活動（ADL・IADL）	・洗顔、歯みがき、整髪の促しによる習慣化。 ・声かけによる更衣。身につける衣類の選択支援。 ・介助による入浴。少しでも自発的に体を洗うことができる。浴室内歩行時の転倒注意。 ・バランスのよい食事の支援。 ・共同による洗濯、掃除。 ・支援による服薬管理。 ・買い物の品選びの支援。 ・受診対応。
5	参加（役割）・自己実現	・家事を通しての母親としての役割。 ・姉としての役割の継続。 ・新しい友人をつくり、一緒に楽しむ。
6	個性（性格、ライフスタイル、習慣、生活史、特殊な体験等）	・穏やかで優しい性格を活《い》かす（交流関係を広げる）。身だしなみに敏感なため、おしゃれを楽しんでもらえるよう支援する。
7	環境（人的・物理的・制度的）	・玄関、トイレ、浴室の手すり設置は終了。 ・Dさんとの関係性を中心に、Bさん、Cさん、親しい住民との交流も大切にする。 ・デイサービスのほかの利用者との関係性もできつつあるため継続的に支援する。

3.ニーズに優先順位をつけ、「目標」を立てる

第2表（233～235頁参照）

1 ニーズ1：「外に出て楽しい時間を過ごしたい」

- 楽しい時間を過ごすことができる ❶
  - ほかの人と楽しむ時間をもつ
    ※役割づくり。穏やかで優しい性格という個性を活かす。 1-a
    短期記憶障害の悪化予防

2 ニーズ2：「身だしなみをきちんとしたい」

- 身だしなみを整える ❷
  - きれいな格好で出かけられる
    ※Aさんの個性を大切にする。衣類を選ぶ＝自己決定の支援 2-a
  - 定期的にカットができる
    ※Aさんの個性を大切にする。好みの髪型＝自己決定の支援 2-b

3 ニーズ3：「家事をしたい」

- 主婦としての役割を続ける ❸
  - 洗濯を続ける
    ※役割を通して活動性を高めると同時に主観的QOLを高める。 3-a
    短期記憶障害の悪化予防
  - 部屋の片づけをする
    ※役割を通して活動性を高めると同時に主観的QOLを高める。 3-b
    短期記憶障害の悪化予防

4 ニーズ4：「病気がわるくならないようにしたい」

- 体調が安定して過ごすことができる ❹
  - しんどいときには対応してもらえる　※体調不良時の対応 4-a
  - 確実に服薬する　※服薬遵守 4-b
  - 定期受診をする　※定期受診 4-c

5 ニーズ5：「おいしく食事をしたい」

- 食事を楽しむ ❺
  - しっかりと食べることができる　※栄養バランスと疾患等に対応した食事内容 5-a

6 ニーズ6：「気持ちよくトイレに行きたい」

気持ちよく排便ができる ❻	気持ちよく排便ができる ※服薬管理 6-a

7 ニーズ7：「清潔を保ちたい」

気持ちよく入浴できる ❼	気持ちよく入浴できる ※現有能力の活用と入浴時の血圧に対する注意 7-a
毎日整容できる ❽	毎日整容できる ※現有能力を活かしながら整容を習慣化する 8-a

8 ニーズ8：「安心して歩けるようになりたい」

畑まで行くことができる ❾	家の中を安心して歩くことができる ※まずは家の中の安定的歩行を目標とする。 9-a ステップアップとして畑に行くことを目標
	膝がわるくならないようにする ※活動時の痛みの悪化の注意。リスクマネジメント 9-b

9 ニーズ9：「外出時のしたくを手伝ってほしい」

手伝ってもらいながら外出準備をする ❿	手伝ってもらいながら外出準備をする ※デイサービス利用時の整容、着替え等を現有能力を活かしながら実施 10-a

10 ニーズ10：「仲のいい妹たちとこれからも交流していきたい」

妹たちと交流を深める ⓫	妹たちと交流を深める ※生活史から見出した妹や近隣の友人との良好な関係性を活かす、役割の継続 11-a

4.ニーズの優先順位についての解説

Aさんのニーズの中心は、認知症の進行を少しでも遅らせることにあります。そのためにAさんの活動性を最も高められ、心身機能の維持・改善につながると思われる参加（役割）ニーズを最優先して一番目から三番目に位置づけました（**ニーズ1～3**）。その次にはAさんの体調不良の訴えへの対応についてのニーズを位置づけています（**ニーズ4**）。このニーズについては、長男のDさんが最も気にしているニーズでもあります。それ以降についてはADLの維持・改善についてのニーズを重要と思われる順に位置づけています（**ニーズ5～9**）。そして最後に、自助、互助としての姉の役割ニーズを位置づけました（**ニーズ10**）。

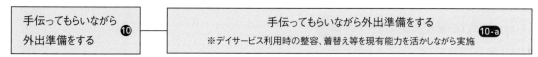

5.サービス担当者会議での ケアプラン解説ポイント

第1表（232頁参照）

①利用者及び家族の生活に対する意向 … A

Aさんは、抑うつ的で、「しんどい」ということばが絶えず聞かれます。唯一の具体的要望は「歩けるようになって畑に行きたい」ですが、現状での実現は難しい状況にあります。しかし、自分のできる範囲のことについては一生懸命取り組む姿が見られます。またデイサービスのレクリエーションにはとても楽しそうに参加されています。このケースでは、Aさんの語りを記載するかわりに、Aさんの「しんどい」という語りと、反対に「力」を感じる日常の場面を客観的に表現し記載しています。「しんどい」と訴えるだけのAさんではなく、「力」ももっていることを家族や多職種に理解してもらうことを目的にしています。

②総合的な援助の方針 … B

「しんどい」と言いながら臥《ふ》せっているようなイメージが強いAさんですが、実はそうではありません。日常から見て取れるAさんの力を記載することで、母を過小評価し、いつも心配しているDさんにも、Aさんの力を理解してもらいたいという意図が含まれています。

第2表（233～235頁参照）

③生活全般の解決すべき課題（ニーズ） … C

「意向」のところでも述べましたが、Aさんは要望をことばで表現することが難しい状況があります。唯一のニーズは「しんどい」との訴えと「歩けるようになって畑に行きたい」という要望です。個々のニーズについては、「しんどい」という訴えを「しんどいときには助けてほしい」と代弁して表現したニーズと「歩けるようになって畑に行きたい」というニーズ以外はAさんの語りをベースにしているものではなく、ケアマネジャーがアセスメントするなかで、規範的ニーズとして導き出し、Dさんに提案し、同意を得て「代弁（アドボカシー）による合意されたニーズ」として取り上げています。

「外に出て楽しい時間を過ごしたい」

長期目標「楽しい時間を過ごすことができる」

短期目標「ほかの人と楽しむ時間をもつ」

Aさんは抑うつ傾向にあり、特に朝は「しんどい」との訴えがあります、加えてアルツハイマー型認知症との診断もあり、記憶障害があります。このニーズは、AさんとDさん（利用者側）から見ると社会参加ニーズです。しかし、ケアマネジャーから見立てると、社会参加のその向こうに、「楽しい」と感じてもらうことでAさんの主観的QOLを高め、抑うつという気分障害や記憶障害の改善を目指すというニーズが隠れています。長期目標はAさんの主観的QOLの改善を目標にしており、評《ひょう》価《か》軸《じく》が曖昧ですが、短期目標である程度客観的に評価できるようにしています。しかし、「楽しむ」とは主観的な目標であるため、完全な評価軸とはなり得ませんが、ここでは多職種が客観的に見立てることでAさんが楽しむ時間をもつことができているかどうかを評価します。

サービス内容では席次の配慮と、膝の疼痛に対するリスクマネジメントも標準化しています。

「身だしなみをきちんとしたい」

長期目標「身だしなみを整える」

短期目標「きれいな格好で出かけられる」「定期的にカットができる」

Aさんは若い頃から身だしなみに気をつける方だったようです。このAさんの力を二番目のニーズとして位置づけました。外出時にはおしゃれを楽しんでもらえるように、着て行く服を自分で選んでもらう（自己決定する）という観点と現有能力を活かすという観点からサービス内容を標準化しています。髪の毛のカットについても、本人に確認しながら好みの髪型になるように配慮しています（散髪についてはデイサービスに出張散髪の企業が定期的に来所するシステムがあります）。

「家事をしたい」

長期目標「主婦としての役割を続ける」

短期目標「洗濯を続ける」

Aさんは母親としての役割習慣から洗濯を一生懸命続けています。現有能力を活かしながら、役割の支援を行うことにより、Aさんの主観的QOLと活動性を高めることを目的にしています。

短期目標「部屋の片づけをする」

部屋の片づけについては、Aさんが大切にしている衣類が多数の段ボールに入れられて一部屋を占領する状態になっており、中身については把握できている様子も、長年使用された形跡もないことから、Dさんの承諾を得つつ、Aさんを説得しながら整理をしています。Aさんにとっては大切な財産であり、納得のうえで少しずつ進めています。

「病気がわるくならないようにしたい」

長期目標「体調が安定して過ごすことができる」

短期目標「しんどいときには対応してもらえる」

Aさんは「しんどい」との訴えがほぼ毎朝あります。不《ふ》定《てい》愁《しゅう》訴《そ》と、本当に何らかの疾患がある場合との見極めをしていかなければなりません。ケアスタッフがAさんの訴えや様子観察、バイタルチェックなどを行ったうえで、確かに何らかの身体的な異変がある場合には訪問看護と連携をとりつつ、Dさんや主治医との連携をしていくことにしています。

短期目標「確実に服薬する」

次に服薬については、朝は服薬拒否も多く、Dさん、ホームヘルパー、デイサービススタッフの順に服薬の連携を図るようにしています。

短期目標「定期受診をする」

受診については、現在Dさんが対応してくれていますので、引き続きDさんに依頼をしていくことを多職種に知っておいてもらう意味で記載しています。

「おいしく食事をしたい」

長期目標「食事を楽しむ」

短期目標「しっかりと食べることができる」

サービスが導入されるまでは、Dさんの買ってきたでき合いの料理が多かったようです。今は訪問介護（ホームヘルプサービス）やデイサービスにてバランスの取れた食事を摂ることができるようになりました。高血圧症があるので、塩分の摂り過ぎと、脱水に注意するように促しています。また、楽しむ食事を目標に席次の配慮もしていることをDさんに伝える意味で記載しています。短期目標では栄養バランスを考えた食事摂取を目標にし、長期目標ではそのうえに食事を楽しむことを目標としています。

「気持ちよくトイレに行きたい」

長期目標・短期目標「気持ちよく排便ができる」

医師からの指示により、３日排便がなければ便秘薬を服薬することになっています。排便があったかどうかは、実際に目視できるときとＡさんの報告によるときがあります。Ｄさんに理解していただくように記載しています。また、Ｄさんと多職種で排便チェック表にて排便情報の共有をすることにしています。Ｄさんにも記載していただくことを意識づけるためにサービス内容として標準化しています。

「清潔を保ちたい」

長期目標・短期目標「気持ちよく入浴できる」

現有能力を活かした入浴を目指します。また、血圧が高いので長湯に注意するように多職種に依頼しています。最後に更衣についても現有能力を活かすように多職種に依頼しています。

長期目標・短期目標「毎日整容できる」

現有能力を活かしたケアを目標にしています。本当はＡさん、Ｄさんにもできるだけ主体的に実施してもらいたいのですが、現在のところそこまでの意欲は感じられず、主体的な活動につながっていないのでサービスによる促しにて実施しています。

「安心して歩けるようになりたい」

長期目標「畑まで行くことができる」
短期目標「家の中を安心して歩くことができる」

このニーズはＡさんの要望（ことばで発せられたニーズ）から導き出されました。「安心して歩けるようになったらどこに行きたいですか」の問いかけに対し、Ａさんははっきりと「畑に行きたい」と答えられました。Ａさんは現在、家の周囲と家屋内をゆっくりと歩行されていますが、安定した歩行とはいえません。短期目標の１つは、Ａさんのセルフケア（自助）として、家の中の安定した歩行を目標としました。また、サービス利用時のレクリエーションなどの参加ニーズについては、参加中にはどんどん動いてもらうことにより、下肢《かし》筋力《きんりょく》の強化と歩行の安定というニーズが含まれていることを多職種に理解してもらうようにサービス内容に盛り込んでいます。

短期目標「膝がわるくならないようにする」

もう１つの短期目標は、活動時に無理をしすぎて膝の疼痛が悪化しないようにＡさんをはじめ多職種に注意喚起しています。

「外出時のしたくを手伝ってほしい」

長期目標・短期目標「手伝ってもらいながら外出準備をする」

外出とはデイサービスのことです。朝は「しんどい」の訴えがあるため、身体状況を確認しつつ、準備については現有能力を活かしながらケアすることを標準化しています。

「仲のいい妹たちとこれからも交流していきたい」

長期目標・短期目標「妹たちと交流を深める」

このニーズは「自助」「互助」です。今でも継続されている関係性なので、あえてニーズとして記載する必要はないといえばそのとおりなのですが、ＡさんとＢさん、Ｃさんや近所の方との交流をすばらしいこととして承認する意味であえて記載しています。これからも続けていきましょうというメッセージであり、ケアプランを温かな生きたものにしています。Ａさんはこのような力があるということを、多職種に承知しておいてもらったり、会話の糸口にしてもらう意味も含んでいます。

POINT!

家族や多職種へのメッセージ

ケアプランは多職種に対しニーズや目標、サービス内容を標準化するためのエビデンスです。しかし、それだけではありません。利用者自身に対するメッセージでもあり、家族に対する依頼であったりもします。このケースはＤさんがＡさんの力に対する理解力に欠けるところや、サービスに猜疑的なところがあるため、Ａさんの力をニーズとしてわかりやすく記載してＤさんに理解を求めたり、Ｄさんに依頼したいケアを伝えたり、多職種が何をするのかをＡさん、Ｄさんにわかりやすく整理し記載しています。

ケアプランはニーズとケアを「見える化」し、全員で共有するためのものです。サービス内容は、あくまでも利用者の自助や家族の互助も示しながら、多職種が何をするのかをわかりやすく伝えなければなりません。利用者や家族の理解力に合わせて柔軟に表現を変えたり、サービス内容を詳細に記載したりします。個別化の原則や主体性の尊重といった倫理原則をケアプラン作成にも応用しているのです。

第1表 居宅サービス計画書(1)

作成年月日　平成　○年　○月　○日

初回 ・ 紹介 ・ 継続 ｜ 認定済 ・ 申請中

利用者名　A　殿　　生年月日　○年　○月　○日(86歳)　　住　所　○○県○○市○○町

居宅サービス計画作成者氏名　J

居宅介護支援事業者・事業所名及び所在地　○○居宅介護支援事業所　○○県○○市○○町

居宅サービス計画作成(変更)日　平成　○年　○月　○日　　初回居宅サービス計画作成日　平成　○年　○月　○日

認定日　平成　○年　○月　○日　　認定の有効期間　平成　○年　○月　○日 ～ 平成　○年　○月　○日

要介護状態区分	要介護1 ・ 要介護2 ・ 要介護3 ・ 要介護4 ・ 要介護5
利用者及び家族の生活に対する意向 A	Aさん：「『歩けるようになって畑に行きたい』『しんどい』という気持ちがいつもありますが、自分のできる範囲のことは一生懸命やろうとされています。デイサービスでのレクリエーションでは、とても楽しそうな笑顔や笑い声が聞かれます」 Dさん：「『しんどい』という訴えがあり、心配している。仕事へ行っても気が気ではない。母の体調が早く安定してほしい。母のためになることであれば、できる限り何でもしたいと思い、何とか母が楽に過ごせるようにならないかと日々考えている。いろいろ考えすぎてしんどいと感じることもあるが、少しずつ解決していきたい」
介護認定審査会の意見及びサービスの種類の指定	
総合的な援助の方針 B	自宅では、体調に合わせて洗濯や調理もできる範囲でされています。今後も無理のない範囲で続けていただければと思います。しんどかったり、膝が痛かったりしますが、外出する機会（デイサービス）ができたことで、会話を楽しまれたり、体を動かしたりされています。これからはAさんのペースに合わせながらこのような楽しむ機会を大切にしていきます。 また、足腰の力を保ち、今されている家事を継続しながら、これからも生活していけるようにしていきましょう。 Dさんも介護に対する不安が大きく、気になることがたくさんありますので、かかわる皆で相談しながら支援を継続していきましょう。 緊急連絡先：Dさん　090－○○○○－○○○○　主治医○○医院　E医師　日中：079－○○○－○○○○　夜間：090－○○○○－○○○○
生活援助中心型の算定理由	1．一人暮らし　2．家族等が障害、疾病等　3．その他（　　　）

C

第2表 居宅サービス計画書(2)

作成年月日　平成　○年　○月　○日

利用者名　A　殿　　※2の事業所名は紙面の都合上記載していません。

生活全般の解決すべき課題（ニーズ）	目標				援助内容					
	長期目標	（期間）	短期目標	（期間）	サービス内容	※1	サービス種別	※2	頻度	期間
外に出て楽しい時間を過ごしたい。	楽しい時間を過ごすことができる。 ❶	平成○年○月○日～ 平成○年○月○日	ほかの人と楽しむ時間をもつ。 1-a	平成○年○月○日～ 平成○年○月○日	お茶を飲みながらおしゃべりしたり、レクリエーション、外出を楽しむ時間をもてるようにします。様子を見て気の合う人と一緒になるよう席次等を配慮します。 膝の痛みに注意します。	○	通所介護		2回/週	平成○年○月○日～ 平成○年○月○日
身だしなみをきちんとしたい。	身だしなみを整える。 ❷	平成○年○月○日～ 平成○年○月○日	きれいな格好で出かけられる。 2-a	平成○年○月○日～ 平成○年○月○日	Aさんは身だしなみを気にされます。 おしゃれを楽しんでもらえるように、通所介護に行く洋服を選んでいただきます。	○	Aさん 訪問介護		2回/週 2回/週	平成○年○月○日～ 平成○年○月○日
			定期的にカットができる。 2-b	平成○年○月○日～ 平成○年○月○日	好みの髪型になるように確認しながらカットや毛染めさせていただきます。散髪日は事前に連絡帳でお知らせします。	○	通所介護		1回/月	平成○年○月○日～ 平成○年○月○日
家事をしたい。	主婦としての役割を続ける。 ❸	平成○年○月○日～ 平成○年○月○日	洗濯を続ける。 3-a	平成○年○月○日～ 平成○年○月○日	体調と相談しながらAさんと一緒に洗濯をさせていただきます。 膝の痛みに注意します。	○	訪問介護		随時	平成○年○月○日～ 平成○年○月○日
			部屋の片づけをする。 3-b	平成○年○月○日～ 平成○年○月○日	体調と相談しながらAさんと一緒に衣類の整理、部屋の片づけをぼつぼつさせていただきます。 置き場所は必ずAさんと相談します。	○	訪問介護		随時	平成○年○月○日～ 平成○年○月○日
病気がわるくならないようにしたい。	体調が安定して過ごすことができる。 ❹	平成○年○月○日～ 平成○年○月○日	しんどいときには対応してもらえる。 4-a	平成○年○月○日～ 平成○年○月○日	日中の活動の様子、体調の確認をします。体調不良時にはDさんに連絡させていただきます。 しんどいとの訴えがあるときには様子を見ながら、主治医へ状況の報告、相談をします。	○ ○ ○ ○	通所介護 訪問介護 短期入所生活介護 訪問看護		2回/週 随時 利用時 1回/週	平成○年○月○日～ 平成○年○月○日

※1「保険給付対象かどうかの区分」について、保険給付対象のサービスについては○印を付す。
※2「当該サービス提供を行う事業所」について記入する。

第２表　　　　　　　　作成年月日　平成　○年　○月　○日

利用者名　**A**　殿　　　※２の事業所名は紙面の都合上記載していません。

C

生活全般の解決すべき課題（ニーズ）	目標				援助内容					
	長期目標	（期間）	短期目標	（期間）	サービス内容	※1	サービス種別	※2	頻度	期間
病気がわるくならないようにしたい。	体調が安定して過ごすことができる。 ❹	平成○年○月○日～ 平成○年○月○日	確実に服薬する。 4-b	平成○年○月○日～ 平成○年○月○日	火曜日に1週間分の薬をセットします。血圧等体調の確認をします。様子をみながら運動をしていただきます。 【朝の服薬】 ①　Dさんによる服薬介助 ②　①ができなかったときは訪問介護員の訪問時に服薬介助 ③　②ができなかったときは通所介護にて服薬介助 【夜の服薬】 Dさんによる服薬介助	○ ○ ○	訪問看護 Dさん 通所介護 訪問介護		1回/週 毎日 2回/週 6回/週	平成○年○月○日～ 平成○年○月○日
			定期受診をする。 4-c	平成○年○月○日～ 平成○年○月○日	受診対応をお願いします。 病状に変化があればお知らせください。	 ○	Dさん ケアマネジャー		1回/月 随時	平成○年○月○日～ 平成○年○月○日
おいしく食事をしたい。	食事を楽しむ。 ❺	平成○年○月○日～ 平成○年○月○日	しっかりと食べることができる。 5-a	平成○年○月○日～ 平成○年○月○日	塩分の摂りすぎに注意しましょう。 水分をしっかりと摂りましょう。 血圧等をチェックしながら栄養バランスのいい食事を提供させていただきます。おしゃべりを楽しむことができるように席次に配慮します。	 ○ ○	Aさん Dさん 通所介護 短期入所生活介護		随時 2回/週 利用時	平成○年○月○日～ 平成○年○月○日
気持ちよくトイレに行きたい。	気持ちよく排便ができる。 ❻	平成○年○月○日～ 平成○年○月○日	気持ちよく排便ができる。 6-a	平成○年○月○日～ 平成○年○月○日	Aさんに体調を確認しながら便秘薬を飲んでいただきます。目安として3日排便がなければ服薬しましょう。 排便チェック表で共有します。	 ○ ○	Dさん 訪問看護 短期入所生活介護		随時 1回/週 利用時	平成○年○月○日～ 平成○年○月○日
清潔を保ちたい。	気持ちよく入浴できる。 ❼	平成○年○月○日～ 平成○年○月○日	気持ちよく入浴できる。 7-a	平成○年○月○日～ 平成○年○月○日	声かけ、見守りにて入浴していただきます。できにくいところは声かけをさせていただきます。入浴前には血圧を測ります。長湯にならないように配慮します。更衣もできるだけ自分でしていただきます。	○ ○	通所介護 短期入所生活介護		2回/週 利用時	平成○年○月○日～ 平成○年○月○日
	毎日整容できる。 ❽	平成○年○月○日～ 平成○年○月○日	毎日整容できる。 8-a	平成○年○月○日～ 平成○年○月○日	洗顔、歯みがき、入れ歯の手入れなどできるだけ自分でするようにしましょう。	 ○ ○ ○	Aさん 訪問介護 通所介護 短期入所生活介護		毎日 6回/週 2回/週 利用時	平成○年○月○日～ 平成○年○月○日

※１「保険給付対象かどうかの区分」について、保険給付対象のサービスについては○印を付す。
※２「当該サービス提供を行う事業所」について記入する。

第２表　　　　　　　　　　　　　　　　　　　　　　　　　　　　　　　　　　　　　作成年月日　平成　〇年　〇月　〇日

利用者名　**A**　殿　　　　※２の事業所名は紙面の都合上記載していません。

C

生活全般の解決すべき課題（ニーズ）	目標 長期目標	（期間）	短期目標	（期間）	援助内容 サービス内容	※1	サービス種別	※2	頻度	期間
安心して歩けるようになりたい。	畑まで行くことができる。 9	平成〇年〇月〇日～ 平成〇年〇月〇日	家の中を安心して歩くことができる。 9-a	平成〇年〇月〇日～ 平成〇年〇月〇日	家事をしたり、自宅内や自宅周辺はゆっくりと歩かれています。無理せず少しずつ移動できる範囲を広げていきましょう。		Aさん		毎日	平成〇年〇月〇日～ 平成〇年〇月〇日
					個別や集団での体操、レクリエーションをさせていただきます。	〇 〇	通所介護 短期入所生活介護		2回/週 利用時	平成〇年〇月〇日～ 平成〇年〇月〇日
			膝がわるくならないようにする。 9-b	平成〇年〇月〇日～ 平成〇年〇月〇日	歩行時に痛みを感じる場合には無理をしないようにしましょう。	 〇 〇 〇	Dさん 訪問介護 通所介護 短期入所生活介護		随時 12回/週 2回/週 利用時	平成〇年〇月〇日～ 平成〇年〇月〇日
外出時のしたくを手伝ってほしい。	手伝ってもらいながら外出準備をする。 10	平成〇年〇月〇日～ 平成〇年〇月〇日	手伝ってもらいながら外出準備をする。 10-a	平成〇年〇月〇日～ 平成〇年〇月〇日	体調の確認をします。 声かけ、促しにて整容、着替えなどを行っていただきます。	〇	訪問介護		2回/週	平成〇年〇月〇日～ 平成〇年〇月〇日
仲のいい妹たちとこれからも交流していきたい。	妹たちと交流を深める。 11	平成〇年〇月〇日～ 平成〇年〇月〇日	妹たちと交流を深める。 11-a	平成〇年〇月〇日～ 平成〇年〇月〇日	仲のいい B さん、C さんや近所の方が訪ねてきてくれます。これからも楽しく交流を続けていきましょう。		Aさん Bさん、Cさん 近所の方		随時 随時 随時	平成〇年〇月〇日～ 平成〇年〇月〇日

※1「保険給付対象かどうかの区分」について、保険給付対象のサービスについては〇印を付す。
※2「当該サービス提供を行う事業所」について記入する。

第3表 週間サービス計画表

作成年月日　平成　○年　○月　○日

要介護度　要介護2

平成　○年○月分より

利用者名　A　殿

作成者　J

		月	火	水	木	金	土	日	主な日常生活上の活動
深夜	4:00								
早朝	6:00								
午前	8:00	8:30~9:15 訪問介護	8:30~9:15 訪問介護	8:00~8:40 訪問介護	8:30~9:15 訪問介護	8:30~9:15 訪問介護	8:00~8:40 訪問介護		起床 朝食
	10:00								布団に横になって過ごす
午後	12:00			9:00~16:00 通所介護			9:00~16:00 通所介護		昼食
	14:00		14:00~15:00 訪問看護						布団に横になって過ごす
	16:00	17:00~17:45 訪問介護	17:00~17:45 訪問介護	17:00~17:45 訪問介護	17:00~17:45 訪問介護	17:00~17:45 訪問介護	17:00~17:45 訪問介護		
夜間	18:00								夕食
	20:00								就寝
深夜	22:00								
	24:00								
	2:00								
	4:00								

週単位以外のサービス	

おわりに

本書の事例を見て、「難しすぎる」「内容のボリュームがありすぎる」といった感想をもった人もいると思います。「ケアプランはシンプルが一番わかりやすい」という主張もよく耳にします。しかし、利用者からは、「ケアプランは難しくてわからない」、サービス事業所のサービス提供責任者からは、「ケアプランを見ても、私たちに何を求めているのかが全く見えてこない」という声があるのも事実です。

ケアマネジメントの対象は、数十年という長い人生を歩んできた一人の「人」です。その人生や現在をアセスメントした結果が、たった数個のニーズで第２表にまとめられている、そんなケアプランを目にしたとき、この人の自立に向けての人生課題はこんなにもシンプルなものなのか、凛《りん》として生きた過去があって、喪失体験《そうしつたいけん》の苦悩のなかにいる利用者のニーズがたったこれだけ？と思ってしまいます。シンプル＝わかりやすいとは思えません。権威的な表現に加えて、ざっくりとニーズと目標をまとめているのでモニタリングができないといったケアプランをよく見かけます。ケアプランで利用者の心にあるすべてのニーズが表現できるなどとは思っていません。しかし、利用者の力量と多様な社会資源を活用することで、具体的に生活を変化させるのがケアマネジャーのメインストリームであり、役割であるとするならば、そのために絶対に必要なニーズと目標がしっかりと落とし込まれていて、それに対する手だてが具体化されていることが必要最低条件なのです。私たちケアマネジャーは、「権威」の皮を脱ぎ、今一度「ケアプランとは何か」という問いに向き合う時期にあると考えます。

本文にもあるように、ケアマネジメントは利用者、家族、インフォーマルサービス、フォーマルサービスがチームを組んで、利用者の「自立」を目標に協働的に取り組む実践モデルです。ケアプランは、その協働作業の根拠（エビデンス）でなければなりません。ケアプランは利用者のものです。つまり、利用者が主役でなければなりません。私たちケアマネジャーはあくまでも脇役《わきやく》です。私たちは、主役を生き生きと光り輝く存在に際立たせていくのが役割です。そのためには、すばらしい脚本とそれを共有するための台本が必要です。まず、主役である利用者が台本を読み解けないことには、これからの物語を紡《つむ》ぐことはできません。もちろん脚本家とはケアマネジャーのことです。自立支援型ケアプランとは、利用者が自分の人生の物語を生き生きと歩むための台本です。その台本を創るのがケアマネジャーの役割です。いい脚本家になるためにこれからも共に学んでいきましょう。

著者紹介

中野 穣 なかの・じょう

兵庫県養父市にある社会福祉法人関寿会「はちぶせの里」施設長。
大学卒業後、銀行員生活の後、福祉の世界に入る。特養ケアワーカー、特養生活相談員、養父市在宅介護支援センターを経て現職。
社会福祉学修士、社会福祉士、精神保健福祉士、介護福祉士、介護支援専門員。
ケアプランに関する国内外の文献を渉猟し、一定の知識と経験があれば「自立支援型ケアプラン」をつくることができる方法論を構築。兵庫県内を中心に多くの研修会で講師を務める。

思考プロセスがわかる！
自立支援型ケアプラン事例集

2015年12月1日　初　版　発　行
2019年３月１日　初版第３刷発行

著　者　　中野　穣
発行者　　荘村明彦
発行所　　中央法規出版株式会社
〒110-0016　東京都台東区台東3-29-1　中央法規ビル
営　　業　TEL 03-3834-5817　FAX 03-3837-8037
書店窓口　TEL 03-3834-5815　FAX 03-3837-8035
編　　集　TEL 03-3834-5812　FAX 03-3837-8032
https://www.chuohoki.co.jp/

装幀デザイン　　渡邊民人（TYPEFACE）
本文デザイン　　小林麻実（TYPEFACE）
印刷・製本　　株式会社アルキャスト

ISBN978-4-8058-5263-7
定価はカバーに表示してあります。
落丁本・乱丁本はお取り替えいたします。